JN055302

福岡発！

資質・能力が育つ理科学習指導の展開と評価

〜若さあふれる理科教師のチャレンジ授業〜

（特別寄稿）

［監修］**鳴川哲也** 文部科学省教科調査官

日置光久 東京大学大学院特任教授

［編著］
猿田祐嗣 国立教育政策研究所教育課程研究センター
基礎研究部部長

（実践者代表）

［編著］**谷　友雄** 元福岡教育大学教職大学院特任教授

ぎょうせい

まえがき

●これからの理科教育への提言

　真の実践者である教師は，子供が大人になって活躍する社会を想定し，求められる将来の学力を予想し，社会の進展に合わせて教材研究を継続し，一人一人の子供が納得し理解する深い学びの実現を目指して学習指導を行う。先見の明のある管理職は子供の成長に視点を当て，小・中学校間の接続を視野に入れてよりよい子供の成長を期して学校間連携教育を推進する。本書では特別寄稿として，次の著名な五名の先生方から「これからの教育を読み解き，子供の未来を拓くカギとなる貴重な提言」をいただいている。誠心誠意，厚く感謝する次第である。

　○新学習指導要領で小学校理科に期待すること　　　　　　　鳴川　哲也
　○2030年の社会と子供たちの未来　　　　　　　　　　　　　日置　光久
　○これからの社会で求められる学力を育てる理科授業の在り方　猿田　祐嗣
　○深い学びを生み出す小学校理科学習指導の実践課題　　　　　船尾　　聖
　○小・中学校の接続を視野に入れた理科学習指導の実践課題　　坂本　憲明

※所属・敬称は略

●小学校理科の特徴～子供がデータをつくり問題解決する教科：理科の資質・能力育成の実現へ

　小学校理科は，子供が自然事象に興味・関心，疑問や問いをもって関わり，学習問題を発見し，それを解決するため，予想・仮説に従い観察・実験を意図的・計画的に行い，その結果（データ）に基づいて解決する教科である。子供にとって未知の自然事象を解き明かす探究活動を学習の本質としており，知的好奇心を満足させる内容が連続している。それだけに，小学校理科には子供が本気になって追究する場面が数多く見られる。

　教師は，子供が問題を発見し，予想・仮説をもち，自ら操作して観察・実験を行い，結果を出し，データを整理して考察するという，一連の主体的問題解決学習を仕組むことができる。本書では，この学習と指導の考え方を基調に単元構想や学習指導の展開を組み立てて，最終的に，知識及び技能，思考力，判断力，表現力等，学びに向かう力，人間性等の資質・能力を育成する理科学習指導の実現を目指している。

●福岡発！　若手教師のチャレンジ授業～新小学校学習指導要領に基づく学習指導の実践と評価

　執筆作業に取りかかった直後に，文部科学省より「小学校学習指導要領（平成29年告示）解説総則編」及び「理科編」が示された。しかし，見方・考え方を働かせる子供の実像が分かりにくく，理科の新しい教科書もない中，既存の教科書を参考に新しく学習指導の実践に当たった。

　教師のチャレンジ内容は「プログラミング教育の実践」「子供の深い学びの実現」「新開発の教材や方法の提案」「可視化した手立ての紹介」「既習内容の活用や発展させた探究活動の構想」などである。チャレンジし学び続ける教師が真の実践者であると確信している。

　皆様方からのご指導，ご批正を礎に，今後とも若手教師と共に精進する次第である。

　令和2年3月

元福岡教育大学教職大学院
特任教授　　　谷　友雄

目　次

提　言

理論編

本書（実践編）の見方

● 《指導案》について

1　単元の目標

「小学校学習指導要領（平成29年告示）解説　理科編」に準じて記述しています。

2　単元の評価規準

「4　単元計画」及び「6　本時の授業（2）展開」に記載する記号と一致します。

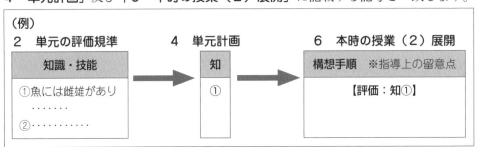

3　本単元で，子供が主として働かせる「見方・考え方」

　主として領域と学年に応じた「見方・考え方」を働かせますが，各時間の学習内容によっては，これとは異なる「見方・考え方」を働かせることもあります。

4　単元計画（全○時間＋探究○時間）

　探究の時間は学習指導要領の内容から発展したものを位置付けています。

　評価欄の【行】は行動観察，【記】は知識・技能では記録分析または記述分析，思考・判断・表現や主体的に学習に取り組む態度では記述分析を表します。

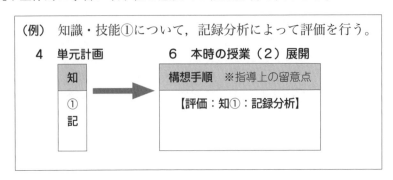

5　本時の授業を構想する際の手順

　「6　本時の授業（2）展開」に記載する【手順】の項目の詳細を表しています。

6　本時の授業

　（2）展開における「構想手順　※指導上の留意点」の【手順】と【評価】の記載は，学習活動と関連付けて記載しています。

●《実践研究》について

1，2，3は《指導案》と同様。

4　本単元で捉えさせる内容と配列の順序

　単元全体で捉えさせたい学習内容と単元構成（配列の順序）について記述しています。

5　見方・考え方を働かせる教材研究

　単元の中で，見方・考え方を働かせるような教材研究例を紹介しています。

6　単元計画は，《指導案》と同様。

7　本時（○／○時）の授業を構想する際の手順

　1サイクルの問題解決活動を構想する手順です。

　2時間が1サイクルの場合は，○・○／○時と記述しています。

8　本時の授業（○・○／○時→2時間の場合）

　本時は1サイクルの問題解決活動を記述しています。

提言

令和２年度　第53回全国小学校理科研究協議会 研究大会（福岡大会）の考え方

● 研究部長　野口信介（福岡市発達教育センター所長）●

1　研究主題

> 理科の見方・考え方を働かせ，問題解決の質を高める理科学習
> ～主体的・対話的で深い学びを具体化する協働的な学びを通して～

2　研究の考え方

　グローバル化やAI等の技術革新に代表されるように，社会は急激に変化している。したがって，これからの社会を生き抜く力として，「変化に対応する力」や「新たな価値を創造する力」などが必要になってくる。そのためには，子供の学びを，ペーパーテストで測る知識の定着を重視する「知識習得重視型の学習」から，社会の変化に対応できる汎用的能力の育成を重視した「知識獲得・活用型の学習」へと転換することが望まれている。

　そこで，福岡大会ではこれからの理科学習に求められる学びの在り方を提案する。

（1）　問題解決の活動

　理科学習における「問題解決の活動」とは，自然の事物・現象の原理や法則，性質などについて，見通しをもって粘り強く探り，得られた結果について深く理解する一連の活動である。それは，単に自然の事物・現象についての知識を記憶することではない。また，問題解決の手順を形式的に行う活動でもない。学習の主体者である子供が，自分事として観察，実験を行い，思考し，判断し，納得する活動である。

（2）　問題解決の質

　「問題解決の質」は，問題解決の活動において，子供自身が，何を自分の問題とするのか，問題解決の方法はどうするのか，得られた情報をどう整理するのか，どう結論付けるのが妥当かなど，問題解決の過程を経験的に理解しながら，より合理的で妥当な解釈を自分で創出するといった活動の在りようを指している，つまり，「自分を中核においた問題解決の活動」が十分になされているかということを指標とするものである。

（3）　理科の見方・考え方

　「自分を中核においた問題解決の活動」を行うためには，どのような視点で自然事象を捉え，どのような考え方で思考すればよいのかといった「理科の見方・考え方」を，子供が自覚し，自分で学習を調整しながら取り組める学習活動を構想することが必要である。

（4）協働的な学び

　協働的な学びは，主体的・対話的で深い学びを具体化する学びの姿である。問題に対し，自立した主体である子供同士が力を合わせ，多面的，総合的に粘り強く追究する活動を通して，内容的側面・方法的側面・心的側面の３つの側面を伸長する学びの姿である。

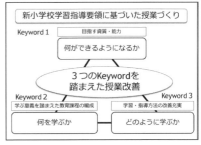

3　福岡大会の授業を通して提案すること

　福岡大会では，2020年度から全面実施となる新小学校学習指導要領に示されている理科の目標を，「何ができるようになるか」「何を学ぶか」「どのように学ぶか」の３つのKeywordで吟味し，基本となる問題解決の過程を大切にした学習を行う。

　そして，主体的・対話的で深い学びを具現化する，誰もが取り組むことが可能な授業づくりについて提案を行う。

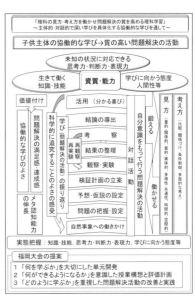

（1）何ができるようになるか

　○　子供が目前の問題に対し，粘り強く解決できる学習過程を構想する。

　○　子供が，「理科の見方・考え方」を働かせやすい学習活動を設定する。

　○　主に培う資質・能力を学年ごとに明確にし，子供がもつ資質・能力を発揮，伸長する問題解決の活動を構成する。

（2）何を学ぶか

　○　子供が問題を自分のものとして意識でき，自分の問題を解決するための発想が引き出しやすい学習を構想する。

　○　子供が科学的に追究する意義や価値を感じる単元を開発する。

（3）どのように学ぶか

　○　問題解決の活動の各過程において，子供が自分意識をもって取り組むことができる学習活動の工夫を行う。

　○　問題解決の活動の各過程において，子供同士の相互作用が活性化する対話場面を位置付ける。

新学習指導要領で小学校理科に期待すること

● 文部科学省初等中等教育局教育課程課教科調査官　鳴川哲也 ●

　今の子供たちが，成人して社会で活躍するころは，いったいどのような社会になっているのでしょうか。人工知能（AI）の飛躍的な進化などに伴い，社会の姿も大きく変化するのではないかと予測されています。このことは，同時に，人工知能に思考の目的を与えたり，目的のよさ，正しさなどを判断したりできるのは人間であるという，人間の大きな強みの再認識にもつながっています。

　子供たち一人一人が，予測できない変化に受け身で対処するのではなく，主体的に向き合って関わり，その過程を通して，自らの可能性を発揮し，よりよい社会と幸福な人生の創り手となっていけるようにするために，学校は，子供たちに何を用意しなければならないのでしょうか。

　学校教育には，子供たちが様々な変化に積極的に向き合い，他者と協働して課題を解決していくことや，様々な情報を見極め知識の概念的な理解を実現し，情報を再構成するなどして，新たな価値につなげていくことができるようにすることが求められているのではないでしょうか。

　このような視野に立ちつつ，小学校理科の在り方を考えたとき，「生きる力」を具体化し，三つの柱で整理された資質・能力の意味を，改めて問い直したいと思うのです。

1　知識及び技能が習得されるようにすること

　知識や技能なしに，思考，判断，表現等を深めることや，自然や社会などとの関わり方を見いだしていくことは難しいことです。また，自然や社会などと関わり，興味・関心を高めたり，思考，判断，表現等を伴う活動を行ったりすることなしに，新たな知識や技能を習得していくことも難しいことです。「知識及び技能」「思考力，判断力，表現力等」「学びに向かう力，人間性等」は，相互に関連し合いながら育成されていくものです。このことを意識しながら「知識及び技能」が習得されるようにすることが重要だと考えます。

　小学校理科では，子供自らが自然の事物・現象に働きかけ，見いだした問題を解決していくことにより，自然の事物・現象の性質や規則性などについての理解を深めていきます。

　問題解決の活動を通して，知識が更新されることによって，自然の事物・現象について，

より深く理解することができるということになります。

　ここで，私は「新たな価値」という言葉に着目したいのです。この言葉は，「小学校学習指導要領（平成29年告示）解説　総則編」（平成29年7月　文部科学省）（以下，解説総則編）の「第1章　総説　1　改訂の経緯及び基本方針　(1)改訂の経緯」の第1段落目に登場します。「一人一人が持続可能な社会の担い手として，その多様性を原動力とし，質的な豊かさを伴った個人と社会の成長につながる新たな価値を生み出していくことが期待される」と示されています。

　この「新たな価値」という言葉は，「幼稚園，小学校，中学校，高等学校及び特別支援学校の学習指導要領等の改善及び必要な方策等について（答申）」（平成28年12月21日　中央教育審議会）（以下，中教審答申）にもたくさん登場します。

　中教審答申では，「新たな価値」を「ここで言う新たな価値とは，グローバルな規模でのイノベーションのような大規模なものに限られるものではなく，地域課題や身近な生活上の課題を自分なりに解決し，自他の人生や生活を豊かなものとしていくという様々な工夫なども含むものである」と説明しています。

　理科に話を戻します。理科では，前述したように，問題解決の活動を通して，新たな知識を得ることになりますが，このようにして得た知識が，子供たちにとっての「新たな価値」といえるのでしょうか。

　自然の事物・現象について理解を深めることはできたとしても，それが「新たな価値」といえるようになるためには，その知識を得ることで，自他の人生や生活が豊かなものになるということが重要だと思うのです。

　そのためには，獲得した知識を，自然の事物・現象や日常生活に当てはめて，その知識を得たことが，自他の人生や生活にとってどのような意味をもつのかについて考えることが大切になると考えます。学んで得た知識を基に，もう一度自然の事物・現象や日常生活を見直す活動が重要になると思うのです。

2　思考力，判断力，表現力等を育成すること

　「思考力，判断力，表現力等」といわれても，どのような力なのかが分かりにくいかもしれません。学校教育法第30条第2項において，「思考力，判断力，表現力等」とは，「知識及び技能」を活用して課題を解決するために必要な力と規定されています。

　今回の改訂において，小学校理科は「思考力，判断力，表現力等」として，「問題解決の力を養うこと」としました。上記の「知識及び技能」を活用して課題を解決するために必要な力をより具体的に示したことになります。

　この「問題解決の力」ですが，今回の改訂で示された「学習の基盤となる資質・能力」

と深く関連しています。「学習の基盤となる資質・能力」として，「ア　言語能力」「イ　情報活用能力」「ウ　問題発見・解決能力」が示されたからです。小学校理科で育成を目指す「問題解決の力」の重要性がますます高まったといえるでしょう。

　小学校理科では，これまでも問題解決の活動を重視してきました。しかし，「問題解決の形骸化」といわれることもありました。問題解決は子供が行うのに，授業者である教師が問題解決のプロセスだけをなぞって，子供主体の問題解決になっていないという反省からくるものです。

　しかし，これからの授業では，問題解決は形骸化しないと信じています。なぜなら，問題解決の活動を通して，「問題解決の力」を育成されるような授業になるはずだからです。子供が，解決したい問題を見いだし，予想や仮説を基に，観察，実験などを行い，その結果を基に考察し，より妥当な考えをつくりだす過程で，子供一人一人に「問題解決の力」が育成されていきます。そして，そのような力こそが，自らの可能性を発揮し，よりよい社会と幸福な人生の創り手となるために必要な力の一つだと思うのです。

3　学びに向かう力，人間性等を涵養すること

　解説総則編には，「学びに向かう力，人間性等」は，「知識及び技能」「思考力，判断力，表現力等」をどのような方向性で働かせていくかを決定付ける重要な要素であると示されています。この「学びに向かう力，人間性等」も，子供主体の問題解決が実現されることによって，涵養されていくものと考えます。

　子供たちを取り巻く自然環境も変化し，直接体験する対象や機会も変化しています。だからこそ，理科の授業で，子供が自然の事物・現象に直接関わることを重視したいのです。自分が働きかけたことで生まれた問題を解決していく中で，友達と一緒になって問題を解決することの喜び，多様な考えに触れることのよさ，自然の素晴らしさなどを感じてほしいのです。

　3年生の昆虫に関する学習で，モンシロチョウを卵から成虫まで飼育することがあるかもしれません。教師は，その活動を通して，卵→幼虫→蛹→成虫と変態するといった育ち方の順序を理解できるようにしたいと思っています。しかし，その子供の人生において，モンシロチョウを卵から飼育して成虫まで育てるといった経験は，そのときだけになるかもしれません。

　教師は，その子供にとっての，その活動の意味をもっと考える必要があると思います。もし，幼虫が脱皮する瞬間に立ち会うことができたら，もし，モンシロチョウが羽化する瞬間に立ち会うことができたら，生命が躍動することの素晴らしさを実感することができるのではないでしょうか。

子供たち一人一人の人生における，理科の学習の中での直接体験の重要性を改めて考えることが重要だと思うのです。

　未来を拓く子供たちのために，理科教育の在り方について考えていく機会を大切にしていきましょう。

2030年の社会と子供たちの未来

● 東京大学大学院特任教授　日置光久 ●

1　はじめに

　平成28年12月21日に出された中央教育審議会答申「幼稚園，小学校，中学校，高等学校及び特別支援学校の学習指導要領等の改善及び必要な方策等について」（以下，「28年答申」と呼ぶ）において，令和2年度から順次スタートする新学習指導要領の下，全国で展開される新しい学校教育の理念及び方向性が示された。今回の改訂におけるキーワードである「生きる力」「社会に開かれた教育課程」「育成を目指す資質・能力」などは第3章以降に示されている。そのため，第3章以降の内容については様々な研究会等で研究されているが，第1章，第2章についてはテーマとして取り上げられることはほとんどないようである。第1章を見てみると，「これまでの学習指導要領等改訂の経緯と子供たちの現状」が述べられている。第2章を見てみると，「2030年の社会と子供たちの未来」が述べられている。第1章はこれまでの「過去」を整理したものであるが，そこには今回の改訂に至った必要性と必然性を読み取ることができる。第2章はこれからの「未来」について予測したものであるが，そこには今回の改訂の結果，子供たちが将来生活していくであろう社会や世界の姿を読み取ることができる。この「過去」と「未来」をしっかりと把握し，その上で新しい時代の理科教育を考えていくことが大切なことである。本稿では，第2章の「未来」について読み解きつつ考えてみることにする。

2　カリキュラムの類型

　カリキュラムは，一般にその志向性から見て「過去型」「現在型」「未来型」に分けて考えることができる。そもそも「文化の伝達・伝承」を旨とする伝統的なカリキュラム観の下では，歴史や伝統に関するものを主たる教育内容とする「過去型」のカリキュラムが一般的であった。スプートニクショックに端を発する現代化運動が巻き起こる前までは，このような時代が長く続いたといっていい。「現在型」のカリキュラムは，開発途上国に多く見られるものである。このようなカリキュラムの下では，生活していく上での衛生や安全の問題，基本的なリテラシーの問題など，今を生きていくために必要不可欠な知識や技能が主たる教育内容となる。我が国においても，昭和20年代の「試案」時代の学習指導要領は，このような性格をもったカリキュラムであった。

「未来型」のカリキュラムは，世代間における「文化の伝達・伝承」という基本的な機能は保持しつつも，そこに新たな創造的なプロダクトを加えるというものである。それは，必ずしも今必要なものではないが，将来の生活において大切なものとなるであろうものである。昭和30年代以降の我が国のカリキュラムは，このような類型に属するものといってよいだろう。時代はちょうど高度経済成長の波に乗っており，多くの国民は未来に対して夢や希望をもっていた。日々豊かに便利になっていく生活を実感しつつ，その延長線上にバラ色の「未来」を設定し，教育を考えたのである。しかしながら，そのような予定調和的な未来への幻想はオイルショックによって急ブレーキがかけられ，阪神・淡路大震災によって打ち砕かれた。

　「28年答申」で示されているカリキュラムの形は，前述の３つの類型で考えると「未来型」といえるであろう。しかしそれは，高度経済成長，あるいはバブルの時代のそれとは大きく異なっている。どのように異なるのか。改めて「第２章　2030年の社会と子供たちの未来」を読み解いてみよう。

３　予想困難な時代に，一人一人がその創り手となる「未来」

　第２章には，「予想困難な時代に，一人一人が未来の創り手となる」というサブテーマが掲げられている。ここでの含意は，予想が困難であるという「時代」認識と，一人一人によって創られるものとしての「未来」認識である。

　「時代」認識に関しては，本文中に「人間の予測を超えて進展」「社会の変化は加速度を増し，複雑で予測困難」「予測できない変化」という文言が繰り返し強調されている。未来はもはや現在の延長線上に存在する予定調和の世界ではなく，現在から切り離され，むしろ断絶された予想・予測が困難な世界なのである。現在を単純に延長させて未来を考えることは，もはや無意味であるというのである。このような状況の中で，あえて未来という「時代」を少しでも読み解こうとして，第４次産業革命という考え方が提出されている。これは，蒸気機関の発展により引き起こされた最初の産業革命以降，電気による大量生産の時代を経て，コンピュータ，インターネットなどのデジタル革命の現在に続く新しい時代を指す概念である。具体的な内容は研究者等により必ずしも統一されているものではないが，生活の多くの場面で進化した人工知能（AI）が様々な判断を行ったり，身の回りの多くのものがインターネットでつながり最適化される（IoT）時代が到来し，社会や生活を大きく変えていくということではほぼ一致している。

　なお，後述するが，これに近いものとしてSociety5.0という考え方がある。これは，サイバー空間（仮想空間）とフィジカル空間（現実空間）を高度に融合させたシステムにより，経済発展と社会的課題の解決の両立を図った新しい人間中心の社会である。縄文の狩猟社会（Society1.0），弥生以降の農耕社会（Society2.0），近代の工業社会（Society3.0），現代

の情報社会（Society4.0）に続く新たな社会を指すもので，現在進行中の第5期科学技術基本計画において我が国が目指すべき未来社会の姿として提唱されたものである。文脈及び整理の仕方は異なるものの，「未来」の形は第4次産業革命と大きく異なるものではない。

「未来」認識についてはどうだろう。本文中では，「自らの人生をどのように拓いていくことが求められているのか」「変化を前向きに受け止め」「現在では思いもつかない新しい未来の姿を構想し実現したりしていく」などの文言が並んでいる。大きな時間の流れの中に「現在」「過去」として時点をマッピングするように，「未来」という時点をアプリオリに設定するのではない。「未来」は「自動的にやってくる」ものではなく，子供たちが創り出し，実現していくものであるという認識である。現在のパソコンのアイデアを最初に提出したアラン・ケイは，「未来を予測する最善の方法は，それを発明することだ」と述べている。このような「未来」認識は，我々の「教育」認識にも変化を要請する。AIやIoTなどが飛躍的に進化し，どんどん複雑で多様になっていく社会への「適応」や「対応」が未来の教育なのではなく，新たに「創り出す」教育が求められているのである。

それでは，ここで「創り出す」ものは何なのか。それは，どのようにして我々の生活そのものである社会や人生をよりよいものにしていくのかという「目的」である。多様な文脈が複雑に入り交じった環境の中で，場面や状況の理解を深め自ら目的を創り出すのである。そのことによってはじめて，必要な情報を見いだしたり，自分の考えをまとめたりして創造的に自分らしく生きる本当の問題解決が可能になる。答えのない世界において，多様で異質な他者と協働しながら設定した目的に応じて納得解を創り出すのである。納得解は「正解」ではない。多様で異質な他者とその状況に応じて協働的に創り出した「合意」解としての性格をもつ。そのため，絶対ではありえないし，「目的」に対して相対的な存在である。複数の「解」が存在することもありえる。考えてみると，このような「目的設定能力」は，AIやIoTにはなじまない。それらがどのように進化しようとも，それらが行っている「処理」は与えられた目的の中でのものだからである。

4 「俯瞰力」をもった21世紀型市民の育成

実は，2030年の「未来」のさらにその先の「未来」が，平成30年11月26日に出された中央教育審議会答申「2040年に向けた高等教育のグランドデザイン」（以下，「30年答申」と呼ぶ）で言及されている。これは，平成30年に生まれた子供たちが，現在と同じ教育制度の中では，大学の学部段階を卒業するタイミングである2040年をターゲットとしたものである。本答申は高等教育を対象としたものであるが，少子高齢化や環境問題，経済状況の停滞など，世界の国々が今後直面する課題の先頭ランナー，課題先進国としての我が国の立ち位置の確認を大前提としている。そこでは，既に社会実装された第4次産業革命や

Society5.0 を牽引していくために共通で求められる力として次の3つが示されている。

① 文章や情報を正確に読み解き，対話する力

② 科学的に思考・吟味し活用する力

③ 価値を見つけ出す感性と力，好奇心・探究心

①は「読解力・対話力」であり，不易の内容といえよう。②，③はとりわけ理科の文脈で読み解くことが容易である。②は「科学的思考力・活用力」であり，これまでも大切にされてきた力であり，そしてこれからも大切であるということであろう。③は「自然」という文脈で考えると「自然を愛し，そこから問題を発見する力」ということができよう。人間を超えた存在である自然は，我々が創造的に学びを創っていくかけがえのない存在である。常に好奇心や探究心をもち，自然に問いかけ，新たな価値を見いだしていくことが大切であるということであろう。

「30年答申」では，さらに幅広い教養を身に付け，高い公共性・倫理性を保持しつつ，時代の変化に合わせて積極的に社会を支え，論理的思考力をもって社会を改善していく資質を有する人材を「21世紀型市民」として定義している。21世紀型市民には，個々の能力・適性にあった専門的な知識をもつとともに，その基盤として思考力，判断力，表現力に加えて，新たな興味深いキーワードが加えられている。それは，「俯瞰力」である。「俯瞰力」とはどのような能力であろうか。「俯瞰」とは，「高いところから見下ろすこと」「広い視野で物事を見ること」「客観的に物事の全体像を捉えること」だといわれる。幅広い分野や考え方を俯瞰して，自ら思考し，判断し，表現していく力を備えた人材が求められるということであろう。新学習指導要領の学習評価のキーワードである「メタ認知」にもつながる力だといえよう。

5 おわりに

令和2年度から全面実施される新学習指導要領は，2030年の社会をターゲットとして作成された「未来型」カリキュラムである。平成にもまして令和の時代の未来は，さらに変化が激しく予想が困難であるが，一人一人が人生の主人公になり，自ら切り拓いていく「未来」という新しい価値をセッティングし，そこから現在に向かってどうすればよいのかと考えた一つの「解」が今回の改訂なのである。このような目標となる未来を定めた上で，そこを起点に現在を振り返り，今すべきことを考える発想法をバックキャストという。未来から現在を眺め，現在から未来を振り返るのである。未来は「やってくる」ものではなく，「創り出す」ものなのである。我々の現在は，将来の主権者たる子供たちの過去であり，我々の未来は彼らが生活していく現在なのである。この時間的位相のずれをしっかりと認識し，生きて働く知識や技能，未知の状況にも対応できる思考力・判断力・表現力等，そして学んだことを人生や社会に生かそうとする学びに向かう力や人間性をしっかりと創り出しつつ身に付けていくことが，今教育に問われている。

これからの社会で求められる学力を育てる 理科授業の在り方

● 国立教育政策研究所教育課程研究センター基礎研究部部長　猿田祐嗣 ●

1　新学習指導要領改訂の背景

　新学習指導要領は，我が国を取り巻く政治・経済を中核とした国際的な環境や関係性が目まぐるしく変化し，先が見えにくい混沌とした状況の中で改訂が行われた。21世紀に入り，子供たちの資質・能力を育成するための様々な教育施策が打ち出された。「ゆとり教育」への批判に対応するため，言語教育の充実とともに理数教育の充実が図られてきた。

　2000年に調査が開始されたOECD（経済協力開発機構）のPISA（生徒の学習到達度調査）は，国際的に通用する学力を身に付けさせることの重要性を再認識させる端緒となった。PISAでは，子供たちが社会に出て役立つ資質・能力をキー・コンピテンシー（主要能力）として定義し，読解力，数学的リテラシー，科学的リテラシーの3領域における15歳の子供たち（我が国では高校1年生に相当）の成績や学習状況を国際比較してきている。

　PISAの2015年の調査結果から，いずれの領域においても我が国の高校1年生は上位グループに位置することが分かり，現行の学習指導要領の下での学力向上の様々な試みが功を奏した形となった。表1に示すように，科学的リテラシーはOECD加盟35か国の中でトップであった。また，同じく2015年に実施された調査結果が公表されたIEA（国際教育到達度評価学会）のTIMSS（国際数学・理科教育動向調査）においても，小学校4年生，中学校2年生の理科は前回2011年調査よりも平均得点が上昇し，トップクラスであることが分かった。

　これらの結果を受け，学習指導要領の改訂においては，まず子供たちを取り巻く学校や社会の変化に対応するために必要となる資質・能力のさらなる見直しが図られることとなった。さらに，各教科等においてその資質・能力を育成するための学習過程の在り方が示され，指導法や評価等を含めた学校における教育課程全体の充実が図られることとなった。

表1　国際調査における理科及び科学的リテラシーの結果（2015年）

小学校4年生	中学校2年生	高校1年生
3位／47か国	2位／39か国	1位／35か国

注）高校1年生はOECD加盟35か国における順位

2　21世紀を生き抜くための資質・能力

　今回の学習指導要領の改訂において資質・能力の見直しを行う中で、「21世紀を生き抜くための資質・能力（いわゆる21世紀型学力）」が検討された。これまでにOECDのキー・コンピテンシーなどの国際的に提唱されている能力や、内閣府人間力戦略研究会の人間力などの国内で提唱されている能力があるが、中央教育審議会で検討された「21世紀を生き抜くための資質・能力」は、図1に示すものであった。これからの社会においては、<u>思考力</u>等の認知スキルを中核として、それを支えるリテラシーなどの<u>基礎力</u>、思考力の使い方を方向付け、社会と関わり、実践的な課題発見・解決とつなげるための<u>実践力</u>が求められている、と捉えたのである。この思考力を中核とした基礎力と実践力を合わせて「21世紀を生き抜くための資質・能力」の3要素と位置付けた。

　基礎力は基礎的・基本的な知識や概念、技能やスキルのことを指し、子供たちは学習を通して「わかった、できた」という実感を味わうとともに、教師にとっては学習や授業の成果を評価する際の対象となる。思考力を中核とした認知スキルを身に付けることにより、問題を発見し解決したり、論理的・批判的・創造的に考えたり、学び方を学んだりといった活動を通して「こんなふうに考えた、こんな関係を見いだした、こんな考えもある」という深い学びを行うことができる。さらに、基礎力に支えられた思考力が充分生かされることによって、「もっと知りたい、もっとできるようになりたい」といった主体的に学ぼうとする子供たちの意欲や、実際に活動を行おうとする実践力の形成につながる。まさに子供たちが自らの未来を創る、切り拓くために重要かつ必要な資質・能力である。

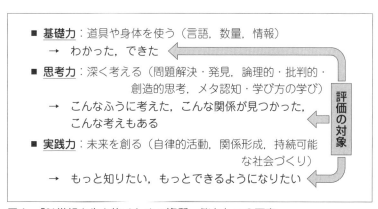

図1　「21世紀を生き抜くための資質・能力」の3要素
引用）国立教育政策研究所編（2015）「資質・能力を育成する教育課程の在り方に関する研究報告書1」

　新学習指導要領では、図1の基礎力、思考力、実践力は順に、(1)知識及び技能、(2)思考力、判断力、表現力等、(3)学びに向かう力、人間性等、という資質・能力の三つの柱に整理され、各教科を通じて「知識・技能」「思考・判断・表現」「主体的に学習に取り組む態

度」として，子供たちに「何が身に付いたか」という学習の成果を評価する際の指導要録の観点とすることが適当とされた。学習指導要領の全ての教科等の目標・内容は，この(1)から(3)の資質・能力の三つの柱で整理して示されることとなった。

3 資質・能力を育成するための授業の在り方

今回の改訂では「どのように学ぶか」という学習過程の改善についても触れられた。生きて働く知識・技能の習得は，前述の「21世紀を生き抜くための資質・能力」を育成することにつながるものであり，新しい時代に求められる資質・能力を開発するためのものである。「21世紀を生き抜くための資質・能力」を育むためには，図2のように教科等の内容と資質・能力（基礎力・思考力・実践力）を学習活動でつなぐ教育が有効であると考えられる。なぜならば，図2の左側の教科等の内容だけを重視し，知識伝達・注入型の授業をどれだけ実践しても，右側の資質・能力は育ちにくい。一方で，資質・能力が重要だからといって，例えば問題解決学習を繰り返しても，生きて働く問題解決能力は育成されにくい。意味のある文脈の中で，教科等の内容の中核となる知識や概念を手掛かりに，問う価値のある課題の解決に向けて学習活動を組織することを通してはじめて問題解決能力なども育まれると考える。さらに，こうした授業を繰り返すことで，教科等の内容と資質・能力が一体化され，「生きる力」の育成につながっていくものと思われる。

平成26年11月20日の文部科学大臣の諮問において言及された「課題の発見と解決に向けて主体的・協働的に学ぶ学習（いわゆる「アクティブ・ラーニング」）」も，単なる新しい指導技術の導入ではなく，教育目標としての資質・能力と教科等の内容，そして評価をより密接に関係付けるための媒介として見直すことができる可能性がある。教科等において身に付けるべき知識や技能の量を削減せず，子供たちの質の高い理解を図るための学習過程の質的な改善を行うことが重要となってくる。そのためには，各学校では目標（資質・能力）を育むための内容（教科等の知識や技能）とそれらをつなぐ学習活動を一体として改善するカリキュラム・マネジメントを実現するための体制を整える必要が生じてくるのである。

図2 「21世紀を生き抜くための資質・能力」を育む教育の姿
引用）国立教育政策研究所編（2015）「資質・能力を育成する教育課程の在り方に関する研究報告書1」

理科授業に敷衍すれば，図3のように，理科で育む「目標」としての資質・能力である課題の把握（発見），課題の探究（追究），課題の解決といった探究スキルや態度を身に付けるために，エネルギー，粒子，生命，地球といった領域の概念や枠組みを「内容」として，問題解決や科学的探究を中心とした学習過程（すなわち「授業」）を構成するというイメージになる。さらに，理科授業における学習過程の各場面で子供同士の意見交換や議論など主体的・協働的な学びを行い，他者との関わりを通して自らの考えをより妥当なものにすることができるようにすることが求められている。

　すなわち理科授業において，子供たちは「内容」との対話を通して自然の事物・現象を理解し，自然に対する自らの考えをつくるという主体的な学びを行う。さらに，教師や仲間といった「他者」との対話を通して協働的な学びを行うことによって，自らの考えを修正したり補強したりして，深い学びを行うと考えられるのである。

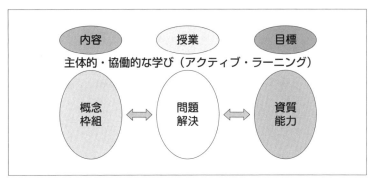

図3　「21世紀を生き抜くための資質・能力」を育む理科授業のイメージ
引用）国立教育政策研究所編（2015）「資質・能力を育成する教育課程の在り方に関する研究報告書1」

＜引用・参考文献＞
・Rychen,D.S. and Salganik,L.H.（2003）Key Competencies, Hogrefe & Huber Publishers.
　立田慶裕監訳『キー・コンピテンシー』明石書店，2006年
・国立教育政策研究所編「資質・能力を育成する教育課程の在り方に関する研究報告書1：使って育てて21世紀を生き抜くための資質・能力」2015年
・国立教育政策研究所編『資質・能力［理論編］（国研ライブラリー）』東洋館出版社，2016年
・国立教育政策研究所編『生きるための知識と技能6　OECD生徒の学習到達度調査（PISA）2015年調査国際結果報告書』明石書店，2016年
・国立教育政策研究所編『TIMSS2015 算数・数学教育／理科教育の国際比較－国際数学・理科教育動向調査の2015年調査報告書』明石書店，2017年
・中央教育審議会「幼稚園，小学校，中学校，高等学校及び特別支援学校の学習指導要領等の改善及び必要な方策等について（答申）」2016年
・内閣府人間力戦略研究会『人間力戦略研究会報告書』2003年

深い学びを生み出す小学校理科学習指導の実践課題

● 帝京平成大学教授　船尾　聖 ●

1　はじめに

　新しい学習指導要領に関する中央教育審議会答申では，授業改善の視点として「主体的・対話的で深い学び」という表現が登場してきた。では，「主体的・対話的で深い学び」とはどのような学びかを改めて考えてみることにする。

　最近「主体的・対話的で深い学び」について，現場の先生から次のような話を聞く。

　「主体的な学び」は，その言葉のとおり見通しをもち自分から進んで学習を行っている姿がイメージをしやすい。また，「対話的な学び」も「対話的」というのが「子供同士」「先生」「その他の人」と話し合いを進めていく姿がイメージしやすい。しかし，「深い学び」は，「深い」という意味が分かりづらい。どこまでやったら「深い」なのかその姿がイメージとしてもちにくい。というのである。子供のどんな姿が，深い学びになっているかをイメージできれば，今の授業を改善し「主体的・対話的で深い学び」を資質・能力の育成につなげることができると考える。そのためには，「深い学び」のイメージを明確にして，児童の資質・能力を向上させる授業はどのようにしたらよいか考え，そのことを授業で具現化することが大切である。「深い学び」については，中央教育審議会答申（平成28年12月）では，次のように示されている。

　習得・活用・探究という学びの過程の中で，各教科等の特質に応じた「見方・考え方」を働かせながら，<u>知識を相互に関連付けてより深く理解</u>したり，<u>情報を精査して考えを形成</u>したり，<u>問題を見いだして解決策を考え</u>たり，<u>思いや考えを基に創造</u>したりすることに向かう「深い学び」が実現できているか。

　子供たちが，各教科等の学びの過程の中で，身に付けた資質・能力の三つの柱を活用・発揮しながら物事を捉え思考することを通じて，資質・能力がさらに伸ばされたり，新たな資質・能力が育まれたりしていくことが重要である。教員はこの中で，教える場面と，子供たちに思考・判断・表現させる場面を効果的に設計し関連させながら指導していくことが求められる。　　　　　（中央教育審議会答申より一部抜粋，下線は筆者）

　このことを理科という教科で考えると，問題解決の過程において，自然の事物・現象をどのような視点で捉えるかといった「見方」やどのような考え方で思考していくかという

「考え方」を子供が問題解決の過程で働かせることが「深い学び」への視点になる。

　また，答申の中から，「見方・考え方」を働かせながら，下線の4つの内容と関わりながら深い学びの姿として子供の変容に現れてくることが大切であると読み取れる。

　答申で書かれている「深い学び」が実現していくための子供の姿を基に図にしてみると以下のようになると考える。

見方・考え方を働かせて

①情報を精査して考えを形成している姿

②知識を相互に関連付けている姿

③問題を見いだして解決策を考えている姿

④思いや考えを基に想像したりすることに向かう姿

図　「深い学び」に向かう子供の学びの姿

　上記の図のように，「見方・考え方」と「①〜④の4つの視点」が「深い学び」を実現する授業の在り方について，実践例を基に探ることにする。

2　「深い学び」が実現する授業の在り方

●第6学年「月と太陽」の授業実践から学ぶ

　本単元では，月と太陽の位置に着目して，これらの位置関係を実際に観察したりして，モデル図に表したりして多面的に調べる活動を行い，月の形の見え方と月と太陽の位置関係についての理解を図り，観察，実験などに関する技能を身に付けるとともにより妥当な考えをつくりだす力や主体的に問題解決していけるよう，単元を構成している。ここで取り上げた授業は

「いつも月が輝いている側に，太陽があるか」という問題を解決するために，児童が実験計画を考える場面である。

　実験計画を立案する際に，「主体的・対話的で深い学び」につなげられるような話し合いができるように手立てを考え実践している。この授業での手立ては，話し合う際にホワイトボードに太陽・月・地球のマグネットを用意することで，太陽・月・地球を子供たち

同士で操作しながら，どのような位置関係にして実験を行えば仮説を証明できるかをグループで話し合わせたことである。

　このことにより，太陽と月の位置に着目し，時間的・空間的な見方や1回目と2回目の観察結果を比較する考え方を働かせ，主体的・対話的で深い学びになるような学習活動が展開されていた。授業後，子供が話し合いの活動に対して実感しているかを知るために，下記のような「インタビュー」を行い「深い学び」への分析を行った。

授業後の子供への「インタビュー」から分かること

T．今日の勉強で問題の結論に自分の考えは近付きましたか。

C．自分の考えは，最初はグループ内の結果がいちおう出たので結論に近付いたと思う。

②知識を相互に関連付けている姿

T．結論に近付いたのはどうしてですか。

C．たくさんの結果が出て意見がばらばらだったけど，そこから正しく考えることもできると思ったから近付いたと思う。

①情報を精査して考えを形成している姿

T．今日の学習をしてどうでしたか。

C．月と太陽の位置関係とかが，なかなかはじめてだったのでつかみづらかったけど，問題に対する答えを必死に考えることができたのでよかったと思う。

③問題を見いだして解決策を考えている姿

　このインタビューから分かることは，子供が「対話的な学び」の中で「意見がばらばらだったけど，そこから正しく考えることもできる」という振り返りをしているところがある。これは，他者と一緒に学んだことによって「情報を精査して考えを形成している姿」であり「深い学び」に結び付いている姿である。

　また，この授業で教師の支援としてホワイトボードと太陽，月を用意して，太陽と月をホワイトボード上で自由に操作できるようにしたことは，「太陽と月の位置」に着目し，操作活動を行う中で互いの意見を可視化して深い学びになるよう学習活動が展開される大きな要因になった。

　授業の中で話し合いをさせるとき，教師は「グループで話し合ってみましょう」といっ

て何の手立てもないまま話し合いをさせてはいないだろうか。「対話的な学び」が「深い学び」につながるためには，「見方・考え方」に着目させた話し合い方ができる手立てを工夫し，互いの考えが分かる方法をとることが深い学びにつながるといえよう。

　さらに，インタビューで「問題に対する答えを必死に考えることができた」と答えているところがある。子供自ら，問題を見いだして解決策を考えている姿であり，深い学びの姿の表れである。教師が，考察したことから問題に立ち返り考えていくことを指導している結果といえよう。

3　「深い学びをしている子供の姿」を明確にして授業改善の実践を

　これからの理科教育は，「見方・考え方」を働かせ「主体的・対話的で深い学び」を実現させ，子供たちに「知識及び技能」「思考力，判断力，表現力等」「学びに向かう力，人間性等」の三つの資質・能力を育成することにある。

　特に「深い学び」については，教師が達成している規準を明確にしてその姿をイメージすることが授業改善につながると考える。今回，学習指導要領や中央教育審議会答申を基にして，「①情報を精査して考えを形成している姿」「②知識を相互に関連付けている姿」「③問題を見いだして解決策を考えている姿」「④思いや考えを基に想像したりすることに向かう姿」の「深い学び」に向かう４つの子供の姿から学習活動を捉えてみた。そのことにより教師が授業の中で４つの子供の姿が現れるような学習プロセスを考え，授業改善の方向性を記してみた。

　考えを深め合うためには，上記の４つの視点から他者と学び合う中で，自分には気付かなかった視点や考え方，「考えの基になる事実はなにか」「なぜそのように考えたのか」などの根拠を基に話し合ったりしながら，科学的に裏付けのある解を導き出していくことが大切である。

　その際，理科の学習で「深い学び」に向かう思考プロセスでは，子供自ら各領域での「見方・考え方」の視点に着目し，解決への焦点化を図っていけるような手立てを具現化していくことが求められる。

小・中学校の接続を視野に入れた理科学習指導の実践課題

● 福岡教育大学教授　坂本憲明 ●

　従来の理科教育では，小・中学校の学習に関して内容の系統（科学概念の形成）と問題解決の系統（問題解決能力の育成及び科学的態度の涵養）を考慮してきた経緯があり，これらの系統性は現在の学習指導要領理科の教科目標及び基本構造の中核をなしている。

　今回，新たな枠組みとして示された各領域での「理科の見方・考え方」については，小・中接続を通して考えると改めて本質的な点が見えてくる。平成20年改訂では，小・中・高を通した内容の構成表が示され，以前よりも内容の接続についての見通しができるようになった。加えて，今回の見方・考え方は，理科に特徴的な視点や思考の枠組みを各領域で発揮するための具体的なアプローチを示していると捉えることができる。本稿では，小・中接続を視野に入れた学習内容の系統性，問題解決の系統性，及び各領域で見方・考え方を働かせる理科学習の実践で留意すべき事項について，簡潔に提言してみたい。

1　学習内容の系統性の観点から

　理科の教科固有性の一つである科学概念形成の観点については，昭和33〜35年改訂の系統学習からのカリキュラム編成の系譜がある。ここでは，学習内容の構造化と系統性が重要となり，基本的には各校種における内容の配列と各々の概念理解に対する適切な指導が鍵となる。構造化と系統性に関しては，右頁上の「概念構造図[1]」として示される上位概念と下位概念の構造（樹形）を意識しておくことが大切である。例えば，小学校3年生で学習する「金属」については，その上位概念は「物質」，下位概念は「磁性のある金属（鉄）」「磁性のない金属（銅など）」である。基本的に理科の教科書で扱われることば（科学用語）はこのような概念構造図で表すことができるので，該当する学年で学習する内容がその概念構造全体のどこに位置するのかを授業者は把握しておくべきである。それが学年間や単元間のつながりを生み，教材研究や授業での適切な発問，展開及び子供の発言を見取るときなどのポイントになる。内容の配列については，子供の理解をつなぎ深める視点で構成したい。例えば，平成20年改訂における，小学校3年生「風やゴムの働き」単元は体験を通したエネルギー概念の初歩的な理解，「物と重さ」単元は物質に関する質量保存概念の初歩的な理解を目指し，それぞれ以降の関連した内容理解につなげようとして設定された

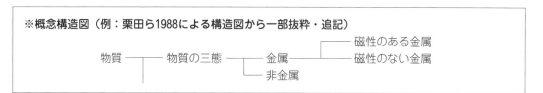

※概念構造図（例：栗田ら1988による構造図から一部抜粋・追記）

物質 ── 物質の三態 ── 金属 ── 磁性のある金属／磁性のない金属
　　　　　　　　　　　└ 非金属

ものと捉えられる。次期学習指導要領の改訂に向けては，さらに各学校種内や小・中接続を踏まえた内容の関連化が可能であるか，または目指す子供の姿[2]と資質・能力の育成をベースとした内容再編が可能であるか等，時間をかけて検討する余地は十分にある。

　なお，子供の概念構成の指導に当たっては，小・中を通して，素朴概念の変容，知識の「精緻化（情報を付け加える）」「体制化（情報を構造化する）」，分かったつもりの状態をより分かるようにする手立ての工夫等[3]を行う中で，具体を丁寧に抽象化していきたい。

2　問題解決の系統性の観点から

　観察・実験等を中心とした問題解決能力の育成も理科固有性の一つである。問題解決については，基本的には昭和43〜45年改訂に見られる探究学習からの流れが現在も踏襲されている。現在の小学校各学年の内容は，先述の概念構造の観点に加えて，従来の問題解決の重点であった「比較・関係付け・条件制御・推論（多面的な理解）」の観点から構成されている側面が大きい。今後の学習指導においては，各学年で新たに明確化された問題解決過程における重点事項を小・中を通してスパイラルに育成し，その中で子供が見方・考え方を意識的に働かせていくようにすることが大切である[4]。この際，問題を見いだすことや振り返ることなどに関しては，単元及び授業のはじめや終末に固定するのではなく，学習途中や各段階による質の違いがあることに留意して学習指導を行いたい。

　問題解決における態度の涵養に関しては，これまで以上に科学的な態度の捉えを重視し，実証性・再現性・客観性を追究する姿，より妥当な考えを生み出すなどの探究する姿などにつなげていきたい。さらに，OECDが示しているラーニングコンパス（http://www.oecd.org/education/2030-project/を参照）でのAAR（Anticipation, Action, Reflection＝AAR）サイクルが自己調整的な学びの重要性を帯びて今後の学習の基本形となるだろう。

　理科学習に置き換えてみると，問題解決における学習意義の自覚，見通しによる探究，振り返りを定着させたい。この実現のためには，今回の評価観点である主体的に学習に取り組む態度として挙げられている「学習を調整しようとする側面」と「粘り強く取り組む側面」が重要になってくる。このようなメタ認知的な側面の育成には時間がかかるため，これまでの問題解決に加えて小・中接続として大切にしたい事項である。

3 各領域で「見方・考え方」を働かせる理科学習の観点から

　平成20年改訂からA・Bの2区分に変更され，それぞれの区分特性を加味しながら，中学校第1分野と第2分野との整合性が図られている[5]。今回の「見方」はこのベースの上にある。すなわち，最終的には，各分野の活動の本質をつく学習の構成が求められるのである。ここでは，「見方」を中心に小・中の各領域で展開する理科学習について述べる。なお，「考え方」については，問題解決の様々な場面で働くと捉えている。

　季節を考慮すると，子供にとっての小学校から中学校への学習の入り口となるのはB区分（第2分野）の生命領域である。この生命領域では，主として共通性・多様性の視点で捉えることが多い。子供は，小学校での学習で，身の回りの生物の「観察」などを実際に行うことを通して多様性を感じつつ，その中に潜む共通性を学習する。中学校では植物や動物の体などのより詳しい部位や働きに関する情報が付加されたり，細胞レベルでの観察が行われたり，事例を増やしながらより抽象的な概念に高めたり，遺伝や進化といった新たな概念を導入するなどの学習で深められる。ここで重要な点は，共通性と多様性の視点の基礎を小学校学習で培い，その土台に基づき中学校の学習が自覚的に進められることである。単なる内容の系統のみならず，これらの視点が生命の素晴らしさへの気付きにつながってほしい。なお，平成29年改訂における中学校1年生「生物の特徴と分類の仕方」単元では，適切な分類の基準について子供自らが考えるような学習を展開したい。

　B区分の「地球」では，主として時間的・空間的な視点で捉えることが多いとされているが，他領域に比べてマクロなスケールでの理解を行う内容が多いのが特徴である。ここでは，小・中を通して，地球や宇宙規模での事象を捉える。生命領域と同様に，小学校から中学校の学習に進むにつれてより詳細な情報が付加されたり，大地の変動や気象現象，天体の運動に関するメカニズムの説明が加えられたりすることが中心になっている。この際，断片的な知識理解になりがちなので，やはり上記の見方の中で地球や宇宙のしくみを実感するとともに，日常生活と関連付けながら学習を展開したい。また，平成29年改訂では，小学校4年生「雨水の行方と地面の様子（新設）」から始まり中学校までの自然災害などに関する学習文脈がつくられており，具体的な単元構成や授業展開の手立てが喫緊の課題である。なお，特に中学校3年生の天体の学習では，小・中で地球上の視点から俯瞰した視点に移動することや，地球の自転や公転に伴う相対的な運動を捉えることなどが学習の困難性を生んでいる。これは天体単元に特有であるので，より丁寧な学習指導を行っていく必要がある。方位認識も曖昧な子供が多いので留意したい。

　A区分（第1分野）の「エネルギー」は，主として量的・関係的な視点で捉えることが多い領域である。例えば，小学校では，風の大きさと物体の動き方，音の大きさと震え方，

日光の量と温度，乾電池の数やつなぎ方と電流の大きさ，電流の大きさやコイルの巻数と電磁石の強さ，実験用てこでのおもりの重さや支点からの距離と釣り合い，蓄電した量と豆電球や発光ダイオードの明るさなどは，いずれも2者あるいは3者の量的・関係的な見方が関係している。中学校においても，光・音・力の身近な物理現象，電流と磁界，運動とエネルギーの各単元では，量的・関係的な見方を連続して働かせていくことになり，諸概念が構成されていく。特に，中学校2年生の電流単元では，オームの法則や発熱に関してさらに複雑な量的・関係的な見方を働かせていくことになる。いずれにしても，小・中の学習で，問題発見や予想・仮説形成，実験の計画と検証を行う中で，事象に潜む規則性を見いだす喜びを感じさせたい。もちろん，各領域には様々な見方が含まれていると思われるが，このように特徴的な見方を貫くことを授業者側が把握し，子供に自覚させていくことが肝要なのである。なお，ここでは，比例関係などのグラフの意味を捉えることも重要である。

　A区分の「粒子」は，主として質的・実体的な視点で捉えることが多い領域である。ここで質的とはものの性質やその変化，実体的とは粒子などの微視的な見方やモデルとして捉える。小学校では，物の重さ，水・空気・金属の性質，水溶液の性質，燃焼の仕組みなどを学習する。中学校では，より詳しく物質の姿に関する情報が付加されたり，状態変化や化学変化および水溶液などに関して粒子や原子・分子，イオンという微視的な視点や記号を用いた説明が求められたりする。この際，途中段階では量的・関係的な見方が働くことも多い。物質の多様性や共通性，変化に関する時間的・空間的な見方が働くことも当然含まれる。しかしながら，この領域では最終的には質的・実体的な見方を柱として貫き，物質の性質を明らかにし，記号やモデルによる現象の説明等を行うことが小・中接続の学習指導上のポイントになる。一方，モデルによる説明は必要性に応じて設定したい。

　この他に，原因と結果，部分と全体，定性と定量などの視点も大切である。以上のように，理科固有の見方・考え方として曖昧であった点を明確に意識化して働かせていくことは子供自身や教師にとって一定の指針になる。

　なお，教師側としては，これまでの多くの授業研究で示されてきているように，子供の思考をさらにゆさぶる授業づくりにおいて，各領域で示されている見方を横断した発問や学習展開の設定が効果的である場合が多いことは付記しておきたい。

　また，近年の学力調査の結果等が示すように，目的に応じた学習の構想，結果の分析・解釈に加えて，自分や他者の考えを踏まえた検討・改善，根拠を明確にした論証，学習意欲の持続など子供の学びの姿として各校種間での課題が浮き彫りとなっているのが実態である。いずれも小・中の連続した学習を通して改善したい。様々な論点から，今後の授業研究の蓄積を期待する。

＜註・参考文献＞

1）栗田一良他編『小学校理科教育研究』教育出版，1988年，pp.16-61

2）例えば，中央教育審議会（2016.12.21）答申p.13を参照

3）坂本憲明「わかりなおしによる理科授業改善－知識再構成の観点から－」『理科の教育』Vol.66,
　　No.779，東洋館出版社，2017年，pp.13-16

4）鳴川哲也「全国大会に向けての研究課題と授業づくり」第10回新理科セミナー資料，2019年より

5）村山哲哉「小学校理科学習指導要領における内容の系統性と学習指導の在り方」『理科の教育』
　　Vol.63，No.742，東洋館出版社，2014年，pp.5-8

理論編

実践者としての理科学習指導の在り方

● 元福岡教育大学教職大学院特任教授　谷　友雄 ●

はじめに

　小学校教師には，理科学習指導を行う前に「小学校学習指導要領解説　理科編」の記載内容を読み解き指導目標・内容を理解し，理科の教科書記載の観察・実験に関する予備実験を行うことが教材研究のスタートである。これらの活動を通して指導目標や内容の概要をつかみ，①子供にとって安全で理解しやすい観察・実験か，②子供は興味・関心をもって観察・実験を行うのか，③子供の予想・仮説に基づいて観察・実験の結果が出るのか，などの検討を行う。そして学習指導の目標・内容の質を落とさずに子供の実態に合うように観察・実験等を含めた指導方法を工夫するのである。これが理科学習指導を行うための第一歩である。

【小学校の学習指導は学級経営と表裏一体】

　小学校教師は，得意・不得意に関わらず子供の全人格的な成長を願って，学習指導や特別活動等，あらゆる教育活動を行っている。その範囲は，学年・学級経営，生徒指導，各教科の学習指導などと多岐にわたる。その結果，あらゆる教育活動全般からの影響が複雑に絡み合って，理科学習指導の一単位時間（45分）内の子供の姿にも現れる。予想・仮説に基づく観察・実験の結果を巡って，相手の意見を受け止め論理的に意見を述べ合う好ましい姿が見られる一方で，理科の観察・実験中に雑然として適切な実験結果が得られず学習指導が成立しないなどの姿も見られる。その姿の違いは学級経営の状態に拠ることが多い。本稿では筆者の学級担任の経験や研究授業参観の内容等を踏まえ，小学校理科学習指導の在り方について，その背景にある学級経営と連動させて述べることとする。

1　充実した理科学習指導を行うために

（1）小学校の理科学習指導を通して将来的に育成したい人間像（図1-ⅰ）

①「有用性を発揮し価値を創造する人間等」への成長を願う（※以下，構造図中番号で提示）

　子供一人一人には複雑な個性があり，個人の価値観をもっている。教師は，その個性や価値観をその子らしく伸ばすことが大切である。小学校理科学習指導を行う場合，教師は子供の20～30年後を見据えた人間の姿を思い描くことが大切であると考えている。❶理科の有用性や価値，学びを生かし，自分の役割を思惟する人間，❷自然の摂理・真理・成り立ち・規則性等を探究する人間，❸自然事象と知識や技能等との組み合わせに基づき，人や社会に有益な物を創造する人間，❹様々な問題解決場面で知識や技能及び思考力等を

ⅲ－c　できる子供の育成への着眼点

○子供の学習習慣・学習規律・安全意識等の定着
○子供が理解・操作しやすい教具や資料提示の方法や発問
○子供の技能や思考・判断・表現内容の細部にわたる指導内容・方法の具体化と子供への定着

ⅲ－a　可視化・教員づくり・指導の工夫・内容や方法の検討・内容構成の明確な教材研究

（可視化）概念構成を促進させる操作活動や交流、討論等で、可視化した図版や教員を活用
（教材・教員）繰返し使用でき、考え方が明確になる教員の開発
（工夫）発問や板書及びツールの用い方等を工夫し、子供に概念構成や理解の深化を促す
（検討）認識の深まりに応じた学習内容の順序性と子供の問題解決活動との関係を検討
（構成）子供の思考に合う学習内容、表現内容等を構成

i　小学校の理科学習指導を通して将来的に育成したい人間像

❶理科の有用性や価値、学びを生かし、自分の役割を思性する人間
❷自然の摂理・真理・成り立ち、規則性等を自ら探究する人間
❸知識や技能等を生かし、人や社会に有益な物を創造する人間
❹問題解決場面で学んだ資質、能力を生かし協動する人間
❺善なる社会を目指し、学び続け自己研鑽する人間

ⅳ－a　子供自身による活動・規律・工夫・計画・交流の学びの定着

（活動）自ら準備・追究、思考、表現する主体的な学習活動を学ぶ
（規律）主体的な参加、静謐を守る学習態度や学習規律を学ぶ
（工夫）解決方法、ノートの書き方、振り返り活動等の工夫を学ぶ
（計画）授業の見通しや構え、用具準備等の自学方法を計画的に学ぶ
（交流）学級内の子供相互の話し合いやグループ等による交流活動を学ぶ

ⅳ－b　子供自ら形成する学びの態度

○子供が教師や成員相互の信頼と期待に応えて学習する態度を形成
○子供が相互に支え合い高まり合おうとする参加態度を形成
○子供が既習事項に新内容を付加していく連動の学習態度を形成
○子供自らで考えを出し合い意見形成を図り解決する態度を形成

ⅲ－b　学習指導改善への着眼点

○新素材・事象に着目し、新しい指導の具体化を構想
○子供の探究活動の深まりに伴う反応等を基に授業展開の連続性を構想
○指導者の動きと子供の動きの整合性を描き手立てや働きかけ方を構想

ⅱ－a　児童へ参加・集団・板要・精選・創造を促す学習指導

参加・体験型の指導により、子供が主体的に問題解決する活動を形成する学習指導
集団と個の思考場面を設定し、子供が深く考える合意形成する学習指導
板要　学習の最適化を図り、子供が中心概念を自ら形成する学習指導
精選　選択されだ発問・応答・板書により、子供が構造的に理解する学習指導
創造　教員の指導・教員の指導により、子供の学びが促進される学習指導

ⅱ－b　子供に接する教師の実践的態度

○子供を肯定的に受け止め、自己肯定感や自信を育む接し方を実践
○子供が学習を進める姿を賞賛し、自学自習の能力育成を実践
○子供相互が尊重する対話を行う姿を賞賛し、その能力育成を実践
○子供が集団で問題解決する姿を賞賛し、協動的能力育成を実践

図1　小学校理科学習指導を考えるための構造図　《教材研究の基本的な視点は子供・学習指導要領・教科書・教員等》（渋谷 私案）

供与し合い協働解決する人間，❺自分や社会の在り方を振り返り善なる社会を目指して学び続け自己研鑽する人間など，育てたい人間の姿を多様に思い描くことができる。しかし，こうした人間を短時間では育成できない。特に小学校では，指導している子供たちが成長し社会で活躍する年齢になってはじめて教育の成果が分かる。だからこそ教師は子供自身が学び続けて「有用性の自覚」をもつように指導をすることが必要なのである。小学校教師は子供理解に努め，成長する子供の姿を本人の個性に合うように，根気強く指導していくことが仕事である。

② 育成したい資質・能力等

「小学校学習指導要領（平成29年告示）解説　理科編」に，資質・能力については「知識及び技能」「思考力，判断力，表現力等」「学びに向かう力，人間性等」として示されている。これらを捉え直して解釈して次のように整理した。知識とは自然事象に対する基本的な概念や性質・規則性等の理解，及び理科を学ぶ意義の理解である。技能とは科学的に問題解決を行うために必要な観察・実験等の基本的な操作能力や，安全への配慮，器具などの操作や測定方法を知って活用する力，データを記録し整理できる能力と考えられる。

次に，「思考力，判断力，表現力等」とは，自然事象の共通点や差異点に気付き問題を見いだす力や，見いだした問題について生活経験や既習内容を基に根拠のある予想や仮説を発想する力や，予想や仮説を基に質的変化や量的変化，時間的変化等に着目して解決の方法を構想し実行する力，及び自然事象の変化や働きについてその要因を多面的に考察し，より妥当な考えをつくりだす力，また学習内容を書いたり伝えたりする力のことと考えられる。

「学びに向かう力，人間性等」とは，自然に親しみ，生命を尊重する態度や，失敗してもくじけずに挑戦する態度，科学することの面白さに感動し関心をもち続ける態度，根拠に基づき正しく判断する態度，問題解決の過程に関してその妥当性を検討する態度，知識・技能を自然事象や日常生活などに適用する態度，多面的，総合的な視点から自分の考えを合理的に改善する態度のことと考えられる。

（2）教師と子供と教材について（「図2　学習指導を成立させる基本の枠組み」参照）

① 学習指導を成立させる基本の枠組み

学習指導は，教材を媒介として指導者である教師と学習者である子供との相互作用によって成り立っている。ここでは，学習指導を成立させる基本の枠組み（図2）として教師と子供と教材とを表記している。図2では，学習指導の基本の枠組みを外側にして「育てたい子供の姿」を囲んでいる。それは「将来的に育成したい子供の姿」を念頭において学習指導を組み立ててもらいたいからである。教師と子供と教材の3つの基本の枠組みに付随する様々な活動や働きかけ方は，教科特性や社会の進展及び学習指導要領の改訂等に伴い変化する。教師はそれらの変化を敏感に捉え，学習指導の考え方や指導内容・方法などに取り入れ適切に改善していかなければならない。図2の基本の枠組み間の｢ア｣，｢イ｣，｢ウ｣

図2　学習指導を成立させる基本の枠組み

はそれぞれ教師と子供と教材の関係において期待する活動の姿を端的に示したものである。

図2の基本の枠組み間の㋐，㋑，㋒の内容は，次のように考えている。

㋐　教師と子供は相互に信頼し合う人間関係で結ばれて，協働的学習指導が成り立つ

㋑　教師は子供が見方・考え方を働かせて追究できるように，単元の本質を読み解き教材・教具を工夫する

㋒　子供は自ら問題を見いだし，予想・仮説に基づき教材・教具を主体的に用いて，問題解決を行う

教師は，子供自身が理科学習を主体的に実行できるように㋐，㋑，㋒の関係を基本にして学習指導を充実させるようにする。

② 　子供が見方や考え方を働かせる学習と教材研究

「小学校学習指導要領（平成29年告示）解説　理科編」等に，見方・考え方は資質・能力を育成する過程で児童が働かせ物事を捉える視点や考え方であると示されている。このうち見方については，理科の領域ごとの特徴からエネルギー（量的・関係的な視点），粒子（質的・実体的な視点），生命（共通性・多様性の視点），地球（時間的・空間的な視点）として示されている。また，「考え方」については，比較する（複数の自然の事物・現象を対応させて比べること），関係付ける（自然の事物・現象等を様々な視点から結び付けること），条件を制御する（観察・実験等を行う際などに，変化させる要因と変化させない要因とを区別できるように条件を整えること），多面的に考える（自然の事物・現象を複数の側面から考えること）などとして示されている。

子供が見方・考え方を働かせるようになるために，教師はまず，子供が「見方・考え方」を働かせやすいように学習指導の中で用いる教材を吟味し，教材との出合わせ方を工夫する。次に，子供が主体的に教材に触れて「こんな見方をすればいい」「この考え方を使えばいい」と気付き，予想・仮説，観察・実験，結果の把握や整理，考察の場面等で自発的に用いることができるように教材研究することが重要である。このように考えて，上記（図2）の㋐，㋑，㋒に示した関係性を読み深めてもらいたい。

●例　第6学年「月と太陽」を基に　子供が見方・考え方を働かせ主体的に追究するためには？

子供が見方・考え方を働かせるために最も大切なことは，現実に起こっている自然事象

を見取れることが必要である。この単元の導入では「子供の在校時の午前中に，上弦の月が南東の空に見える，もしくは，午後に下弦の月が南西の空に見える時間帯」に，この教材に出合わせて観察させるようにする。そして観察を通して「太陽と月の位置関係で捉えればいい」と気付かせるようにする。

　理科は単元の系統性が明瞭という特性を生かして，第3学年「太陽の位置は，東の方から南の空を通って西に変わっていく」や，第4学年「月は日によって見える形が変わり，一日の内でも時刻によって位置が変わる」という内容を復習させるようにする。

　上記の事例のような3年・4年の記憶の体験を再現させることは，知識とともに，その学習場面ではどんな視点で観察を行ったのかなど観察・実験の方法やその場のエピソードも想起できる。その想起内容が，第6学年の「月と太陽の関係」を観察する場合に，「時間の変化と空間上の位置関係の変化」を調べていけばよいという見方につながってくる。

　学級担任は学級経営の一環として，教科を問わず「直近に学習する単元と関連のある既習単元の内容」を，子供が家庭で復習してくるように学習習慣を定着させておくことが肝要である。これまでの学級経営で子供が「一日の太陽の見え方の変化図」や「三日月，上弦の月，満月，下弦の月等の見え方の変化が掲載されている写真等」を資料として持参してきた事例もある。以下，理科の家庭学習の活用では，次のようなことが考えられる。

　　○　子供が既習内容をコピーして，学級の自由掲示板に貼る
　　○　子供が図書室等で図鑑や資料，自由に操作できるタブレット等を活用して調べる
　　○　理科係の子供たちが教室のパソコン等に映像や図版資料等を読み取って活用する

2　学習指導を具体化する教師 (図1 – ii)

（1）学習指導の具体的なイメージをもつ

　教師は小学校学習指導要領の趣旨を十分に理解した上で，教科書を読みこなし指導内容の範囲を把握する。次に，教科書に記載されている観察・実験例に関する予備実験を行う。その予備実験では，学習者である子供と指導者である教師の両方の立場から省察する。

　まず学習者の立場からは，操作手順や活動時間，気付きや思考内容，データの取り方や整理の方法，観察・実験上の安全配慮事項等を子供目線で確認する。次に指導者としては，指導目標・内容，及び資質・能力の育成を踏まえて，子供の学習内容・実験方法の安全性，観察・実験用具の準備，実験器具の使わせ方や留意事項，観察記録等用紙の作成等，学習指導展開上の問題点を教師目線で確認する。

　その上で，教師と子供との応答イメージを描くなど，学習指導場面を細かく想定する。最後に，学習指導の展開が混乱せず子供が理解しやすいように，映像や図版，表やグラフ等を用いた可視化の方法や提示の順序を検討し，発問内容を精選し構造化した板書を準備する。

① マネジメントサイクルによる各学習指導場面の改善 <small>（図1-ⅱ-a）</small>

　教師は，具体的な学習指導を（P）計画，（D）実践，（C）評価，（A）改善，のサイクルで反省し，改善することが大切である。そのために，下記の観点から教師自身の日常の学習指導や学級経営の様相を見直し，随時，評価と改善を続けるようにしていく。

参加　参加・体験型の指導方法により，子供が主体的問題解決活動を行っているか

集団　個と集団思考の使い分けにより，子供が深く考えて合意形成を図っているか

枢要　中心概念を構成させる指導により，子供に学習の深化が図られているか

精選　発問・応答・対話・板書等が精選され，子供の学習が構造的に整理されているか

創意　創意工夫のある指導により，子供の学びがより一層，深まっているか

② 教師が子供に接する実践的態度 <small>（図1-ⅱ-b）</small>

　上記に示した学習指導の姿を実現するため，教師は日々の学習指導の中で「自信，自学自習の態度，自他尊重の心，協働的学習能力」等が育つよう，子供や学習集団を肯定的に受け止め，賞賛を基本とする学級経営の実践に心がけなければならない。

　○　子供の活動や反応を肯定的に受け止め，自己肯定感や自信を育む学級経営を実践する

　○　子供自らが学習を進める姿を賞賛し，自学自習の能力を育成する学級経営を実践する

　○　子供が自他を尊重している姿を賞賛し，対話形式で深化する学び合い学習を実践する

　○　子供が小集団等で見せる協力・共働の姿を賞賛し，継続的にグループ学習を実践する

3　教材研究について考える <small>（図1-ⅲ）</small>

（1）学習指導の具体化を図る教材研究

　具体的な教材研究は教科書を用いることが基本である。教科書に記載されている観察・実験の全てが予備実験の対象である。必ず単元全体の予備実験を行い，様々な気付きを指導者目線でメモしておく。そして気付きの内容を基に，子供自らが学習を深化させる道筋を省察し，子供が学習指導で使用する教材・教具の順序や，学ぶ内容等を整理する。「子供自らが主体的に学習問題を設定し，その解決活動を行って，学習内容を確実に身に付け，自己成長していく学びの姿」を実現できるようにするための教材研究が大切である。

　ここで述べる教材研究には「ア　用いる教材そのものの検討，イ　子供と教材との出合いの工夫，ウ　子供が教材を通して獲得した情報や概念の再構成の方法，エ　子供が操作しやすい教具づくり」等の内容がある。教師には，望ましい学習指導の姿を実現するために，上記のア～エの内容等を創造する活動が必要である。それらの活動を通して学習指導を行った結果，子供から「よく分かって楽しかった」「もっと別の方法でも同じ結果が出るのかを試したい」等，満足感や追究内容を深める言葉や願いが出れば，教材研究は成功である。

　教材研究は，教師が指導したい内容を確実に子供が身に付けて必要な概念を構成し，子

供の安全性を担保しつつ自己実現できるようにするための最適な方法を構築する，教師の専門的な力量形成に欠かせない営みといえる。

① 可視化，教具，深化の工夫，整合性の検討，学習指導の構成等 （図1－ⅲ－a）

　45分もしくは90分の中で，子供に主体的・対話的で深い学びを実現させるには，学習指導の展開を精緻化するこの場面で，細かな手立てを構成していくことが肝要である。例えば，子供相互が討論を行う場合には，討論の中心になるデータを子供相互に可視化し，共通の立場で対話できれば，話し合いが活性化し認識内容も深まる。このように子供の深い学びを実現する学習指導の展開を想定した場合，可視化・教具づくり・指導の工夫・内容や方法の検討・内容構成の明確化などの視点がある。

　（可視化）　学習内容の理解や概念構成を促進させるための操作活動，交流活動や討論等に，可視化したデータや教具を活用する。

　（教　具）　追究の視点や方法の明確化を図り，学習意欲を喚起させ，子供が繰り返し使用できる教材・教具を開発・改良する。

　（工　夫）　教材内容の深化と子供の概念構成や理解の深化を促す発問や板書及びツールの用い方等を工夫する。

　（検　討）　問題解決活動の過程に即して学習内容の配列と事実認識，関係認識，本質認識の深まりに応じた関係を整合化するための検討を行う。

　（構　成）　子供の思考の流れに沿った指導内容，及び思考を促す教具や環境構成，子供相互の表現活動を含め，論文形式でノート整理を行わせるよう学習を構成する。

（2）学習指導改善への着眼点 （図1－ⅲ－b，c）

① 新しい発想

　学習指導を構想するためには，社会の進展に伴う新素材や，子供の発想・構想に基づく学習の連続性，及び，指導者と子供の動きの整合性に着眼する。

　　○　新素材・事象に着目し教材・教具の対象を広げ，身近な素材の教材化を図る

　　○　子供の発想を基に学習指導過程を構想し，習得，活用，探究の発展性を構想する

　　○　指導者の動きと子供の動きの整合性を省察し，子供主体の学習指導を確立する

② できる子供の育成

　学習指導で「自ら観察・実験した結果を論文形式に整理し，発表できる子供」の育成に着眼する。

　具体的には子供が知識・技能を確実に獲得し，安全に観察・実験を行い，結果を整理し結論を出して，論文形式で文章表現し発表できるようにすることである。そのために教師は，子供の安全意識を育て，用具の使い方や管理に習熟させ，子供が操作的に理解しやすい方法，子供の発達段階に伴う思考や技能に合うように教材・教具の精度を上げることが必要である。

○ 子供が学習習慣や学習規律を守り安全な行動が定着するよう，意図的に活動させる

○ 子供の理解と操作活動が容易な教材・教具・資料等を提供し，自発的に学習させる

○ 子供が知識・技能，思考力・判断力・表現力を高めるよう，主体的に教材を活用させる

4　子供の学びの深化について考える

　子供自ら学習を促進し深化していくようにするには，子供の活動・規律・工夫・計画・交流等の深まりを基盤に考え，その学び方を定着させる。そして，それを子供自身が自らの学び方として自覚していくように学習指導の中で定式化することが大切である。そのためには子供が自己の学びを反省し，よりよく改善し，高みと深みを目指すよう自覚させることが必要である。その自己認識につながるリフレクションを充実させることが大切である。

① 子供自身による活動・規律・工夫・計画・交流等の学びの定着（図1－iv－a）

活動　学習活動は，自ら準備し追究し思考し表現する主体的な学び方を継続する

規律　学習規律は，主体的参加，静かに聞く姿勢や学習態度等を自ら律し習慣化する

工夫　学習の工夫は，自己解決方法やノートの書き方，話し方等を振り返り改善する

計画　自学の計画は，授業の見通しや学習の構え，及び用具準備等で身に付ける

交流　交流活動は，学級内の話し合い活動やグループ学習，意見交換等で身に付ける

② 子供自らが形成する学びの態度（図1－iv－b）

○ 子供自らが，教師や成員相互の信頼と期待に応えて学習しようとする態度を形成する

○ 子供自らが，小集団活動で相互に支え合い高まり合おうとする参加態度を形成する

○ 子供自らが，既習事項に新しい内容を付け加え，調べようとする学習態度を形成する

○ 子供自らが，学級で意見を出し合って合意形成を図り，問題解決していく態度を形成する

5　問題解決活動による学習指導の考え方

（1）小学校理科学習指導の特徴

① 子供の学習の特徴（学習問題を子供が見いだし，データを集めて問題解決する）

　小学校の理科学習では子供が「主体的に自然事象に働きかけ学習問題を見いだし，予想・仮説を立てて観察・実験を行い，データを集めて整理し，それらの結果から結論を導き出す過程」を経て，自ら学びを深めていくといった特徴がある。福岡県小学校理科研究会では，このような子供の問題解決活動による学習が基盤である。それぞれの教師が教材・教具等を工夫して学習指導を構想し実践を積み上げている。それを本書の実践編では「若さあふれる教師の問題解決活動に基づく指導の在り方」として提案している。

② 教師の指導の特徴（教師は，子供の学習に応じた指導の手立てを準備し，応答する）

　小学校の理科学習指導では子供の問題解決活動を想定し，教師の指導の手立てを組み立てることが基本である。学習指導の導入に当たって教師は子供が学習問題発見・把握に集中して論理的に追究できるようにするため，可視化できる方法を用いることが多い。例えば，学習問題発見・把握のための自由試行や比較実験，及び実物や図版の提示などである。他にも，観察・実験の結果を表やグラフに整理し，それを用いて試行操作するなどがある。学習のまとめでも可視化した方法を取り入れて，集団思考をさせながら学級全員の共通理解を深めている。そして子供に概念を構成させて合意形成を図り，次の学習へ向かう。

　このように子供の思考の流れに沿う指導方法は，子供が問題解決活動を具体化していく上で必要である。この学習指導上の教師の手立ては，子供への押し付けにならず，子供の活動や思考を後押しして子供の学習のヒントとなるように構築することが大切である。

（2）資質・能力を育成する理科学習指導過程

　図3は，筆者が担任として実践していた方法や，理科の学習指導を参観し省察した内容，及び社会の変化や学習指導要領の改訂等の機会を捉え，長期にわたり子供主体の問題解決活動に基づく学習過程として，逐次整理してきたものである。以下，図3に記載している項目の見方や，表記内容の考え方を説明していくこととする。

●これからの理科学習指導の着眼点

　これからの小学校理科学習指導では，❶子供自らが問題を見いだす学習の重視，❷学んだ内容を活用する学習，❸学んだ内容以外の関連内容に子供自身が興味・関心をもち，探究し文章で整理する学習，が着眼点であると考えている。以下，具体的な項目を説明する。

① 横軸の構成と記載項目（図3の2段目）

【子供の学習過程】（ⅰ学習問題の発見・把握〜ⅵ次時の学習問題の把握等までの6項目）

　便宜上，横軸に，ⅰ問題発見・把握，➡ⅱ予想・仮説を基に解決を構想，➡ⅲ予想・仮説に沿う解決活動，➡ⅳ解決活動や結果の個人整理，及び考察，➡ⅴ結果の交流と結論の構築，➡ⅵ次時の学習問題の把握等の6過程で示している。

　この子供主体の学習指導過程は45分もしくは90分を想定している。この活動が成り立つためには，事象提示や子供相互の対話等を用いて子供に興味・関心を起こさせ，子供が短時間で確実に学習問題を発見・把握できるようにすることが必要である。子供は，このような主体的問題解決活動による学習を複数回体験し，学習の楽しさや成功体験を味わうことによって，自らの資質・能力の高まりを実感できるようになってくる。

【子供の興味・関心，活動，思考等を見取る教師の眼の大切さ】

　「子供が主役となる学習過程」は，子供の立場からは自己有用感を感じる大切な機会である。また学級全員で結論を共有した後は，子供がこれまでの学習過程を振り返り，残さ

れた活用・探究等の問題を発見し，再度，次の学習問題へ向かうことになる。このスパイラル構造の学習過程は，子供にとって未知の自然事象に対する問題を創造的に研究し，自分の力を発揮する大きなチャンスになる。このような場合，教師は子供の可能性へ温かい眼差しを向け，興味・関心がどこにあるのか，どのように思考し，どんな追究を行うのか，どこまで認識しているのか等を見取りながら，子供の資質・能力を伸ばすことが大切である。

② 図３の縦軸の構成と記載内容例

【見方・考え方について（図３縦軸最上段）】

縦軸の最上段には「小学校学習指導要領（平成29年告示）解説 総則編」「理科編」に示された見方・考え方等を基に整理し，その概要を記載している。

「見方」とは領域ごとに見られる特徴的な視点のことで，領域ごとに，エネルギー（量的・関係的な視点で捉える），粒子（質的・実体的な視点で捉える），生命（多様性と共通性の視点で捉える），地球（時間的・空間的な視点で捉える）と示されている。ただし，これらの視点は領域固有のものではなく，強弱はあるものの他の領域においても用いられるものである。

「考え方」とは，第３学年「比較する」，第４学年「関係付ける」，第５学年「条件制御する」，第６学年「多面的に考える」ことである。これらの「考え方」は学年ごとに示されているが，各学年の必要な単元で活用することが求められている。問題解決の過程では予想や仮説を発想する力，解決の方法を発想する力，問題を見いだす力，要因を多面的に考察しより妥当な考えをつくりだす力などの資質・能力等を育成する有効な方法になると考える。

この見方・考え方には，学年発達上，一定の目安があるものの，教師の指導観や子供の学習実態，及び教材の特質に応じて，子供が学年を跨いでさらに適切な用い方ができるよう工夫改善することが大切である。

これ以降，縦軸のア～エまでの説明内容は，横軸の「ⅰ学習問題の発見・把握」の欄に照応する意味をもたせ，ア 子供の学習活動及び内容，イ 教師の指導過程，ウ 資質・能力，エ 学習評価等として記載している。

【ア 学習過程及び活動と内容（図３縦軸２段目）】

この「ア 学習過程及び活動と内容」では，子供が自然事象に直接働きかける活動や，VTRの視聴等で具体的・半具体的な操作活動を行って，問題発見・把握活動を行っているものと想定して主な活動例等を示している。以下に示す手順で，子供が問題への興味・関心を示し，何を調べるかの焦点化を行い，見方・考え方を働かすことのできる状態で学習問題を発見・把握するものと期待している。

見方・考え方に基づく解説文（上部）：

「見方・考え方」は資質・能力を育成する過程で子供が働かせる「物事を捉える視点や考え方」である。「見方」とは領域ごとに見られる特徴的な視点や考え方。地球・時間的・空間的な視点。生命：多様性と共通性の視点。粒子：質的・実体的、関係的な視点。エネルギー：量的・関係的なものである。これらの視点は他の領域固有のものではなく、これらの視点は領域固有のものである。

「考え方」とは、子供が問題解決の過程の中で用いている様々な考え方。比較・関係付け・条件制御・多面的に考えるといった考え方のこと。予想や仮説を発想する場面。解決の方法を発想する場面。要因を多面的に考察しようと当な考えをつくりだす場面で有効に機能する「考え方」は各学年で重点とされているが、全ての学年の必要な場面で活用できる。能力（思考力、表現力、判断力等）を育む有効な手段となる。考え方・考え方には一定の目安が在るものの、子供の学習観や当な学習実験及び教師の指導観やすさを図らなければならない。適切に用いることが大切である。各単元の指導に当たっては、単元目標を達成するために、教材は教材研究を行い、子供が見方・考え方を働かせて問題解決を図る学習指導の構築を図らなければならない。

		i 学習問題の発見・把握	ii 予想・仮説を基に解決を構想	iii 予想・仮説に沿う解決活動	iv 解決活動や結果の個人整理・及び考察	v 結果の交流と結論の構築	vi 次時の学習問題の把握等
見方・考え方							
ア 学習過程及び活動と内容		◇主体的・対話的な学びの姿 ◇自ら見方・考え方を働かせて、必要な情報を整理し、学習問題を見いだす ①関係ある各情報を取り出し、比較し、事象の生起から成り立ちを考え情報選選と課題意識の文章化をする ②解決の順序付けと追究内容の精査を行う ③学習問題を追究問題として文章し合意形成を図る	◇主体的・対話的な学びの姿 ◇学習問題に合う見方・考え方を働かせて予想・仮説をつくり、追究内容や方法を構想し、解決への見通しをもつ ①予想・仮説を文章化し課題に合まれる事柄を検討し、グループで合意形成する ②予想・仮説に基づく追究結果を見通し、具体的な観察・実験の構成をつくる ③実験条件を整理し、材料・用具・手順・方法を決定する	◇主体的・協働的な学びの姿 ◇予想・仮説に基づく見方・考え方を働かせて観察・実験を行う ①予想・仮説や観察・実験の内容に従い、実験器具や材料を操作し操作し、記録用紙、時間配分、薬品等を含まれる条件を検討し、観察・実験を開始する ②観察・実験結果を確認し、観察・実験結果を正しく把握する ③予想・仮説と異なる場合は、必要に応じて、解決するまで粘り強く再実験する	◇主体的で深い学びの姿 ◇目的に応じて調べた観察・実験の結果を比較・関係付け・制御・多面的考察等の考え方を用いて、解釈・考察し、結論を整理する ①情報を取捨・選択し、整理する ②整理した情報を読み取る文章を、規則性やまとまりを考察し ③文章等で論文形式で整理する	◇主体的で深い学びの姿 ◇結果や結論が、学習問題に正対しているのかを話し合い、学級全員で吟味・精選・整理し、答案的な内容を高める ①各自が見いだした結果や結論を発表し合い、成員間で吟味・検討し合い、共有化を図る ②全員で予想・仮説と結果の整合性を検討し結論を整理する ③追究過程と結論・残された課題等を各自が論文形式でまとめる	◇主体的・拡散的な学びの姿 ◇獲得した知識や概念を活用し、結果や結論を分析し未解決や未解決な分野に発展問題を見いだす ①学級全員で学習を振り返り、決方法や新しい学習問題を見いだす ②学んだ知識や概念から日常生活に活用・応用できる内容や方法を見いだす ③思い付いた制作物等を図版で示し自分の研究主題とする ④学習を振り返り、できるように成長している自分や分発想の高まりを実感する
イ 教師の指導の手立て		◇子供が追究意欲をもつ教材や問題場面の提示を行い、探究心を起こさせる ①自由試行の場を設定し学習問題を発見させる ②事象の比較・関係付け・制御・推論が容易になるよう、連絡・ワークシート提示、図版による思考を焦点化する思考の活性化を図る ③再実験、試行実験、VTR・パソコン等により、問題場面の提示や思考の活性化を図る	◇子供が追究内容を整理させ、予想・仮説を通しを立たせる ①既知・未知の内容を整理させ、予想・仮説をつくり、観察・実験の見通しをもたせる ②予想・仮説に沿い、追究方法、観察・実験の方法、記録の準備、道具の構成、結果の場面の見通し、結論や成り立ちをもたせる ③追究方法のヒントを提示し、操作手順を確認させる	◇観察・実験の遂行手順を示し、グループ実験、一人一教員の実験等や、追究に関する実験方法、記録の準備、実験装置や記録等の方法に対応した観察の準備を確認させる ①材上の整理・整備による学習の記録を書くよう指導する ②問題づくり、自信を育てる指導を行う ③薬品等の安全対策（防護メガネ、濡れ雑巾、飛散物質、火災、劇物）等を徹底させ、実験への自信を育む ④必要に応じて繰り返し実験、比較実験、条件制御実験を行わせ、疑問・結果・結論を記録させる	◇観察・実験の経過や結果をグラフや表等にして整理させ、個人まとめを書かせる ①学習プリントやグラフの準備をさせ、図表や絵図版化の準備をさせる ②データ解釈の仕方、論文作成の方法を確認させる ③問題づくり、自信を育てよう指導する ④自力で解決した内容、自己のものの見方や考え方の成長を振り返らせ、まとめさせる	◇成員相互に討論させ、仮説に対応した結論を出させる ①全員の実験結果を一覧表にしてデータを共有させ、相互に妥当な考え方に高めさせる ②再実験や実物提示、キーワードや文章化させより規則性の示し方を指導する ③知識や概念として定着させる指導を行う ④まとめは、学習問題・予想・仮説、実験方法、実験結果・結論を決め、思考の流れの見える表にする	◇日常生活等と関連する実物・資料等を提示し、問題発想の場をつくる ①学習内容と身近な事象を関連付けて追究過程を振り返らせ、発展問題を検討させる ②単元内容と関係のある情報とし、おもちゃ、ロボット、動植物等の活用方法や地球環境、先端技術等の業績、先端技術をアドバイスし実現可能なサイ具体化への相談活動を行う ③子供の論文や研究ノート上に関して実現可能な研究テーマに具体化してレポートにまとめるさせ方、調べ方、発想のよさを見方や考え方、成長している姿を評価する

36

ウ 育てたい資質・能力

☆自然事象を基に学習問題を見いだす構想への理解
☆理科を学ぶ意義や教材の価値ことへの理解
●自然事象の差異点や共通点に気付き、生活経験、質的変化や量的変化に着目して根拠のある予想や仮説を構想する力など
▼よりよい解決方法を構想する過程で、多面的・総合的な視点から自分の考えを改善する態度
▼自然の美しさ、生命を尊重する態度
▼追究の楽しさを感じる態度や心情
▼追究し続け、調べ続けることができる

☆予想・仮説を検証する内容や方法の理解
●見いだした問題について既習内容や生活経験、質的変化や時間的変化などに着目して根拠のある予想や仮説を構想する力など
▼予想や仮説に基づいて実行的な変化、時間的変化等に着目して実行する態度
▼観察・実験等に興味・関心をもち、それらを科学的に調べる内容や方法であるかどうかを再考する態度

☆予想・仮説を検証する追究方法・実験計画、用具等の準備の理解
☆観察の記録用紙、記録結果の理解
☆科学的に問題解決を行うために必要な観察、実験等の基本的な技能
☆安全への配慮、器具などの操作
☆安全な観察・実験等の技能
●予想や仮説を基にした解決方法を発想し追究計画を立案することができる
●既習内容や生活経験を基に、実験計画を立案することができる
●必要な修正実験を行いながら調べ、データを記録し整理できる

☆追究方法や結果をノートへ記録する技能や、考察する視点や方法の理解
☆理科の学習内容を、他者と協働して追究することの大切さや意義の理解
●自然事象の変化や働きについて、より妥当な考えをつくりだす力
▼根拠に基づき判断する態度
▼問題解決過程に即してその妥当性を検討する態度
▼多面的、総合的な視点から自分の考えを改善する態度

☆自然事象に対する基本的な概念や性質・規則性についての理解
☆自然事象を協働して追究することで学ぶ意義の理解
●自然事象の変化を多面的にとらえ、その要因を多面的に考察し、より妥当な考えをつくりだす力
▼根拠に基づき考察する態度
▼学習内容や生活に即してその妥当性を検討する態度

☆既知・未知の内容を把握し、違いを理解
●比較、案件制御し、イメージ図、表、グラフ等の条件操作を行い、新しい学習問題を発見する力
●環境に配慮した道具の製作や、イデア図を描く力
▼知識・技能を自然事象や日常生活などに適用する態度
▼学習した内容を自由研究や製作等へ応用・発展させようとする態度

☆学習内容を日常生活との関連で可視的に活用できる
●学習内容の適用範囲と限界を理解し、新しい問題をつかむ
●既習内容や学習内容に仮説的な内容を持ち、制作課題や科学研究の件操作を行い、その仮説的な内容のテーマを見いだすことができる
▼制作や科学研究等への学習内容の活用・応用・発展の計画を立てること

エ 学習指導計画例

☆生起している事象に関する構想を自ら整理し、正しく理解している
☆生起している事象に関する見方・考え方を働かせ論理的に把握することや、関心・興味をもち、調べ続ける

①生起している事象を相互に話し合い、予想・仮説を立てる方法を理解している
②生起している事象の検証方法を構想し、技能を基に追究計画を立案できる
③既習内容や想定される結果や結論を見通し、最もよい検証方法を見いだそうと努力している

①学習経験等を基に相互に話し合い、予想・仮説に基づく観察・実験の方法、相互に確認し理解している
②予想・仮説や実験方法を整合し、観察・実験の成否を判断できる
③保持している知識・技能を基に追究計画を立案できる

①個人で作成した実験結果を学級全員で共有し、共通理解している
②自己の実験結果と結論を説明し、その思考をめぐって議論し、合意形成を図っている
③相手の話を聞き論じ合いながら、その結果をよりよい論に再構成している
④全員の結果と対話している内容を把握し、結論を一般化できる

①観察・実験で集めたデータを、グラフや表に再整理し可視化している
②グラフや図表の細かな変化に気付き、考察対象にしている
③集めたデータを基に見方・考え方を働かせて考察している
④学習問題や予想・仮説と結論とを照応させてレポートとして論述し、考察を深めることができる

子供の学びを紡ぎ出す指導（子供の主体的な学び、対話的な学び、深い学びに向けて）

①「主体的な学び」の実現について
②「対話的な学び」の実現について
③「深い学び」の実現について
④ICTの活用について

◇質の高い学習指導の実現に向けて（子供の主体的な学び、対話的な学び、深い学び）を紡ぎ出す指導の考え方（新学習指導要領解説より要約及び整理）

（a）自然の事物・現象から問題を見いだし、見通しをもって課題や仮説の設定や仮説を考えたりする学習場面を設けること。（b）観察・実験の結果を分析・解釈して仮説を検証したり、全体を振り返って改善策を考えたりする学習場面を設けること。次の課題を発見したり、新たな視点で自然の事物・現象を把握したりする学習場面を設けること。（c）得られた知識や技能を基に、考察・推論したり、新たな知識や技能を習得したりして、自分の考えをより妥当なものにする学習場面を設けることなどが考えられる。

探究の過程を通して学ぶことにより、資質・能力を獲得するとともに、「見方・考え方」も豊かで確かなものとなると考えられる。さらに、次の学習や日常生活などにおける問題発見・解決の場面において、獲得した資質・能力に支えられた「見方・考え方」を働かせることによって「深い学び」が実現できているのかについて確認しつつ連続していくことが重要である。

このような学習場面を通して子供の「主体的な学び」や「対話的な学び」の関係を十分に踏まえた指導計画を作成することが必要である。

評価の観点を十分に踏まえた「対話的な学び」や「主体的な学び」の過程でICTを活用することも効果的であり、授業時間の効率的な活用にも資するものである。例えば、観察・実験の結果をタブレットPCに記録したものを何度か活用することにより、自分の考えの変化を深めることもできる。またICT教育を科学技術的視点からもプログラミング教育は重要になるものである。

図3 資質・能力を育てる理科学習指導を構想する資料≪学習指導の1サイクルを45分～90分と想定して≫（※谷 私案）

＜子供の学習活動及び内容例＞

◎　子供が比較・関係付け・条件制御・多面的に調べる等の考え方を基に，自ら自然事象に触れ，必要な情報を整理して学習問題を発見・把握する

①　子供が自然事象から情報を取り出し，自然事象の生起や成り立ちを多面的に考え，情報を精選し学習問題として整理する

②　子供が，学習問題として解決する内容の順序付けを行い解決方法の見通しもつ

③　子供が，学習問題を文章化・絵図化して学習者の間で合意形成を図る

【イ　教師の指導の手立て（図３縦軸３段目）】

　教師の指導の手立ては，主体的に子供が学習問題を発見・把握できるようにするための支援であることから，子供にとっての思考ツールやヒントとなるように組み立てる。

＜教師の指導の手立て例＞

◎　学習意欲をもつと考えられる教材や問題場面を提示し，子供に探究心を起こさせる

①　自然事象に興味・関心をもつよう子供に自由試行できる場を設定し，子供なりに「見方・考え方」を働かせながら学習問題を発見・把握できるようにする

②　教師が自然事象の実物提示や演示実験，事象提示の場を設定し，子供が比較・関係付け・条件制御・多面的な考え方を働かせて明確な学習問題をもつようにする

③　自由試行，図版，VTR・パソコン等を用いて事象提示を行い思考の活性化を図る

【ウ　育てたい資質・能力（図３縦軸４段目）】

　ここでは，学習過程の問題発見・把握場面と対応する形で，育成したい資質・能力を試案として分析的に載せている。学習指導を通して子供が学び取る内容は多様であり，見せる姿には知識及び技能，思考力，判断力，表現力等，学びに向かう力，人間性等が複合的に現れてくる。

　そこで，教師は学習指導場面を想定し，子供の資質・能力の何を育成するのかを明確にしておく必要がある。そして子供の学習の進展に伴って，育成する資質・能力の内容とレベルを考え，何を重点にして指導すればよいのかを決定する。そのための資料として，ここでは便宜上，☆知識及び技能，●問題解決活動で必要とされる思考力，判断力，表現力等，さらには学習指導場面で見受けられる♥育てたい学びに向かう力，人間性等を分析的に記載している。

＜ⅰ問題発見・把握場面で育つ資質・能力……☆●♥は分類しやすいように便宜上付けた印＞

　学習問題発見・把握の場面で，子供が行う活動の姿や様相を資質・能力育成の観点から分類を試みた。子供の活動は一つでも，教師は，その活動の意味を様々な切り口から分析的に見取ることはできる。

　☆自然事象を対象とした学習問題の理解……何を学習問題とするのかを捉えている

　☆理科を学ぶ意義や教材の価値への理解……教材を学ぶ意味や意義が分かっている

●自然事象から情報を集め問題を明確にする力……学習問題発見・把握力がある

♥自然に親しみ，生命を尊重する態度……生命の不思議さに気付き命を大切にする

♥追究の楽しさを感じる心……自然の不思議さの解明に喜びを感じる

【エ　学習評価例（図3縦軸5段目）】

　教師が，通常計画的に評価できる項目は1単位時間内に1項目程度である。学びに向かう力や人間性等は比較的長期間にわたる変容であることから，単元終了時に1項目程度を評価できればよいと考える。図3のように，教師が学習指導中に子供が多様な姿を見せることを知った上で，子供の活動の意味を分析的に捉えることは，教師自身の学習指導を反省・評価する上で極めて重要である。教師の意識が知識及び技能の定着のみに集中し，子供に一方的に学習問題や解決方法を与えるだけなら，子供は見方・考え方を働かせないし，思考力，判断力，表現力等や学びに向かう力も育ちにくい。それを反省し，教師は子供が学習指導中に自然と対峙して成長しようとしている姿や，その内面を様々に理解した上で，まずは，1単位時間の学習指導目標の達成に向けて指導力を傾注していけば，必ず学習指導改善の糸口が見えてくる。

＜評価対象は，知識及び技能，思考力，判断力，表現力等，学びに向かう力，人間性等＞

　評価の観点は，学習指導で身に付けさせたい知識及び技能の習得の内容，思考力，判断力，表現力等，及び育てたい学びに向かう力，人間性等である。ここでは学習問題発見・把握の場面と対応させて，子供の活動の姿を想定して，評価可能な事例を3項目記載している。

　☆子供自らが学習対象の自然事象から関係ある情報を取り出し，整理し，生起している事象を捉え，解決する学習問題を把握している

　●子供自らが生起している事象を比較し，原因と結果等の関係的見方から分析・総合して解決する内容の順序を決め，条件をそろえて調べようとしている

　♥子供が，生起している自然事象に興味・関心をもち，子供相互に学習問題を文章や絵図等を用いて整理し，グループ内で共通理解して協働して追究しようとしている

【子供の学びを紡ぎ出す指導（図3縦軸最下段）】

　今回，学習指導要領に主体的・対話的で深い学びの実現に関する記述がなされた。それは「将来，子供をどのような人間に成長させるのか」を踏まえた授業改善への指摘である。教師が「主体的学び」「対話的学び」「深い学び」の3つの視点に立った授業改善を図ることによって，学校教育において質の高い学びを実現することを願った指摘でもある。以下，主体的・対話的で深い学びの実現ついて，これまでに示された内容を整理しつつ，小学校理科学習指導をどのように行うのが望ましいのかについて考えてみよう。

＜「主体的な学び」では＞

　（a）自然の事物・現象から学習問題を見いだし，見通しをもって学習問題や仮説の設定，観察・実験の計画を立案する学習場面を設けることや，（b）観察・実験の結果を分析・

解釈して仮説の妥当性を検討したり，全体を振り返って改善策を考えたりする学習場面を設けること，(c) 得られた知識や技能を基に，次の課題を発見したり，新たな視点で自然の事物・現象を把握したりする学習場面を設けることなどが示されている。

＜「対話的な学び」では＞

　課題（問題）の設定や検証計画の立案，観察・実験の結果の処理，考察・推論する場面などでは，あらかじめ個人で考え，その後意見交換・議論したりして，自分の考えをより妥当なものにする学習場面を設けることなどが示されている。

＜「深い学び」の実現では＞

　子供が「理科の見方・考え方」を働かせて，探究の過程を通して学ぶことにより，資質・能力を獲得するとともに，「見方・考え方」も豊かで確かなものとなると考えられる。さらに，次の学習や日常生活などにおける問題発見・解決の場面において，獲得した資質・能力に支えられた「見方・考え方」を働かせることによって「深い学び」につながっていくものと考えられる。

　このような学習場面を通じて子供の「主体的な学び」「対話的な学び」「深い学び」が実現できているのかについて確認しつつ学習指導を進めることが重要であり，育成を目指す資質・能力，及びその評価の観点との関係も十分に踏まえた上で指導計画等を作成することが必要である。

＜ICTの活用＞

　「主体的な学び」や「対話的な学び」の過程でICTを活用することも効果的である。例えば，観察・実験の際に変化の様子をタブレットPCで録画したものを何度か再生して確認することにより，結果を根拠として自分の考えを深めることができるし，学習指導時間の効率的な活用にも資するものである。

　以上，資質・能力を育成する理科学習指導過程（図3）に記載している内容は，それぞれの教師が理科学習指導や学級経営・教科経営の現状を解釈し，見直し，創造するためのツールとなることを願って作成している。有効活用していただければ幸いである。

6　実践編の記載内容の読み解き方

（1）単元を見通した指導案や指導構想の作成について

【1 単元目標と，2 単元の評価規準の作成】

　最初に文部科学省が平成29年に告示した「小学校学習指導要領解説　総則編」及び「理科編」を読み解き，1 単元目標を決定し，2 単元の評価規準を作成して指導案づくりを開始する。

【3 本単元で，主として子供が働かせる「見方・考え方」の整理】

　次に，学習指導中の子供の活動を想定するために，評価規準に基づいて子供の実態・教

科書の記載内容・地域教材等の現状を分析する。そして，単元目標や指導単元の内容と学級の子供の実態とを照応させ，教師の立場から資質・能力育成の考え方等を明確にする。それを基に，3本単元で，子供が主として働かせる「見方・考え方」の在り方を整理する。

【4 単元計画の検討は子供の思考の流れに沿う】

　学習指導は子供の思考の流れに沿うことが肝要である。そのためには，教師は単元全体の計画を構造的に把握する必要がある。単元目標や各時間の指導目標を設定し，整合化し単元全体の学習指導の構造を明確にする。さらに各時間の学習内容に合わせて知識及び技能，思考力，判断力，表現力等，学びに向かう力，人間性等の指導の細目を見直し，手順1，手順2を参考に，4単元計画を練り上げる。

　手順1　子供自身に捉えさせる内容に応じた配列の順序の検討

　　○　知識及び技能，思考力，判断力，表現力等の高まりに応じた配列の順序を考える

　　○　子供の発想による思考内容に広がりと深まりが出てくるような配列の順序を考える

　手順2　子供自身に捉えさせる内容に応じた最適な見方・考え方の働かせ方の検討

　　○　学習対象の自然事象を解き明かすために，子供が働かせる見方・考え方を考える

　　○　子供が見方・考え方を働かせて獲得したデータをどのように処理するのかを考える

【5 教材研究】※教材研究の詳細については前項3を参照

　子供が見方・考え方を働かせるためには，興味・関心をもって自然事象に接することが大切である。そのような教材研究は教師の個性あふれる着眼点と教材解釈の豊かさが原点である。全国の実践者の方々がこの実践事例に付加・修正し改善されることを願っている。

【6 本時の授業の指導構想作成の手順】

　以下の3点から，指導内容・方法の確実な具体化を図ることが大切である。

①　学習問題発見・把握の場面（問題づくり〜予想・仮説）

　　本時目標に正対し，子供が学習問題をつくるために教材への出合わせ方を考える。

②　問題解決場面（観察・実験〜結論等）

　　教師は，問題解決の場面で育成したい資質・能力を考え，子供が主として働かせる見方・考え方に合うように，観察・実験や交流活動，結論等の学習支援の手立てを考える。

③　学びを振り返る場面（自己評価等）

　　問題解決活動を通して変容した知識・技能，思考・判断・表現，主体的に学習に取り組む態度や自然を愛する心情等について，子供が省察できるように学習ノートやプリント等の手立てを考える。

7　プログラミング教育の推進と小学校理科学習指導

　プログラミング教育を小学校理科教育の中で推進していく余地は多分にある。各単元の学習指導過程に応じてタブレット等を活用し，子供が保持している知識・技能や思考力・判断力・表現力を基に見方・考え方を働かせて，生起している自然事象を合理的・論理的に解き明かす場面等で活用範囲が大きい。福岡県の研究授業で提案していた「電気の利用」を発展させ，省エネや防災について子供が主体的に考えるなど，これからの授業の在り方を示唆する内容も多く見受けられた。他にも，理科の一連の学習過程でタブレット等をデータの収集・集積・整理等のツールとして使いこなしている場面も見られた。

　今後，プログラミング教育は，各学校の実態等を踏まえ，学年発達に応じた教科横断的なカリキュラムを編成する必要がある。本書では，そういった意味も含めプログラミング教育の実践とカリキュラムづくりの試案も掲載している。

おわりに

　本書は，ほぼ福岡県全域にまたがる個性あふれる若い教師の実践による「福岡発の小学校理科学習指導の初の実践書」である。平成22年の第1回〜令和元年の第10回までの新理科セミナーに来ていただいた講師の先生方に勧められるままに，著書に踏み切っている。

　実践編は，「小学校学習指導要領（平成29年告示）解説　理科編」を参考に，それぞれが手探りで解釈した内容を，次の実践者の参考となるようにメッセージとして発信している。教育実践には，誰かが実践した内容を参考に，それを乗り越え，次の実践を試みることで発展していくという道筋がある。是非本書を参考に，新しい実践を生み出してもらいたいと願っている。

　また理論編では，小学校教師が担任として理科を含めて全教科を担当するという前提の下，学級経営を基盤にした指導実践の考え方を述べている。

実践編

実践編

プログラミング教育について

今後のプログラミング教育と実践事例

● 福岡教育大学附属福岡小学校教諭　古賀　誠 ●

1　社会の変化と研究の歩み

（1）社会の変化から

　今日，コンピュータは人々の生活の様々な場面で活用されています。家電や自動車をはじめ身近なものの多くにもコンピュータが内蔵され，人々の生活を便利で豊かなものにしています。誰にとっても，職業生活をはじめ，学校での学習や生涯学習，家庭生活や余暇生活など，あらゆる活動において，コンピュータなどの情報機器やサービスとそれによってもたらされる情報とを適切に選択・活用して問題を解決していくことが不可欠な社会が到来しつつあります。コンピュータをより適切，効果的に活用していくためには，その仕組みを知ることが重要です。コンピュータは人が命令を与えることによって動作します。端的にいえば，この命令が「プログラム」であり，命令を与えることが「プログラミング」です。プログラミングによって，コンピュータに自分が求める動作をさせることができるとともに，コンピュータの仕組みの一端をうかがい知ることができるので，コンピュータが「魔法の箱」ではなくなり，より主体的に活用することにつながります。

（2）これまでの研究の歩みから

　これまでの研究から，今後，特に必要となるSTEAM教育の内容を取り入れました。その背景は，情報社会に生きる子供たちが，コンピュータに意図した処理を行うよう指示する活動を通して，①コンピュータはプログラムで動いていること，②プログラムは人が作成していること，③コンピュータには得意なこととなかなかできないことがあることを，体験を通して気付かなければならないからです。コンピュータが日常生活の様々な場面で使われており，生活を便利にしていることや，コンピュータに意図した処理を行わせるためには必要な手順があることに気付くことが，今後の生活においてコンピュータ等を活用していく上で必要な基盤となっていきます。

2　資質・能力

（1）プログラミング教育で発揮される資質・能力

　プログラミング的思考は，学年の発達段階に沿って育っていくものと考えます。「プロ

グラミング的思考」とは，自分が意図する一連の活動を実現するために，どのような動きの組合せが必要であり，一つ一つの動きに対応した記号をどのように組み合わせたらよいのか，記号の組合せをどのように改善していけば，より意図した活動に近付くのか，といったことを論理的に考えていく力です。つまり，扱う教材や授業内容を段階的に位置付けることによって，プログラミング的思考を育てることができます。

（2）学年ごとのねらい

　低学年は特に，順序や組合せについて意識させ，具体物を操作させながら，プログラミング的思考の基礎を育成します。中学年では，低学年の基礎を基に，ロボットをつくったり，タブレットを操作したりして，自分の目的とした動きになるようなプログラムを，試行錯誤しながら考えるプログラミング的思考を育成します。高学年は，より抽象的なものを使い，生活が便利になるものを扱い，テーマを広くもち，そのためにどのようなプログラムが必要か，またどのようなものが必要かなどを考えながら，プログラミング的思考を育成します。

（3）プログラミング的思考とは

　文部科学省が定義しているように，プログラミング的思考とは，自分が意図する一連の活動を実現するために，どのような動きの組合せが必要であり，一つ一つの動きに対応した記号をどのように組み合わせたらよいのか，記号の組合せをどのように改善していけばより意図した活動に近付くのか，といったことを論理的に考えていくことです（図1）。

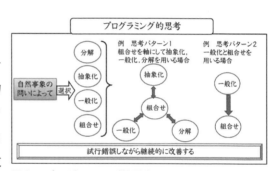

図1　プログラミング的思考

具体的に，コンピュータに自分が考える動作をさせるためには，以下の手順が必要だと考えます。

---

① 　コンピュータにどのような動きをさせたいのかという自らの意図を明確にします。
② 　コンピュータにどのような動きをどのような順序でさせればよいのかを考えます。
③ 　一つ一つの動きを対応する命令（記号）に置き換えます。
④ 　これらの命令（記号）をどのように組み合わせれば自分が考える動作を実現できるかを考えます。
⑤ 　その命令（記号）の組合せをどのように改善すれば，自分が考える動作により近付いていくのかということも試行錯誤しながら考えます。

　このような論理的思考を高めていくことが必要であると考えます。また，このような論理的思考を以下に示すような発達段階におけるプログラミング的思考として養うようにします。

《低学年期におけるプログラミング的思考》

　一般的な特徴として，低学年期の子供は，はじめのうちは両者の間の因果関係や相互関係について正しく関係を把握することができないため，矛盾や誤りが多いものですが，アニミズム的な見方よりも合理的です。合理性は客観的思考の発達を前提として，自然の相互関係や因果関係の両方で明らかにされていくものです。興味や関心のあること，疑問に思ったことは何でも試してみようとする傾向があります。はじめのころは興味本位に無計画に確かめますが，経験によって計画的に発展します。

　このことを踏まえて，低学年期におけるプログラミング的思考は，様々な試行錯誤を行う上で，正確な見通しを基に行うのではなく，体験や経験を通して，合理的な思考の様相に近付くようになります。そのため，扱うものも具体的なものを介して，思考を高めるようなものを選択する必要があります。

《中学年期におけるプログラミング的思考》

　中学年期の子供は，読書や理科の学習，周りの人たちから知識を習得することにより，身近に直接経験することはできなくても間接的に理解することができることにより，見方・考え方が急激に進歩します。また，現象論的説明はまだ多く見られますが，事物や現象間における相互関係や因果関係について，ある程度正しく関係把握し判断することによって，矛盾放置，混同，理由の不問は減少します。

　このことを踏まえて，中学年期におけるプログラミング的思考は，間接的に理解することができ，相互関係や因果関係を正しく読み取ることができます。見通しを基に，どこが間違っていて，どのように修正すればよいのか考える順次処理などができます。

《高学年期におけるプログラミング的思考》

　高学年期になると，思考の論理性が進み，自然現象に対する因果関係の説明の仕方に論理的な説明が多くなります。そして，曖昧な誤った因果関係の理解が急激に減少し，正確な説明ができるようになってきます。また，レディネスがある程度備わってきて，演繹的推理や帰納的推理の発達によって，思考の実証性はより一層高まってきます。したがって，仮説を実証しようとする場合の条件設定も，その一つ一つに検討が加えられ，綿密な計画が立てられるようになります。

　このことから，高学年期におけるプログラミング的思考は，プログラミングをしようとする目的を基に，演繹的あるいは帰納的に考え，検討を加えて，何度も目的や見通しを見直して推論しながら目的を達成することができます。つまり，目的としている動作や場面等を考え，フローチャートなどを使って，手続き，場合分け，繰り返しを組み合わせていくことにより，プログラムをつくることができると考えます。

3　内容

(1) 内容配列

　学年の内容配列は，学びの文脈を重視しています。例えば，第4学年の内容の系統を見ると，それぞれ学期ごとに内容を捉え，3学期のプログラミングにつながる内容配列になっています。

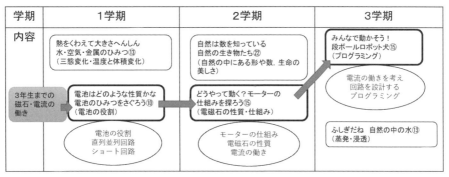

図2　例　第4学年の内容の系統性

　具体的には，電気による内容を1学期に学び，2学期は電気や磁石を使ったものづくり，3学期はその学習を生かした内容のプログラミング学習が行われます。本校の研究で大切にしている学びの文脈があります（図2）。

(2) 内容構成の考え方

　1年から6年まで，系統的に内容を位置付けます。具体的には，具体的なものを教材と

学年	C　テクノロジー・エンジニアリングに学ぶ		思考の様相
1年	ブロック や つみ木で あそぼう⑥（プログラミング）	**具体**　・ブロック　・積み木	○矛盾や誤りが多い ○興味本位の無計画 ○試行錯誤
2年	自分のおもいを　形にしよう〜プログラミングにちょうせん〜⑩（プログラミング）	・ブロック　・タブレット	○体験や経験の重視 ○合理的な思考に近づく
3年	車を　思い通りに　動かそう⑬（プログラミング）	・ブロック　・タブレット	○間接的な理解 ○現象論的説明 ○相互関係
4年	みんなで動かそう！段ボールロボット犬⑮（プログラミング）	・ロボット創作　・ロボット　・タブレット	○因果関係 ○矛盾，混同などの減少
5年	日本の未来と科学技術⑰（プログラミング）	・ロボット　・タブレット	○論理的な説明 ○演繹的推理 ○帰納的推理
6年	2050年エレベーターで宇宙へ⑭（プログラミング）	**抽象**　・アプリ　・タブレット	○検討を加える ○見通しを見直す ○推論（手続きなど）

図3　「C　テクノロジー・エンジニアリングに学ぶ」内容

して扱い，学年が上がるにつれて，抽象的なものになったり，テーマを広げたりしていきます。プログラミングの研究をしていく上で，学年の発達段階などを考慮して，内容構成を考えました（図3）。

　本校では，文部科学省から指定を受けて教育課程の研究に取り組んでいます。科学科(特設。学習指導要領では理科）の内容構成を考え直し，内容の系統性や子供の学びの文脈を重視し，新たな内容「C　テクノロジー・エンジニアリングに学ぶ」を新設し，プログラミング的思考を核に据えた内容構成を考えました。

　平成29年改訂の学習指導要領では，例として算数科や理科におけるプログラミングを位置付けていますが，本校では，科学科のみでプログラミングを扱うようにしています。その理由は，科学科において扱う内容がプログラミングに適しているからです。子供の求めに応じた学習展開を考えた際，プログラミングをしなくても解決できそうな課題が出ると，子供にとってのプログラミングの必然性がありません。子供がプログラミングをする必然性は大切であり，子供が求める探究の学びになるのが科学科と考えています。

4　プログラミング学習の実践

（1）実践事例Ⅰ　第4学年　「つくろう！　創造の世界」（Scratch）

【目標（目指す資質・能力）】

◎　自分が描きたい図形や絵を考え，手続き，場合分け，繰り返しを組み合わせて，プログラムを考えることができる。（創造性）

○　同グループで役割を分担し，協力して図形や絵をプログラムでつくりだしたり，追究課題を解決したりすることができる。（協働性）

○　プログラムをつくる価値を見いだし，自他のよさを実感し，プログラムをつくりだした自他のよさを認め合うことができる。（省察性）

【題材の考え方について】

○　本題材では，目的としている動作や出来事を考え，フローチャートなどを使って，手続き，場合分け，繰り返しを組み合わせていくことにより，プログラムをつくることができることをねらいとしています。具体的には，①自分が考えた図形や絵づくりのプログラムを組み合わせること，②目的としているプログラムを作成する過程において，アナログとデジタルを往還して何度も試行錯誤しながら実行すること，③仮説を基に，手続き，場合分け，繰り返しなどのプログラミング的思考を向上することです。本題材において，プログラムづくりを扱うことは子供の知的好奇心を喚起し，試行錯誤しながら自分の創造する事柄を広げ，考えをつくりだす方法を捉えることに価値があります。

○　本題材の学びに当たっては，目的としている図形や絵を考え，手続き，場合分け，繰り返しを組み合わせていくことにより，プログラムのつくり方を理解できるようにします。まず，導入段階では，九州大学准教授の峯恒憲先生にプログラムのよさとその動きなどを提示してもらい，追究意欲を高め，プログラムづくりの追究課題を考えます。次に展開段階では，グループでどのような図形や絵をつくりたいか考え，フローチャートを利用した仮説を基に検証し，試行錯誤しながら，目的に合ったプログラムをつくるようにします。そして，中間発表会などを入れ，どのようなプログラムを他のグループがつくっているのか交流します。最後に終末段階では，グループで考えた図形や絵を峯先生に対して発表し，自分たちが考えたプログラムの工夫を説明して，プログラムの凄さと面白さを実感し合い，プログラムづくりの価値を見いだすようにします。

【学習の流れ】

> 導入段階のねらい
> 　ブロックの創作活動やプログラムの提示を通して，図形や絵を表現するプログラムのつくり方についての学習課題を捉えることができる。

　導入段階では，峯先生にプログラムの話を聞いたり，ブロックでの創作活動をしたり，プログラムの疑問を出し合いながら，自分が描きたい図形や絵ができるプログラムをつくろうという学習課題を見いだすことができました（図4）。

図4　導入での操作活動

　子供たちは，プログラムの意味を考えたり，今後のプログラムづくりの見通しをもったりして，自分ももっといろいろな図形を描きたいという意欲をもつことができました。今後の見通しをもつことができる話をしてもらい，プログラムへの興味と学習意欲を喚起する出会いになりました。峯先生

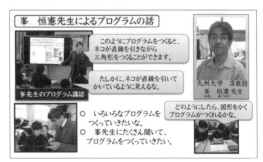

図5　峯先生との出会い

に，自分たちがつくった図形づくりのプログラムを見てもらいたいという子供の学習課題を明確にすることができました（図5）。

> 展開段階のねらい
> 　自分が描きたい具体的な図形や絵の作成手順や計画作成の仕方を理解して，プログラムのつくり方を理解し，思うように動かすプログラムの仕組みを捉えることができる。

　子供たちは，どのようにプログラムをつくればよいか具体的な計画を考え，グループご

とに目的を明確にしていきました。また、
プログラムづくりのポイントを考えなが
ら、まずは動作の指示や用語の意味を捉
えるようにしました。試行錯誤しながら、
プログラムの扱い方に慣れていき、具体
的な図形づくりに取り組みました。子供

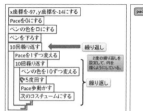

図6　子供が考えた何度も円を描き、増えていく模様

たちは楽しみながら、目的としている図形をつくることができました。不思議な図形を描
いたり、多角形の描き方を考えたりしていました。プログラムの作成手順はどのようにす
ればよいか、プログラムを扱いながら話し合いました。ある程度動きの内容を考えながら、
また線の引き方や図形の描き方を試しながら、図形を描いた方が早いことに気付きました
（図6）。

　また、子供たちは、ただ図形を描くのではなく、猫（Scratchのキャラクター）が面白
い動きをしながら描いた方が楽しいのではないかという考えに至り、繰り返しのコマンド
をうまく使いながら、プログラムを考えることができました。子供たちは図形に関するプ
ログラムの描き方を捉えることができました。

<u>終末段階のねらい</u>
　プログラムを使うことによって、表現することのよさや面白さを捉えることができる。

　子供たちは、自分たちがつくったプログラムを見せたり動きを披露したりして、楽しみ
ながらつくった満足感やプログラミングのよさを実感することができました。自分たちが
つくったものを説明している姿は本当に嬉しそうで、峯先生にも評価をもらって、満足し
た表情でした。自分たちが考えたものが実際に動くことの喜びを得ることができました。

（2）実践事例Ⅱ　第4学年　「みんなで動かそう！　段ボールロボット犬」

【目標（目指す資質・能力）】

◎　目的の動きをするロボット犬を目指して何度もつくりかえたり、手続き、場合分け、
　繰り返しを組み合わせてプログラムを考えたりして、目的としている動きができるロ
　ボット犬をつくりだすことができる。（創造性）

○　ロボット犬を自分の思いどおりに動かすために、友達と課題を共有しながら友達の
　考えを聞いたり、自分の考えを伝えたりすることができる。（協働性）

○　自分が目指しているロボット犬をつくりだす過程において、積み重ねてきた結果や
　プログラムを見直したり、自分の考えを振り返ったりして、より妥当な考えをつくろ
　うとすることができる。（省察性）

【題材の考え方について】

○ 本題材では，段ボールやモーターなどを組み合わせて，ロボット犬を製作し，目的に合ったロボット犬の動きを考えたり，どのようにロボット犬を使うのか考えたりして，プログラムをつくることをねらいとしています。具体的には，①目的に応じたロボット犬のプログラムを組み合わせること，②目的としているプログラムを作成する過程において，アナログとデジタルを往還して何度も試行錯誤しながら実行すること，③仮説を基に，手続き，場合分け，繰り返しなどのプログラミング的思考を向上することなどです。このように本題材においては，プログラムで動くロボット犬に興味をもち，どのようなプログラムでロボット犬の動きが変わるのかを調べたり，ものが動くための仕組みを考えたりして，より妥当な考えをつくり創造性を高めることに価値があります。

○ 本題材の学びに当たっては，子供たちがプログラミングを通してロボット犬の動きを追究していく中で，手続き，場合分け，繰り返しを考えて，プログラムをつくることができ，プログラミング的思考を深めることを想定しています。そのために，まず導入段階では，教師がロボット犬を提示すると，「どのようにロボット犬を製作し，どのような仕組みで動いているのか」という問題意識をもち，プログラムとロボット犬の仕組みに着目すると考えられます。次に展開段階では，教師がロボット犬づくりを通してプログラムを調べる活動を設定すると，ロボット犬の動きとプログラムの関係性を捉えると考えられます。そして，試行錯誤しながらプログラムをつくり，手続き，場合分け，繰り返しなどのプログラミング的思考の基礎を身に付けていきます。最後に終末段階では，教師がロボット犬を改良する活動を設定し，ロボット犬の動きを改善し合い，プログラミングの工夫点を捉えて，ものづくりの有用感を味わうことができると考えられます。

【学習の流れ】

> 導入段階のねらい
> プログラムによって動くものが身近にあり，ロボット犬もプログラムを組み合わせて動いていることを捉えることができる。

　子供たちは，段ボールロボット犬を見て，「どのような仕組みで動いているのだろうか」「段ボールロボット犬をつくってみたい」など様々な思いをもてました。そして，自分なりの見通しをもち，どのような手順でつくるのか考えることができ，早くつくりたいという気持ちが伝わりました（図7）。

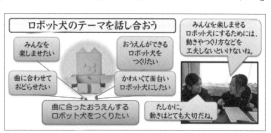

図7　ロボット犬のテーマの話し合い

展開段階のねらい
ロボット犬の動きや使用目的に着目して，手続き，場合分け，繰り返しなどを使うことで，目的の動きとなるプログラムがつくられることを捉えることができる。

子供たちは，どのようなロボット犬にしたいのか話し合いをしました。ロボット犬のテーマを決めることで，目的を学級全員で共有することにしました。そして，テーマを「曲に合った応援ロボット犬をつくろう」というものになりました。曲は流行っていたものを選択し，リズムに合った応援になるようにプログラムを考えました。ロボット犬は，回路の組立て方や電流の通り道，モーターの仕組みを使わなければ動かないので，子供たちはこれまでの知識や新たな学びを生かして，ロボット犬づくりに没頭しました。

終末段階のねらい
自分たちがつくったロボット犬の動きをさらに改良することで，つくった達成感を味わい，目的に合ったロボット犬のプログラムのよさを見いだすことができる。

子供たちは，自分たちがつくったロボット犬をどのように動かすか考え，遠隔操作をしながら，応援させることができました。みんなでつくったロボット犬を並べ，曲を流し始めると，それぞれのロボット犬が動き出し，応援しているように見えました。とてもいい表情でロボット犬を眺めて楽しんでいる様子が見られました。中には，途中で止まっているロボット犬もありましたが，なぜ止まったのか考えて，次の応援のときはきちんと動くようになりました。何度もつくりかえ，試行錯誤しながらつくりだす姿がありました。

写真1　応援ロボット犬の様子

（全体考察）第4学年の実践でプログラミングの違う教材を比較して実践しました。子供たちは，教材の特徴を捉え学習を進めることができました。子供の文脈や発達段階，学習内容から4年生ではScratchよりも段ボールロボット犬という具体的に動くものを扱う方がよかったと感じます。今後は，ドローンや人体型ロボットなどのプログラミング学習を実践していきたいと考えています。

〈参考文献〉
・文部科学省「小学校プログラミング教育の手引（第二版）」2018年
・吉田葵・阿部和広著『はじめよう！　プログラミング教育』日本標準，2017年
・デビット.A.スーザ他著『AI時代を生きる子どものためのSTEAM教育』幻冬舎，2017年

実践編

指導案

●第3学年
単元「物と重さ」（A 物質・エネルギー）

1　単元の目標

　物の性質について，形や体積に着目して，重さを比較しながら調べる活動を通して，形が変わったときの物の重さは変わらないことや，体積が同じでも重さが違うことがあることについての理解を図り，観察，実験などに関する技能を身に付けるとともに，物の形や体積と重さとの関係について追究する中で，差異点や共通点を基に，問題を見いだす力や，主体的に問題解決しようとする態度を育成する。

2　単元の評価規準

知識・技能	思考・判断・表現	主体的に学習に取り組む態度
①物は，形が変わってもそのものの重さは変わらないことを理解している。 ②物は，体積が同じでも物の種類が違うと重さが違うことがあることを理解している。 ③物の性質について，観察，実験などの目的に応じて，器具や機器などを正しく扱いながら調べ，それらの過程や得られた結果を分かりやすく記録している。	①物の性質について，主に差異点や共通点を基に，問題を見いだし，表現するなどして問題解決している。 ②物の性質について，観察，実験などから得られた結果を基に考察し，表現するなどして問題解決している。	①物の性質についての事物・現象に進んで関わり，他者と関わりながら問題解決しようとしている。 ②物の性質について学んだことを学習や生活に生かそうとしている。

3　本単元で，子供が主として働かせる「見方・考え方」

　本単元は，「粒子」を柱とする領域に位置付けられ，主として働かせる見方として，質的・実体的な視点で捉えることが考えられる。この見方を働かせることで，目の前にある様々な種類の物の形が変わっても，物質そのものの存在自体がなくなったり別の物に変わったりしないこと（実体的）や，体積を同じにして物の種類（鉄や木，アルミニウムなど）を変えたときは重さが変わることがあること（質的）などを捉えることができる。また，粘土や紙，アルミホイルなどの身の回りの物を使って形が変わったときの重さや，体積を同じにしたときの物の種類が違ったときの重さを比較しながら調べることを通して，「差異点や共通点を基に，問題を見いだし，表現する力」などの問題解決の力を育成したいと考える。

56

4 単元計画（全7時間＋探究1時間）

評価欄…知：知識・技能, 思：思考・判断・表現, 態：主体的に学習に取り組む態度 【行】行動観察 【記】記録・記述分析

段階	配時	主な学習活動と主な学習問題	知	思	態
一次		物には重さがあり，形が変わっても物の重さは変わらないという性質があることを捉える。			
習得	1 2	■身の回りにあるいろいろな物を手にとったりはかりを使ったりしながら重さを比べ，学習問題を見いだす。 **学習問題 物の種類や形，体積が変わったときの重さはどうなるだろうか。**			①行
	3 4	■はかりの使い方について理解し，使いこなすことができる。 ■電子天秤を使って物の重さを調べることができるようになる。 ■いろいろな物の形を変えて重さを調べ，形が変わっても重さは変わらないことを捉えることができるようにするために，最初の形から変えて調べることについて見通しをもち，電子天秤の目盛りを読んで比較して調べることができるように準備する。 **学習問題 いろいろな物の形を変えたときの，物の重さはどうなるだろうか。**	③記 ①記	②記	
二次		物の種類を変えて体積を同じにしたときの重さは，物の種類によって違うことを捉える。			
本時	5	■物の種類や体積を比較し，追究する学習問題を見いだす。 **学習問題 体積が同じで物の種類が違うときの重さはどうなるだろうか。** ■差異点や共通点から問題を見いだす。 ■キューブ型（同体積）の物の重さについて調べる。	①記	①記	①行
	6	**学習問題 砂糖や食塩等の小さな粒を集めたときの物の重さはどうなるだろうか。** ■粒状の物の重さについて比べる方法について話し合う。 ■同体積に詰めて比較すれば重さが同じかどうか比べられることに気付くことができる。	②記	②記	
活用	7	■身の回りの様々な物の重さを調べ，形や体積に着目して物の性質についての考えをもつ。			②記
探究	1	■手作り天秤を作成し，重さを比較しながら調べ，物の形や体積が変わったときの物の重さについて考えをもつ。 **学習問題（例） 手作り天秤を作って，身の回りにある物の重さを比べることができるだろうか。** ■身近にある物を選んで自由研究を行い，調べたことを表現する。			②記

5 本時の授業を構想する際の手順

手順1 問題を見いだす場面において

　本時の結論は,「質的・実体的」が反映された「小さな粒でも集めると重さを比べることができ,物の種類が違うと重さが違う」である。この結論に正対する問題は「砂糖や食塩などの小さな粒を集めたときの物の重さは違うだろうか」である。そのため,前時までのキューブ型の物の重さを調べたことを振り返り,キューブという塊の見方と小さな粒の見方を比較させて問いかけ,本時学習で追究していく内容である,小さな粒の物の重さの性質についての問題を見いだすことができるようにする。

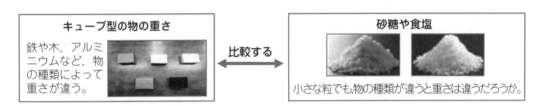

手順2 問題解決場面を通して

　第3学年で主に育成する問題解決の力は,「差異点や共通点を基に,問題を見いだし,表現する力」である。この力の育成には「比較」という考え方を働かせることが重要である。本時では,キューブ型の物質の重さと,一粒では重さを感じることが難しい身の回りの物を提示し,形や大きさが異なる物の見方を重視して,問題を見いだすことができるように授業展開を構想した。本時で扱う教材は,生活の中で子供が目にした経験があると考えられる,砂糖や食塩を用いることにした。そこで,前時に調べた鉄や木,アルミニウムなどのキューブを提示して比較し,物の種類を変えるという共通点と,塊と小さな粒といった差異点を比較することを通して,問題を見いだすことができるようにしていく。

手順3 学びを振り返る場面を想定して

　本時では,小さな粒でも集めると重さを比較することができ,物の種類が違うと重さが違うということを捉えることができるようにする。その過程において,同体積にそろえて重さを比べることが大切であることに気付かせるとともに,得られた結果を基に予想と比較して自分で考察し,友達の考えと比較して考えを付加・修正・強化する姿を想定する。そのため,学習の振り返りにおいて,自分の考えの変容や,友達との交流のよさについて気付くことができる場を設定する。

6 本時の授業

(1) 本時のねらい

　小さな粒でも集めると重さを比べることができ,小さな粒でも物の種類が違うと重さが違うことがあることを捉えることができるようにする。

（2）展開（6/7時）

学習活動と内容	構想手順　※指導上の留意点
1　同体積のキューブ型の重さについて想起し，差異点や共通点から本時学習のめあてをつかむ。	【手順1】 ※学習問題を見いだすことができるように，前時学習で使用したキューブ型の鉄や木，アルミニウムなどの塊と砂糖や食塩の小さな粒を比較し，差異点や共通点を交流する場を設定する。

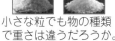

キューブ型の物の重さ
物の種類によって重さが違う。

← 比較 →

砂糖や食塩
小さな粒でも物の種類で重さは違うだろうか。

> 学習問題　砂糖や食塩等の小さな粒を集めたときの物の重さはどうなるだろうか。

【予想】
・食塩の方がごつごつしているから重そうだな。
・小さな粒1つでは重さが比べられないから，同じ体積にして比べたほうがいいね。

【方法】　同じ体積の容器に入れて比べる。

【視点】　電子天秤の目盛り，簡易天秤の傾き

2　見通しを基にして砂糖と食塩の重さを調べ，表やグラフに整理して結果をまとめる。

	砂糖	食塩
電子天秤	17g	25g
腕の傾き	上がった	下がった

※同じ容器に入れた場合

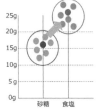

3　予想と結果を比較して個人で考察し，全体で交流して結論を導き出す。

【考察】
　僕(私)は，砂糖と食塩の重さでは食塩の方が重いと思っていました（1予想）。結果は，電子天秤の目盛りは食塩の方が大きくなりました（2事実）。このことから，食塩の方が重いことが分かりました。小さな粒を集めると，物によって重さが違うことが分かりました（3解釈→4付加・修正・強化）。

─　結論
　小さな粒でも，集めると重さを比べることができ，物の種類が違うと重さが違う。

4　本時の学習を振り返り，発表し合う。

【手順2】
※差異点や共通点から問題を見いだすことができるように，前時のキューブと砂糖や食塩とを比較し，気付いたことをノートに記述できるようにする。
【評価：思②：記述分析】

【手順3】
※キューブ型や小さな粒といった形状にかかわらず，物の種類が変わることと重さが違うことを関係付けて考え，本時学習を振り返る場を設定する。
【評価：知②：記録分析】

（木村　光輝）

●第3学年
単元「光の性質」（A物質・エネルギー）

1　単元の目標

　光の性質について，光を当てたときの明るさや暖かさに着目して，光の強さを変えたときの現象の違いを比較しながら調べる活動を通して，それらについての理解を図り，観察，実験などに関する技能を身に付けるとともに，主に差異点や共通点を基に，問題を見いだす力や主体的に問題解決しようとする態度を育成する。

2　単元の評価規準

知識・技能	思考・判断・表現	主体的に学習に取り組む態度
①日光は直進し，集めたり反射させたりできることを理解している。 ②物に日光を当てると，物の明るさや暖かさが変わることを理解している。 ③光の性質について，器具や機器などを正しく扱いながら調べ，それらの過程や得られた結果を分かりやすく記録している。	①光の性質について，差異点や共通点を基に，問題を見いだし，表現するなどして問題解決している。 ②光の性質について，観察，実験などから得られた結果を基に考察し，表現するなどして問題解決している。	①光の性質についての事物・現象に進んで関わり，他者と関わりながら問題解決しようとしている。 ②光の性質について学んだことを学習や生活に生かそうとしている。

3　本単元で，子供が主として働かせる「見方・考え方」

　本単元は，「エネルギー」を柱とする領域に位置付けられ，主として働かせる見方として，量的・関係的な視点で捉えることが考えられる。この見方を働かせることで，日光は直進し，集めたり反射させたりできることや，物に日光を当てると，物の明るさや暖かさが変わること（量的・関係的）などを捉えることができる。

　例えば，日光をはね返した光が直進することでクリアできる的当てゲームや日光を鏡ではね返した光をつなげてクリアできる迷路ゲーム等の教材の工夫をすることにより，その体験を生かして，日光ではね返した光と反射の仕方や日光ではね返した光を物に当てたときに物の明るさや暖かさが変わることといった量的・関係的な見方を児童自ら働かせることができる。

　また，自他の実験結果を比較して差異点や共通点を見いだすことを通して，「差異点や共通点を基に，問題を見いだす力」などの問題解決の力を育成したいと考える。

4 単元計画（全7時間＋探究2時間）

評価欄…知：知識・技能，思：思考・判断・表現，態：主体的に学習に取り組む態度　【行】行動観察　【記】記録・記述分析

段階	配時	主な学習活動と主な学習問題	知	思	態
		一次　鏡に反射した日光は直進し，反射することを捉える。			
習得	1・2	■鏡で日光をはね返した，的当てゲームや迷路ゲームをする。 ■的当てゲームや迷路ゲームから学習課題を見いだす。 反射した光を当てにくい場所にも的を設置する。 **学習問題　鏡ではね返した日光は，どのように進むのだろうか。**			①行
	3	■光の進み方について予想をもつ。 ■光の進み方を調べることができる実験の方法や計画を立て，実験する。 ■光の進み方について実験結果から考える。	①記	①記	
		二次　物に日光を当てると物の明るさや暖かさが変わることを捉える。			
本時	4・5	■光が当たったところを，もっと明るくしたり暖かくしたりするには，どんな工夫が必要なのか話し合う。 **学習問題　日光を集めると，明るさや暖かさは変わるのだろうか。** ■鏡の枚数と明るさや暖かさの様子について予想をもつ。 ■実験計画を立て，実験する。 ■日光を集めたときの明るさや暖かさについて，実験結果から考える。 鏡一枚で集めた光　鏡二枚で集めた光 結果を比較できる実験	②記	②記	
活用	6・7	■虫眼鏡から光を当てる部分までの距離の違いと光の当たった部分の状態について調べる。 **学習問題　虫眼鏡で日光を集めると，明るさや暖かさは変わるのだろうか。**	③記	①記	
探究	1・2	■光の性質について，さらに調べたいことを選択する。 **学習問題（例）日光を集めて当てる物や色によって，暖まり方は違うのだろうか。** ■それぞれの実験結果をまとめて発表し，光が物を暖める働きについて分かったことをまとめる。	②記		②記

5　本時の授業を構想する際の手順

手順1　問題を見いだす場面において

　本時の結論は，「量的・関係的という見方」が反映された「光を集めていくと，光の当たったところが明るくなったり暖かくなったりする」である。この結論に正対する問題は「日光を集めると，明るさや暖かさは変わるのだろうか」である。そのため，既習内容や生活経験を振り返り，複数の反射した光を集めた場を比較させて問いかけ，光の増加に伴う明るさや暖かさの変化についての問題を見いだすことができるようにする。

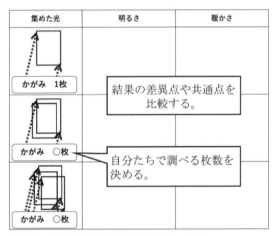

手順2　問題解決場面を通して

　第3学年で主に育成する問題解決の力は，「差異点や共通点を基に，問題を見いだす力」である。この力の育成には「比較する」という考え方を働かせることが重要である。本時では，直接体験したり結果の傾向性が可視化された資料を活用したりして「差異点や共通点を基に，問題を見いだす力」の育成を中心に授業展開を構想した。そのため，光の増加と明るさや暖かさとの関係を考えることができるように，自他の実験結果を比較して，

各グループで実験結果を記録する一覧表

実験結果を客観的に捉えることができる一覧表の工夫を行う。

手順3　学びを振り返る場面を想定して

　本時では，光を集めていくと，光の当たったところが明るくなったり暖かくなったりすることを捉えることができるようにする。その過程において，何度やっても誰がしても同じような結果がでることに気付かせ，問題解決しようとする姿を想定する。そのため，他者と交流する場面において，同じ実験を繰り返した結果を比較したり，自他の実験結果を関係付けたりする場を設定する。

6　本時の授業

（1）本時のねらい

　日光を集めていくと，光の当たったところが明るくなったり暖かくなったりすることを捉えることができる。

（2）展開（4・5/7時）

学習活動と内容	構想手順　※指導上の留意点
1　これまで行ったゲームの様子を想起し，既習内容とつなげて学習問題をつくる。 〔的当てゲーム〕 ・光が集まると明るくなった。　←→　〔既習，生活経験の想起〕 　　　　　　　　　　　　　　　　　・電灯が多いと明るい。 **学習問題　日光を集めると，明るさや暖かさは変わるのだろうか。** 【予想】 ・反射した光を集めると，明るくなるし暖かくもなる。1枚ずつ増やしてはっきりさせたい。	【手順1】 ※手鏡を準備し，直接体験から課題をもつことができるようにする。
2　反射させる鏡の枚数を増やしていき，集まった光の明るさや暖かさを調べる。 	集めた光	明るさ	暖かさ
---	---	---
かがみ　1枚	すこし明るい	すこし暖かい 33度
かがみ　2枚	1枚の時より明るい	1枚の時より暖かい 38度
かがみ　3枚	2枚の時より明るい	2枚の時より暖かい 43度		【手順2】 ※鏡1枚の場合と複数枚の場合の実験を同時に行い，同時に比較できるように助言する。 ※鏡1枚の場合と複数枚の場合の「明るさ」「暖かさ」の違いを表すことができるように，一覧表の準備をする。 【評価：知②：記録分析】
3　結果から取り出した集まった光の明るさや暖かさについて考察し，結論を導き出す。 【考察】 　他のグループの結果を比べても，どのグループも反射した日光を集めると，明るさもどんどん明るくなっている。また，温度もどんどん上がっている。	【手順3】 ※複数の実験結果を比較し，差異点を見いだすことができるような掲示（板書）の工夫をする。
4　本時の学習を振り返り，発表し合う。 ━　結論　━ 　光を集めていくと，光の当たったところが明るくなったり暖かくなったりする。	【評価：思②：記述分析】

（松尾　憲雄）

単元「音の性質」（A物質・エネルギー）

1　単元の目標

　音の性質について，音を出したときの震え方に着目して，音の大きさを変えたときの現象の違いを比較しながら調べる活動を通して，それらについての理解を図り，観察，実験などに関する技能を身に付けるとともに，主に差異点や共通点を基に，問題を見いだす力や主体的に問題解決しようとする態度を育成する。

2　単元の評価規準

知識・技能	思考・判断・表現	主体的に学習に取り組む態度
①物から音が出たり伝わったりするとき，物は震えていることを理解している。 ②音の大きさが変わるとき物の震え方が変わることを理解している。 ③音の性質について，器具や機器などを正しく扱いながら調べ，それらの過程や得られた結果を分かりやすく記録している。	①音の性質について，差異点や共通点を基に，問題を見いだし，表現するなどして問題解決している。 ②音の性質について，観察，実験などから得られた結果を基に考察し，表現するなどして問題解決している。	①音の性質についての事物・現象に進んで関わり，他者と関わりながら問題解決しようとしている。 ②音の性質について学んだことを学習や生活に生かそうとしている。

3　本単元で，子供が主として働かせる「見方・考え方」

　本単元は，「エネルギー」を柱とする領域に位置付けられ，主として働かせる見方として，量的・関係的な視点で捉えることが考えられる。この見方を働かせることで，音を出した楽器に触れることで，物から音が出たり伝わったりするときは物が震えていることや，音の大小に伴い物の震え方も変化すること（量的・関係的）などを捉えることができる。

　例えば，物から音が出たり伝わったりする量的・関係的な見方を働かせるには，「物から音が出るとき」「物から出た音が伝わるとき」という場を分けることで児童が自ら見方を働かせることができやすくなる。また，音の大小に伴う物の震え方の変化という量的・関係的な見方を働かせる際に，声の大小等で実験を行うと「高い声のときにたくさん震える」といった音の高低との関係を捉えることになるので留意する必要がある。

　また，自他の実験結果を比較して差異点や共通点を見いだすことを通して，「差異点や共通点を基に，問題を見いだす力」などの問題解決の力を育成したいと考える。

4　単元計画（全6時間＋探究1時間）

評価欄…知：知識・技能, 思：思考・判断・表現, 態：主体的に学習に取り組む態度　【行】行動観察　【記】記録・記述分析

段階	配時	主な学習活動と主な学習問題	知	思	態
一次　音が出ているときには，物が震えていることを捉える。					
習得	1	■音が出ているときと出ていないときの共通点や差異点を基に，音が出ている現象に関する疑問から，問題意識をもつ。 学習問題　音が出ているときには，太鼓やトライアングルなどは震えているのだろうか。			①行
	2	学習問題　音が出ているときの太鼓やトライアングルはどのように震えているのだろうか。 ■太鼓やトライアングル，ストロー笛などから音が出ているときの物の震え方を調べる。 ■音が出ているときの物の震え方について実験結果から考える。	①記	①記	
本時	3・4	■音の大きさと物の震え方について問題意識をもつ。 学習問題　大きい音が出ているときと小さい音が出ているときの太鼓の震え方は変わるのだろうか。 ■音の大きさと物の震え方の関係について調べる。 ■実験結果を集め，音の大小による震え方の違いについて考える。 太鼓の音が小さいとき　　太鼓の音が大きいとき	③記	②記 ②記	
活用	5・6	■音が伝わっているときも，物が震えていることを捉える。 学習問題　音が伝わっているときも，物は震えているのだろうか。 ■音を出した場所と音が聞こえる場所が離れている場合での音と物の震え方について調べる実験を行う。	①記	②記	
探究	1	■スピーカーからの音や水の中の音といった，空気中や水中の音の伝わり方について，興味がある課題を選択し，音と物の震え方について調べる。 学習問題（例）　空気中や水中で，音はどのように伝わるのだろうか。			②記

5　本時の授業を構想する際の手順

手順1　問題を見いだす場面において

　本時の結論は，「量的・関係的という見方」が
反映された「音が大きくなると物の震え方は大
きくなり，音が小さくなると物の震え方も小さ
くなる」である。この結論に正対する問題は「大
きい音が出ているときと小さい音が出ていると
きの太鼓の震え方は変わるのだろうか」である。

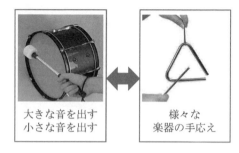

大きな音を出す
小さな音を出す　様々な
楽器の手応え

そのため，既習内容や生活経験を振り返り，大太鼓の音の大きさを比較させて問いかけ，
音の大小に伴う太鼓の震え方についての問題を見いだすことができるようにする。

手順2　問題解決場面を通して

　第3学年で主に育成する問題解決の力は，
「差異点や共通点を基に，問題を見いだす
力」である。この力の育成には「比較する」
という考え方を働かせることが重要であ
る。本時では，直接体験したり結果の傾向
性が可視化された資料を活用したりして

大太鼓に4cm間隔で横
線を引いた画用紙をつけ，
発泡スチロールの動きの
様子を観察する。　発泡スチロールの動きを動
画で撮り，結果を記録する。

「差異点や共通点を基に，問題を見いだす力」の育成を中心に授業展開を構想した。その
ため，音の大小と物の震え方との関係を考える際，自他の実験結果を比較して，音の大小
と震え方を関係付けることができるように，実験結果を客観的に捉えることができるICT
機器（デジタルカメラ，タブレット等）を活用する。

手順3　学びを振り返る場面を想定して

　本時では，音の大きさによって，物の震え方も変わっていくことを捉えることができる
ようにする。その過程において，何度やっても誰がしても同じような結果が出ることに気
付かせ，粘り強く問題解決しようとする姿を想定する。そのため，他者と交流する場面に
おいて，同じ実験を繰り返した結果を比較したり，自他の実験結果を関係付けたりする場
を設定する。

6　本時の授業

（1）本時のねらい

　大太鼓から出る音が大きいと大太鼓の震え方も大きくなり，大太鼓から出る音が小さい
と大太鼓の震え方も小さくなることを捉えることができる。

（2）展開（3・4/6時）

学習活動と内容	構想手順　※指導上の留意点
1　大太鼓の音を大きく出したときと小さく出したときを比較し，学習問題をつくる。 〔大太鼓での実演〕 ・大きな音を出す ・小さな音を出す　　←→　　〔既習，生活経験の想起〕 ・楽器の手応え等 **学習問題　大きい音が出ているときと小さい音が出ているときの太鼓の震え方は変わるのだろうか。** 【予想】 ・音が出るときには，楽器は震えていた。だから，大きな音のときには大太鼓は大きく震え，小さい音のときには小さく震えると思う。	【手順1】 ※大太鼓（もしくは楽器）をグループごとに準備し，直接体験から課題をもつことができるようにする。 【手順2】
【方法】　大太鼓，ICT機器（デジカメ，タブレット） 2　太鼓の音の大小と震え方を調べる。  3　音の大きさによる跳ね方の違いを比較して，個人で考察し，全体で交流して結論を導き出す。 | 太鼓の音が大きいとき	太鼓の音が小さいとき		【手順2 続き】 ※音の大小による跳ね方の違いを記録することができるように，同じように（大きい音，小さい音で）数回たたくように助言する。 ※記録した動画を基に，「大きい音のとき」「小さい音のとき」の跳ね方の違いを表すことができるように，ドットシールを貼る画用紙の準備をする。 【評価：知②：記録分析】
【考察】 　他のグループの結果を比べても，大きな音のときはボールが大きく跳ねている。小さな音のときは，跳ね方も小さい。だから，音の大きさで跳ね方も変わる。 4　学習を振り返り，発表し合う。 ── 結論 ── 　音が大きくなると太鼓の震え方も大きくなり，音が小さくなると太鼓の震え方も小さくなる。	【手順3】 ※複数の実験結果を比較し，差異点を見いだすことができるような掲示（板書）の工夫をする。 【評価：思②：記述分析】

（松尾　憲雄）

●第3学年
単元「磁石の性質」（A物質・エネルギー）

1　単元の目標

　磁石の性質について，磁石を身の回りの物に近付けたときの様子に着目して，それらを比較しながら調べる活動を通して，それらについての理解を図り，観察，実験などに関する技能を身に付けるとともに，主に差異点や共通点を基に，問題を見いだす力や主体的に問題解決しようとする態度を育成する。

2　単元の評価規準

知識・技能	思考・判断・表現	主体的に学習に取り組む態度
①磁石に引き付けられる物と引き付けられない物があることを理解している。 ②磁石に近付けると磁石になる物があることを理解している。 ③磁石の異極は引き合い，同極は退け合うことを理解している。 ④磁石の性質について，器具や機器などを正しく扱いながら調べ，それらの過程や得られた結果を分かりやすく記録している。	①磁石の性質について，差異点や共通点を基に問題を見いだし，表現するなどして問題解決している。 ②磁石の性質について，観察，実験などを行い，得られた結果を基に考察し，表現するなどして問題解決している。	①磁石の性質についての事物・現象に進んで関わり，他者と関わりながら問題解決しようとしている。 ②磁石の性質について学んだことを学習や生活に生かそうとしている。

3　本単元で，子供が主として働かせる「見方・考え方」

　本単元は，「エネルギー」を柱とする領域に位置付けられ，主として働かせる見方として量的・関係的な視点で捉えることが考えられる。この見方を働かせることで，磁石に引き付けられる物や引き付けられない物があること（関係的），磁石の異極は引き合い，同極は退け合うこと（関係的），磁石が物を引き付ける力は磁石と物の距離によって変わること（量的・関係的）などを捉えることができる。また，磁石を身の回りの物に近付けたときの，物の様子や特徴，2つの磁石を近付けたときの，磁石が相互に引き合ったり退け合ったりする様子などに着目して，それらを比較しながら調べる活動を通して，「差異点や共通点を基に，問題を見いだす力」などの問題解決の力を育成したいと考える。

4　単元計画（全8時間＋探究2時間）

評価欄…知：知識・技能，思：思考・判断・表現，態：主体的に学習に取り組む態度　【行】行動観察　【記】記録・記述分析

段階	配時	主な学習活動と主な学習問題	知	思	態
一次		磁石に引き付けられる物と引き付けられない物があることや，磁石の異極は引き合い，同極は退け合うことを捉える。			
習得	1	■魚つりゲームを行ったり，身の回りの物に磁石を近付けてみたりして，単元を貫く学習問題を見いだす。 **学習問題　じしゃくのふしぎを調べよう。**	④行 ①記		
本時	2	■前時学習を基に，追究する学習問題を見いだす。 **学習問題　どんな物がじしゃくに引きつけられるのだろうか。** ■磁石を身の回りにある物に近付け，磁石に引き付けられるかどうかを調べ，表に整理して，記録していく。また，磁石に引き付けられる物と引き付けられない物を分類し，磁石に引き付けられる物の特徴の共通点を考え，表現する。		②記	
	3	■前時学習を基に，追究する学習問題を見いだす。 **学習問題　はなれていても，じしゃくの引きつける力は，はたらくのだろうか。** ■磁石に物が引き付けられる力などで感じとったり，鉄のクリップを付けた発泡スチロールを水に浮かせ磁石を近付けて，その動き方を調べたりして，表現する。	④記	①記	
	4	■前時学習を基に，追究する学習問題を見いだす。 **学習問題　じしゃくのきょくどうしをちかづけると，どうなるのだろうか。** ■2つの磁石を近付け，磁石が相互に引き合ったり，退け合ったりする様子に着目して，それらを比較しながら，磁石の極を調べ，図に描いたり説明したりする。	③記		
二次		磁石に近付けると磁石になる物があることを捉える。			
	5 6	■既習学習を基に，追究する学習問題を見いだす。 **学習問題　鉄はじしゃくになるのだろうか。** ■鉄くぎを磁石に付ける前後で，鉄くぎを砂鉄に近付けたときの様子に着目して，それらを比較しながら調べ，表現する。 ■クリップなど鉄くぎ以外の物も磁石にしてみる。	②記		①行
活用	7 8	■教師が作成したおもちゃ例（魚つりゲームなど）を参考にして，磁石の性質を生かしたおもちゃを作る。			②行
探究	1・2	■既習学習を基に，研究テーマを見いだす。 **学習問題（例）　家の中では，どんな物にじしゃくが使われているだろうか。** ■磁石の性質に関する研究テーマを設定し，調べたことを新聞に書く。			②記

※魚つりゲーム（1時の欄内の図）
つりたい魚がつれないのは，どうして？
磁石
鉄
鉄
プラ
※魚に付けるクリップ（鉄，プラスチック）
魚つりゲーム

5 本時の授業を構想する際の手順

手順1 問題を見いだす場面において

　本時の結論は，「量的・関係的」という見方が反映された「鉄でできている物は磁石に引き付けられる」である。この結論に正対する問題は「どんな物が磁石に引き付けられるのだろうか」である。そのため，前時の身の回りの物に磁石を近付けたときの物の様子を比較させる問いかけをすることで，磁石に引き付けられる物と引き付けられない物があったことを想起させるとともに，磁石に引き付ける物の特徴についての問題を見いだすことができるようにする。

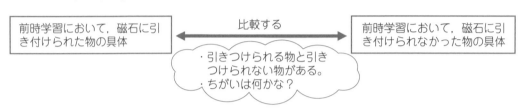

手順2 問題解決場面を通して

　第3学年で主に育成する問題解決の力は，「差異点や共通点を基に，問題を見いだす力」である。この力の育成には「比較」という考え方を働かせることが重要である。そのため，磁石に引き付けられる物の特徴について調べる活動をする際にも，「比較」の考え方を働かせることができるように，自分の予想と結果を比較したり，磁石に引き付けられる物と引き付けられない物の特徴を比較したりすることができるような手立ての工夫を行う。具体的には，結果を表に整理することができるワークシートを用いたり，そのワークシートに合わせ，構造的に板書をしたりすることである。

ワークシートの例

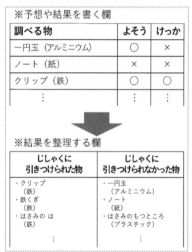

手順3 学びを振り返る場面を想定して

　本時では，鉄でできている物は磁石に引き付けられることを捉えることができるようにする。その過程において，身の回りの物の中に鉄でできている物があることに気付かせたり，磁石を使って鉄でできている物を見つけたいという気持ちをもたせたりすることで，磁石の性質について学んだことを学習や生活に生かそうとする態度を涵養することを想定する。そのため，学びを振り返る場面においては，実験で使った物以外の身の回りにある物に磁石を近付けて提示し，鉄でできているかを考えるクイズを出す。

6　本時の授業

（1）本時のねらい

　磁石を近付けたときの物の様子を比較して問題を見いだしたり，磁石に引き付けられた物や引き付けられない物の特徴を比較して考えたりすることができる。

（2）展開（2／8時）

学習活動と内容	構想手順　※指導上の留意点
1　前時学習で身の回りの物に磁石を近付けたときの物の様子を比較し，学習問題を見いだす。	【手順1】 ※前時の掲示物やノートを見せることで，前時学習を想起することができるようにする。 ※磁石に引き付けられる物と引き付けられない物の特徴の違いに関心をもたせる。

学習活動と内容	構想手順　※指導上の留意点
比較する	
じしゃくに引きつけられた　／　じしゃくに引きつけられなかった	
学習問題　どんな物がじしゃくに引きつけられるのだろうか。	【手順2】 ※ワークシートには，共通して調べる物以外にも各自が調べたい物を書くことができる欄を用意しておく。
【予想】 ・じしゃくに引きつけられた物は同じ物でできているんじゃないかな。 ・電気を通す物と同じように，金ぞくでできている物がじしゃくに引きつけられると思うよ。	※磁石に引き付けられた物と引き付けられなかった物を右図のように分けて表に整理させる。この表を手掛かりとし，磁石に引き付けられる物の共通点や引き付けられない物との相違点を考えて考察しているかを確認する。
2　磁石に引き付けられる物の特徴について調べる。 （調べること） ・身の回りにある物を磁石に近付けたときに，磁石に引き付けられる物はどんな物か。	
3　磁石に引き付けられた物や引き付けられない物の特徴を比較して，個人で考察し，全体で交流して結論を導き出す。	【評価：思②：記述分析】 【手順3】 ※フライパン，スコップなどに磁石を近付けて提示し，鉄でできているかを考えるクイズを出すことで，本時で学んだことを学習や生活に生かそうとする態度を涵養する。
【考察】 　じしゃくに引きつけられる物と引きつけられない物では，できている物がちがう。鉄でできている物はじしゃくに引きつけられる。	
── 結論 ── 　鉄でできている物はじしゃくに引きつけられる。	
4　本時の学習を振り返る。また，教師の出題するクイズに答える。 【クイズ時の考え方の例】じしゃくに引きつけられているから，フライパンは鉄でできているだろう。	

（岸　昌幸）

●第3学年
単元「身の回りの生物」（B 生命・地球）

1　単元の目標

　身の回りの生物について，探したり育てたりする中で，それらの様子や周辺の環境，成長の過程や体のつくりに着目して，それらを比較しながら，生物と環境との関わり，昆虫や植物の成長のきまりや体のつくりを調べる活動を通して，それらについての理解を図り，観察，実験などに関する技能を身に付けるとともに，主に差異点や共通点を基に，問題を見いだす力や生物を愛護する態度，主体的に問題解決しようとする態度を育成する。

2　単元の評価規準

知識・技能	思考・判断・表現	主体的に学習に取り組む態度
①生物は周辺の環境と関わって生きていることを理解している。 ②昆虫の育ち方には一定の順序があること。また，成虫の体は頭，胸及び腹からできていることを理解している。 ③植物の育ち方には一定の順序があること。また，その体は根，茎及び葉からできていることを理解している。 ④器具や機器などを正しく扱いながら調べ，それらの過程や得られた結果を分かりやすく記録している。	①身の回りの生物について，主に差異点や共通点を基に，問題を見いだし，表現するなどして問題解決している。 ②身の回りの生物について，観察などを行い，得られた結果を基に考察し，表現するなどして問題解決している。	①身の回りの生物についての事物・現象に進んで関わり，他者と関わりながら問題解決しようとしている。 ②身の回りの生物について学んだことを学習や生活に生かそうとしている。

3　本単元で，子供が主として働かせる「見方・考え方」

　本単元は，「生命」を柱とする領域に位置付けられ，主として働かせる見方として「共通性・多様性」が考えられる。具体的には，生物の観察を通して，「どの生物も体のつくりに共通の特徴や，育ち方に一定の順序がある」といった視点（共通性）や「どの生物も姿に違いがあり，周辺の環境と関わり合いながら違った生活をしている」といった視点（多様性）などである。また，生き物の育ち方や体のつくりの違いを複数の観察結果から比較することを通して，「問題を見いだす力」の問題解決の力を育成したいと考える。

4 単元計画（全19時間＋探究5時間）

評価欄…知：知識・技能，思：思考・判断・表現，態：主体的に学習に取り組む態度 【行】行動分析 【記】記述分析

段階	配時	主な学習活動と主な学習問題	知	思	態
一次		植物の育ち方には一定の順序があること。また，その体は根，茎，及び葉からできていることを捉える。			
習得	1	■身の回りに生息する生き物について知っていることを話し合う。 学習問題　学校や校庭にすむ生物はどのような形，大きさをしているのだろうか。			① 行
	2	■生活経験を基に予想や仮説を考え，追究する学習問題を見いだす。 学習問題　植物（育てるもの）はどのように，育っていくのだろうか。		① 記	
	3 4 5	■生長の様子についての予想を交流し，観察の視点を話し合う。 ■観察したことをスケッチや言葉，グラフにまとめる。 ■植物の種から芽が出て花が咲いて実がなって，また種ができる過程について表現する。	④ 行		① 行
	6 〜 8	学習問題　植物（育てるもの）はどんな部分からできているのだろうか。 ■植物の体は根，茎，葉からできていることについて観察を通して調べ，表現する。	③ 記		
	9	■他の植物の育ち方についても調べ表現する。	① 記		② 行
二次		昆虫の育ち方には一定の順序があること，また，その体は頭，胸，腹からできていることを捉える。			
	10	■学校園や校庭に生息する昆虫として，モンシロチョウとアゲハチョウを比較飼育する。 学習問題　モンシロチョウやアゲハチョウの卵は，どのように成長していくのだろうか。	② 記	① 記	
本時	11・12 13	学習問題　アゲハチョウとモンシロチョウの，似ているところと違うところはどこにあるのだろうか。 ■卵の変化を予想して観察方法を話し合い，卵を採取する。幼虫になれば，飼育ケースで飼育し，観察するときはモンシロチョウとアゲハチョウの幼虫を比較飼育し，色や形などを関係付けて表現する。 ■アゲハチョウの幼虫の観察から，モンシロチョウとの差異点や共通点を板書で整理しながら話し合う。	② 記 ④ 記	② 記	① 行
活用	14 〜 19	学習問題　バッタやトンボなども，チョウと同じように成長していくのだろうか。 ■バッタやトンボなど，昆虫2種を比較飼育する。 ■他の昆虫も体は頭，胸，腹からできていることの神秘さを表現する。	② 記	② 記	
探究	1 〜 5	■既習を基に研究テーマを見いだす。 学習問題（例）　昆虫はなぜすむ場所が違っているのか，見つけた場所で，何をしているのだろうか。 ■身近な植物や昆虫を選んで自由研究を行い，調べたことを表現する。	① 記		② 記

5　本時の授業を構想する際の手順

　本時を構想する際，本時で働かせる理科の見方・考え方を明らかにする必要がある。そこで，以下のような手順を考えた。

手順1　問題を見いだす場面において

　本時の結論は，「共通性・多様性という見方」が反映された「どちらも，卵→幼虫→さなぎ→成虫と変化していく」である。正対する問題は「アゲハチョウとモンシロチョウは，どのような違いがあるのだろうか」である。そのため，別々に飼育してきた幼虫を振り返り，モンシロチョウの幼虫とアゲハチョウの幼虫の大きさや色を比較させて問いかけ，2種の差異点や共通点についての問題を見いだすことができるようにする。

大きさがモンシロチョウより大きく，動きが活発。　比較する　大きさは小さく動きは遅い。キャベツの葉にいる。

アゲハチョウ幼虫　　　　　　モンシロチョウ幼虫

手順2　問題解決場面を通して

　第3学年で主に育成する問題解決の力は，「自然の事物・現象の差異点や共通点を基に，問題を見いだす力」である。この力の育成には「比較」という考え方を働かせることが重要である。本時では，前時学習で観察したモンシロチョウの幼虫を想起させることで，「アゲハチョウの幼虫もモンシロチョウの幼虫と同じだろうか」という共通性に視点が向くような授業展開を構想した。

アゲハチョウの幼虫の比較観察

手順3　学びを振り返る場面を想定して

　本時では，昆虫の育ち方には一定の順序があることを捉えることができるようにする。その過程において，成長していくためには，生活場所や食べるものなどが違うことに気付かせ，生命を尊重する態度を涵養する姿を想定する。そのため，学習の振り返りにおいて，2種の観察で気付いた差異点や共通点を引き出すようにして，次の時間での他の昆虫ではどうなのかという問題を見いだせるような場を設定する。

6 本時の授業

（1）本時のねらい

　２種の幼虫の様子や育ち方を比較して予想を考え観察することで，昆虫の育ち方には一定の順序があることを捉えることができる。

（2）展開（12/19時）

学習活動と内容	構想手順　※指導上の留意点
1　前時に観察したモンシロチョウの卵と幼虫を想起し，本時の学習問題を話し合う。 　比較する　 　アゲハチョウ幼虫　　　　　モンシロチョウ幼虫 学習問題　アゲハチョウとモンシロチョウは，どのような違いがあるのだろうか。 【予想】 ・大きさはモンシロチョウの幼虫よりも大きい。 ・育ち方は，モンシロチョウの幼虫とちがって，さなぎにならないのではないかな。 【方法】　実物（アゲハチョウとモンシロチョウの幼虫） 2　モンシロチョウの幼虫を観察する。 （観察の視点） ・色や形，大きさ ・動き方や餌を食べる様子 ・成長過程 3　観察結果を基に個人で考察し，全体で交流して結論を導き出す。 【考察】 　モンシロチョウとアゲハチョウの幼虫は，色や形，大きさがちがう。成長する順は同じだから，他の昆虫も同じなのだと思う。食べるものがちがうことから，卵を産み付ける場所がちがうことが分かった。 ―結論― 　色や形，大きさにはちがいがある。 　どちらも，卵→幼虫→さなぎ→成虫と変化していく。	【手順1】 共通性・多様性の見方 ※飼育してきた経験から，違う点に気付いていることを引き出すように，モンシロチョウの幼虫とアゲハチョウの幼虫を中心に話し合うようにする。 【手順2】 比較する考え方 ※幼虫の様子だけでなく，食べた後の糞，餌を食べる様子などにも着目できるように，幼虫の行動にも着目して，観察記録を書く場を設定する。 【評価：思②：記述分析】 板書例  ・比較しながら板書する 【手順3】 共通性・多様性の見方 ※モンシロチョウと，アゲハチョウの比較観察を通して得られた共通点や差異点から，その他の昆虫の体のつくりに関心をもてるように，トンボの幼虫や成虫を提示する。 【評価：態①：記述分析】

（永田　裕二）

●第3学年
単元「太陽と地面の様子」（B 生命・地球）

1 単元の目標

　太陽と地面の様子との関係について，日なたと日陰の様子に着目して，それらを比較しながら調べる活動を通して理解を図り，観察，実験などに関する技能を身に付けるとともに，主に差異点や共通点を基に，問題を見いだす力や，主体的に問題解決しようとする態度を養う。

2 単元の評価規準

知識・技能	思考・判断・表現	主体的に学習に取り組む態度
①日陰は太陽の光を遮るとでき，日陰の位置は太陽の位置の変化によって変わることを理解している。 ②地面は太陽によって暖められ，日なたと日陰では地面の暖かさや湿り気に違いがあることを理解している。 ③太陽と地面の様子との関係について，太陽の位置の変化を，方位磁針を正しく用いて調べたり，測定した地面の温度を正しく記録したりしている。	①太陽と地面の様子との関係について，差異点や共通点を基に，問題を見いだし，表現するなどして問題解決している。 ②太陽と地面の様子との関係について，観察，実験などから得られた結果を基に考察し，表現するなどして問題解決している。	①太陽と地面の様子との関係についての事物・現象に進んで関わり，他者と関わりながら問題解決しようとしている。 ②太陽と地面の様子との関係について学んだことを日常生活に当てはめようとしている。

3 本単元で，子供が主として働かせる「見方・考え方」

　本単元は，「地球」を柱とする領域に位置付けられ，主として時間的・空間的見方を働かせることが考えられる。具体的には，太陽と日陰や影の位置を継続的に観察し，それらを比較することで，日陰は太陽の光を遮るとできること（空間的）を捉えたり，朝と昼の地面の温度を測って比較することで，太陽の光が地面を暖めていること（時間的）を捉えたりすることである。また，日陰や影の位置や，太陽の光が当たっている地面と当たっていない地面の暖かさや湿り気を比較しながら調べることを通して，「差異点や共通点を基に，問題を見いだす力」を育成したいと考える。

4 単元計画（全9時間＋探究1時間）

評価欄…知: 知識・技能, 思: 思考・判断・表現, 態: 主体的に学習に取り組む態度　【行】行動分析　【記】記録・記述分析

段階	配時	主な学習活動と主な学習問題	知	思	態
一次　日陰は太陽の光を遮るとでき，日陰の位置は太陽の位置の変化によって変わることを捉える。					
習得	1	■影ふみ遊びをして，気付いたことを話し合い，学習問題を見いだす。 学習問題　かげのでき方にきまりはあるのだろうか。		①思	
	2	学習問題　かげができているとき，太陽はどこに見えるのだろうか。 ■影ができているときの太陽の見える方向を調べ，太陽は影の反対側にあることを捉える。	①記		
	3・4	■再度影ふみ遊びを行い，学習問題を見いだす。 学習問題　朝，昼，夕方と時間を変えるとかげのでき方は変わるのだろうか。 ■時間が経つと影の位置が変わることを捉える。 ■方位磁針で1日の太陽の動き方を調べ，太陽は東から南の空を通って西の方へしずむことを捉える。	①記 ③行		
二次　地面は太陽によって暖められ，日なたと日陰では地面の暖かさや湿り気に違いがあることを捉える。					
	5・6・7・8	学習問題　日なたと日かげでは，地面のようすにどのようなちがいがあるのだろうか。 ■地面に触れ，日なたは暖かくかわいていて，日陰は冷たく少し湿っていることを捉える。 ■温度計の使い方を知り，日なたと日陰の地面の温度を調べる。 ■日なたと日陰の温度を，時刻を変えて調べ，朝よりも昼のほうが高くなることを捉える。	③行		①記 ②記	①行
活用 本時	9	学習問題　土とアスファルト，草の地面のようすの変わり方には，どのようなちがいがあるのだろうか。 ■土とアスファルト，草の地面の日なたと日陰の様子を調べ，土の地面でなくても日なたは暖かくかわき，日陰は冷たく湿っているが，暖まり方には違いがあることを捉える。	①記		
探究	1	学習問題　地面と地面から10cmの温度は，どちらが高いのだろうか。 ■地面と，地面から10cmの深さの温度を比較し，太陽によって暖められているのは地面であるということを捉える。	①記		

5　本時の授業を構想する際の手順

　本時を構想する際，本時で働かせる理科の見方・考え方を明らかにする必要がある。そこで，以下のような手順を考えた。

手順1　問題を見いだす場面において

　本時の結論は，「空間的・時間的という見方」が反映された「土とアスファルト，草の地面は，日なたの方が暖かくかわいているが，それぞれの暖まり方は違う」である。正対する問題は「土とアスファルト，草の地面の様子の変わり方には，違いがあるのだろうか」である。そのため，土とアスファルト，草の地面の写真を提示し，素材の特徴を交流させ，変化についての問題を見いだすことができるようにする。

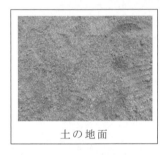

土の地面

アスファルトの地面

草の地面

手順2　問題解決場面を通して

　第3学年で主に育成する問題解決の力は，「差異点や共通点を基に，問題を見いだす力」である。この力の育成には「比較」という考え方を働かせることが重要である。本時では3つの素材の地面の様子の違いを，手や足で地面に触れたり，放射温度計を用いて地面の温度を測定し数値化したりして比較させる。温度の変化はドット図で表し，直感的に，日陰よりも日なたの方が暖かいことや素材によって暖まり方には違いがあることを捉えられるようにする。

手順3　学びを振り返る場面を想定して

　本時では，土以外の地面も日なたの方が暖かくかわいているが，暖まり方には違いがあることを捉えることができるようにする。その過程において，素材によっては温度の変化が小さい物があるということに気付かせ，学んだことを自然の事物・現象や日常生活に当てはめてみようとする態度を涵養する姿を想定する。そのため，学習の振り返りにおいて，目的に応じた地面の利用の仕方を考えさせる場を設定する。

6　本時の授業

（1）本時のねらい

　土とアスファルト，草の地面は，日なたの方が暖かくかわいているが，それぞれの暖まり方にはちがいがあることを捉えることができる。

（2）展開（9/9時）

学習活動と内容	構想手順　※指導上の留意点
1　前時までの学習内容を振り返り，本時の問題を確認する。 　**学習問題　土とアスファルト，草の地面の様子の変わり方には，違いがあるのだろうか。** （1）個人で予想を考える。 【予想】 ・草とアスファルトも，土の地面と同じように，日なたの方があたたかくてかわいていると思う。 ・アスファルトをさわったらやけどしそうなぐらい熱かったから，あたたまりやすいと思う。 （2）全体で交流する。 3　グループで測定を行う。 4　測定結果を確認し，気付いたことを話し合う。 （1）各グループでドット図を確認し，気付いたことを話し合う。 （2）各グループの測定結果を集約し，全体で気付いたことを話し合う。	【手順1】 ※問題を見いだすことができるように，素材の特徴を比較して，差異点や共通点を交流する場を設定する。 【手順2】 ※前時までの学習内容に加え，生活経験を基に根拠を考えさせる。 ※測定はそれぞれ3回行い，中間値をドット図に記録させる。 ※日なたと日陰だけでなく，素材による温度の違いにも着目させる。

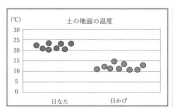 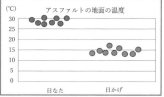 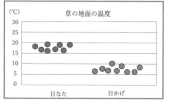

5　考察をする。 【考察】 　どの地面も日なたの方があたたかくかわいていたけど，それぞれあたたまり方はちがった。あつい日に休けいするなら，これからは草の地面を探そうと思った。 6　本時学習のまとめをする。 ── **まとめ** ── 　土とアスファルト，草の地面は，日なたの方があたたかくかわいているが，それぞれのあたたまり方はちがう。	※獲得した知識を，日常生活でどのように活かしていけるかという視点で考察をさせる。 【評価：思①：記述分析】 【手順3】 ※学んだことを自然の事物・現象や日常生活に当てはめてみようとする態度を涵養することができるように，目的に応じた地面の利用の仕方を考えさせる場を設定する。

（橋口　碧郎）

単元「空気と水の性質」（A物質・エネルギー）

1　単元の目標

　体積や圧し返す力の変化に着目して，それらと圧す力とを関係付けて，空気と水の性質を調べる活動を通して，それらについての理解を図り，観察，実験などに関する技能を身に付けるとともに，主に既習の内容や生活経験を基に，根拠のある予想や仮説を発想する力や主体的に問題解決しようとする態度を育成する。

2　単元の評価規準

知識・技能	思考・判断・表現	主体的に学習に取り組む態度
①閉じ込めた空気を圧すと，体積は小さくなるが，圧し返す力は大きくなることを理解している。 ②閉じ込めた空気は圧し縮められるが，水は圧し縮められないことを理解している。 ③閉じ込めた空気や水について，器具や機器などを正しく扱いながら調べ，それらの過程や得られた結果を分かりやすく記録している。	①閉じ込めた空気や水について，既習の内容や生活経験を基に，根拠のある予想や仮説を発想し，表現するなどして問題解決している。 ②閉じ込めた空気や水について，観察，実験などを行い，得られた結果を基に考察し，表現するなどして問題解決している。	①閉じ込めた空気や水についての事物・現象に進んで関わり，他者と関わりながら問題解決しようとしている。 ②閉じ込めた空気や水について学んだことを学習や生活に生かそうとしている。

3　本単元で，子供が主として働かせる「見方・考え方」

　本単元は，「粒子」を柱とする領域に位置付けられ，主として働かせる見方として，質的・実体的な視点で捉えることが考えられる。この見方を働かせることで，閉じ込めた空気は圧し縮められるが，水は圧し縮められないこと（質的）や，閉じ込めた空気を圧すと体積が小さくなり，圧し返す力は大きくなること（実体的）などを捉えることができる。また，閉じ込めた空気を圧したときの手応えと体積変化を関係付けたり，閉じ込めた空気と水を圧したときの体積変化の違いを比較したりしながら調べることを通して，「根拠のある予想や仮説を発想する力」などの問題解決の力を育成したいと考える。

4 単元計画（全8時間＋探究3時間）

評価欄…知：知識・技能，思：思考・判断・表現，態：主体的に学習に取り組む態度　【行】行動観察　【記】記録・記述分析

段階	配時	主な学習活動と主な学習問題	知	思	態
一次		閉じ込めた空気を圧すと，体積は小さくなるが，圧し返す力は大きくなることを捉える。			
習得	1・2	■空気鉄砲と水鉄砲で的当てゲームを行い，単元を貫く学習問題を見いだす。 ■空気鉄砲や水鉄砲で的当てゲームをして，気付いたことを話し合う。			①行
本時	3	■生活経験を基に予想や仮説を考え，追究する学習問題を見いだす。 学習問題　よく飛ぶ空気鉄砲と，あまり飛ばない空気鉄砲のちがいは，どこにあるのだろうか。 ■よく飛ぶ空気鉄砲と，あまり飛ばない空気鉄砲を，並列にならべた図を提示する。前玉の位置と後玉の位置の間の空気の体積変化や手応え，栓が飛び出したときの音と，圧す力をイメージ図で描く。	①記		
	4	学習問題　とじこめた空気をおしたとき，空気はどうなっているのだろうか。 ■前時の予想や仮説を基に，追究方法を調べる。	①記	②記	
二次		閉じ込めた空気は圧し縮められるが，水は圧し縮められないことを捉える。			
	5・6	学習問題　とじこめた水は，おしちぢめることができるのだろうか。 ■予想や仮説を立て，解決方法を話し合う。 ■閉じ込めた水は圧し縮めることができるか調べる。	②記③行	①記	
活用	7 8	■空気と水を閉じ込めて圧し縮めるとどのようになるのか調べる。 ■イメージ図を使って，その根拠を話し合う。	①記		②記
探究	1・2・3	■身の回りで活用されている空気や水の性質を使った物の中から，追究したい問題を選択する。 学習問題（例）　空気や水の性質を使った物は，わたしたちの生活の中でどのように利用されているのだろうか。 ■選択した問題を追究し，調べたことを発表する。			②記

5　本時の授業を構想する際の手順

手順1　問題を見いだす場面において

　本時の結論は，「実体的」な見方が反映された「よく飛ぶ空気鉄砲は，筒の中の空気がより圧し縮められて飛んでいるようだ」である。この結論に正対する問題は，「よく飛ぶ空気鉄砲とあまり飛ばない空気鉄砲の違いはどこにあるのだろうか」である。そのため，栓が飛び出した後の後玉の位置と先端までの長さを比較させて問いかけ，空気の弾性の存在の有無についての問題を見いだすことができるようにする。

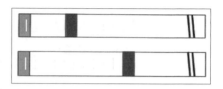

手順2　問題解決場面を通して

　第4学年で主に育成する問題解決の力は，「既習内容や生活経験を基に，根拠のある予想や仮説を発想する力」である。この力の育成には「比較・関係付け」という考え方を働かせることが重要である。本時では，空気鉄砲の中の体積変化の違いを比較することから，「既習内容や生活経験を基に，根拠のある予想や仮説を発想する力」の育成を中心に授業展開を構想した。そのため，空気の弾性の存在の有無を考える際，既習内容や自分の経験と比較して根拠を明確にした予想や仮説を発想できるように，実際に栓を飛ばして音や手応えを感得し，筒の中の体積変化と関係付けてイメージ図に表現する。

手順3　学びを振り返る場面を想定して

　本時では，空気の性質について，根拠のある予想や仮説を考えることができるようにする。その過程において，空気には弾性があるのではないかということに気付かせ，主体的に学習に取り組む態度を涵養する姿を想定する。そのため，学習の振り返りにおいて，どのような方法で確かめればよいか話し合う場を設定する。

6　本時の授業

（1）本時のねらい

　よく飛ぶ空気鉄砲と，あまり飛ばない空気鉄砲の筒の中の体積変化を，イメージ図で可視化し，対話することを通して，空気には弾性があるのではないかという根拠のある予想や仮説を考えることができる。

（2）展開（3／8時）

学習活動と内容	構想手順　※指導上の留意点
1　よく飛ぶ空気鉄砲とあまり飛ばない空気鉄砲の事象を比較観察し，学習問題をつくる。  学習問題　よく飛ぶ空気鉄砲とあまり飛ばない空気鉄砲の違いはどこにあるのだろうか。 【予想】 ・栓が飛んだ後の，後玉の位置が違うよ。 ・栓が飛び出すときの音が違ったね。 ・よく飛ぶ空気鉄砲の中の空気は，バネみたいに小さく縮んで勢いがついたのではないかな。 【方法】　具体物（空気鉄砲，ビニールテープを巻いた栓と巻いていない栓） 2　空気鉄砲を使い，よく飛ぶ空気鉄砲とあまり飛ばない空気鉄砲の違いを調べる。 （視点） ・栓が飛び出したときの音 ・圧したときの手応え ・栓が飛び出した後の筒の先端と後玉の距離 3　個人で考察し，全体で交流して結論を導き出す。 【考察】 　よく飛ぶ空気鉄砲は，あまり飛ばない空気鉄砲と比べると，栓が飛び出したときの音が大きく，圧したときは堅く，筒の中の空気がより縮まっていた。このことから，空気は圧すと縮まるのではないだろうか。 ──　結論　── 　よく飛ぶ空気鉄砲は，あまり飛ばない空気鉄砲と比べると，筒の中の空気がより縮まっているようだ。 4　本時の学習を振り返り，発表し合う。	【手順1】 ※学習問題を見いだすことができるように，栓が飛び出した後の後玉の位置の違いを比較して，差異点を交流する場を設定する。 【手順2】 ※根拠のある予想や仮説を発想することができるように，実際に栓を飛ばして音や手応えを感得し，筒の中の体積変化と関係付けてイメージ図に表現する活動を位置付ける。 【評価：思①：記述分析】 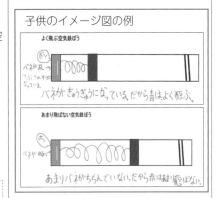 【手順3】 ※主体的に学習に取り組む態度を涵養することができるように，どのような方法で確かめればよいか話し合う活動を設定する。

（谷口　孝一郎）

●第4学年
単元「金属，水，空気と温度」（A物質・エネルギー）

1　単元の目標

　金属，水及び空気の性質について，体積や状態の変化，熱の伝わり方に着目して，それらと温度の変化とを関係付けて調べる活動を通して，それらについての理解を図り，観察，実験などに関する技能を身に付けるとともに，主に既習の内容や生活体験を基に，根拠ある予想や仮説を発想する力や主体的に問題解決しようとする態度を育成する。

2　単元の評価規準

知識・技能	思考・判断・表現	主体的に学習に取り組む態度
①金属，水及び空気は，温めたり冷やしたりすると，それらの体積が変わるが，その程度には違いがあることを理解している。 ②金属は熱せられた部分から順に温まるが，水や空気は熱せられた部分が移動して全体が温まることを理解している。 ③水は，温度によって，水蒸気や氷に変わること。また，水が氷になると体積が増えることを理解している。 ④金属，水及び空気の性質について，観察，実験などの目的に応じて，器具や機器などを正しく扱いながら調べ，それらの過程や得られた結果を分かりやすく記録している。	①金属，水及び空気の性質について見いだした問題について，既習の内容や生活経験を基に，根拠のある予想や仮説を発想し，表現するなどして問題解決している。 ②金属，水及び空気の性質について，観察，実験などから得られた結果を基に考察し，グラフで表現し読み取ったり，図や絵を用いて表現したりしながら問題解決している。	①金属，水及び空気の性質についての事物・現象に進んで関わり，他者と関わりながら問題解決しようとしている。 ②金属，水及び空気の性質について学んだことを学習や生活に生かそうとしている。

3　本単元で，子供が主として働かせる「見方・考え方」

　本単元は「粒子」を柱とする領域に位置付き，主に働かせる見方として，質的・実体的な視点で捉えることが考えられる。この見方を働かせることで，温度変化による金属，水及び空気の状態（質的）や体積の違い（実体的）などを捉えることができる。また，金属，水及び空気の体積と温度の変化を関係付けたり，その程度の違いを比較したりしながら調べることを通して，「差異点や共通点を基に，問題を見いだす力」や「既習の内容や生活経験を基に，根拠のある予想や仮説を発想する力」などの問題解決の力を育成したいと考える。

4　単元計画（全18時間＋探究2時間）

評価欄…知：知識・技能，思：思考・判断・表現，態：主体的に学習に取り組む態度　【行】行動観察　【記】記録・記述分析

段階	配時	主な学習活動と主な学習問題	知	思	態
一次		金属，水及び空気は，温めたり冷やしたりすると，それらの体積が変わるが，その程度には違いがあることを捉える。			
習得	1・2	■水を温めた様子を観察し，水位が変化した（上昇した）理由について話し合い，追究する学習問題を見いだす。			①行
		学習問題　ろうとの中の水の高さが上がったのはなぜだろうか。			
		■ろうとの水位が上がった理由について各自の予想を出し合い，確かめる方法について話し合う。		①記	
本時	3	■自分の予想に対する確かめの実験を行い，ろうとの中の水位が上がった理由について話し合う。	②記		①行
	4 5 6	**学習問題　空気や金属の温度が変わると，体積は変わるのだろうか。**	④記		
		■空気や金属を温めたり冷やしたりするとその体積がどうなるのか調べ表現する。			
活用	7	**学習問題　温度による体積変化は，金属，水，空気で違うのだろうか。**	①記	②記	
		■金属，水及び空気の温度による体積変化を調べ表現する。			
二次		金属は熱せられた部分から順に温まるが，水や空気は熱せられた部分が移動して全体が温まることを捉える。			
習得	8 9 10 11 12 13	■写真などを基に，空気・水・金属を温めた経験を話し合い，追究する学習問題を見いだす。		①記	
		学習問題　金属，水，空気はどのように温まっていくのだろうか。			
		■各自の予想を出し合い，確かめる方法について話し合う。	④記	②記	①行
		■金属の温まり方について調べ表現する。			
		■水はどのように温まっていくのか調べ表現する。	②記		
		■空気はどのように温まっていくのか調べ表現する。			
三次		水は，温度によって，水蒸気や氷に変わること。また，水が氷になると体積が増えることを捉える。			
習得	14 15 16 17	■生活経験の中で水を熱したり冷やしたりした経験を基に，追究する学習問題を見いだす。			①行
		学習問題　水は熱し続けると（冷やし続けると），どうなるのだろうか。			
		■水を熱し続け，温度の変わり方と水の様子を調べ表現する。		②記	
		■沸騰する水から出ているあわの正体を調べ表現する。	④記		
		■水を冷やし続け，温度の変わり方と水の様子を調べ表現する。	④記		
活用	18	■水の状態変化と温度の関係を図やグラフにまとめ，水は温度によって固体・液体・気体に変化することをまとめる。	③記		
探究	1・2	■学習内容を生かして自由研究を行い，調べたことを表現する。・おどる10円玉　・ストロー温度計　・温めて飛ばすペットボトルの栓・鉄道レール　・つぶれたピンポン玉を元に戻す　・ミニ熱気球　など			②記

5　本時の授業を構想する際の手順

手順1　問題を見いだす場面において

　本時の結論は，「質的・実体的」という見方が反映された「水を温めると，水自体の体積が増える」である。この結論に正対する問題は「（温めると）ろうとの中の水の高さが上がったのはなぜだろうか」である。そのため，直接体積変化の様子が見て取れる「水」の温度による体積変化を単元導入の事象提示とし，「水の体積は足したり減らしたりしないと変わらず，空気と違って圧し縮められない」という既習内容と異なり，三角フラスコを温めたときに水位が上がっていく事象に驚きをもたせ「水位が変わったのはなぜだろうか」という学習問題につなげることができるようにする。

手順2　問題解決場面を通して

　第4学年で主に育成する問題解決の力は，「既習の内容や生活経験を基に，根拠のある予想や仮説を発想する力」である。この力の育成には「関係付ける」という考え方を働かせることが重要である。本時では，「ろうとの中の水の高さが上がったのはなぜだろうか」という問題に対して，水自体の体積が増えた，水が外からやってきて増えたという大きく2つの考えを取り上げて授業展開を構想した。そのため，前時に自分の予想や仮説を証明するために立案した実験と実験結果の予想をもう一度確認し，実験に取り組ませるようにする。水自体の体積が増えたと予想した児童は，「水の温度変化と体積変化」を関連付けて，水が外からやってきて増えたと予想した児童は，「ラップで外から水が入らないようにした条件と水の体積変化」「外の温めた色付きの水が，体積の増えた水の中に入っているか」を関連付けて考察することができるように，前時までの学習内容を掲示しておくとともに，考察の前に自分が行っていない実験結果を整理する。

手順3　学びを振り返る場面を想定して

　本時では，自分の予想が当たっていた，間違っていたというまとめ方ではなく，様々な視点から，水を温めると，水自体の体積が増えることを捉えることができるようにする。その過程において，自分の予想や仮説を証明するために立案した実験に意欲的に取り組むなど，主体的に問題解決しようとする態度を涵養する姿を想定する。そのため，学習の振り返りにおいて，水の温度変化と体積変化を関係付けて結論を導き出した（確証）ことだけでなく，水が外からやってきて体積が増えたわけではないことが証明されたからこそ，確かな結論が導き出された（反証）ことを価値付ける場を設定する。

6　本時の授業

（1）本時のねらい

　○　水を温めると水位はなぜ上がったのか，自分の考えた実験方法の結果から，自分の考えた予想や根拠と照らし合わせて，結論を導き出し，表現することができる。

　○　水を温めると水位はなぜ上がったのか，自分の考えた実験方法で意欲的に調べようとしている。

（2）展開（3/18時）

学習活動と内容	構想手順　※指導上の留意点
1　本時の問題を確認する。	【手順1】（本時は確認のみ）

学習問題　ろうとの中の水の高さが上がったのはなぜだろうか。

学習活動と内容	構想手順　※指導上の留意点
2　前時の学習を確認し，実験を行う。 【予想】 A 温められて，中の水の体積が増えた。 B 湯気がろうとの上から入った。 C 三角フラスコの中にお湯がしみこんだ。 【実験方法】 A 三角フラスコの水の温度を変えて体積の増減があるか見る。 B ろうとにラップをはって，湯気が入らないようにし，実験する。 C 温める60度の水に色をつけ，実験する。	※前時までの学習内容を掲示しておき，いつでも振り返りできるようにしておく。 【評価：態①：行動観察】 ※自分たちの仮説を検証できる方法で実験できるようにする。 ※時間内に繰り返し実験をしたり，場合によって複数の方法で実験を行ったりさせる。
3　結果を整理し，共有する。 	【手順2】 ※考察の前に，自分が行っていない実験結果を整理することで，複数の視点から考察させる。 【評価：思②：記述分析】
4　結果から個人で考察し，全体で交流して結論を導き出す。	※全体の結果と自分の予想を照らし合わせながら考察することで結論を導き出させる。

【結果】

○温度を上げると体積は増え，下げると体積は減ったこと	○ラップをつけても水の高さは上がること	○三角フラスコの水に色はつかなかったこと
↓	↓	↓
○温度によって水の体積が増えたり減ったりすること	○湯気が入ってきて水の高さが上がったわけではないこと	○温めた水が三角フラスコの中に入って水の高さが上がったわけではないこと

※左図の結果から考察に導く矢印のように，結果→結果から分かったこと→学習問題に対する結論という形で，結論を導いていく。

【考察】
　温度を上げると，水の体積が増えて，温度が下がると水の体積が減った。また，ラップでフラスコをおおってあたためても水の体積は増え，色付きのお湯につけてあたためて水の体積を増やしても水に色はつかなかったので，水が外からやってきたわけではなく，水自体の体積があたためられて増えたことが分かった。

―　結論　―
　ろうとの水の高さが上がったのは，あたためることで水自体の体積が増えたからである。

5　本時の学習を振り返り，発表し合う。

【手順3】
※自分の予想が当たっていた，間違っていたというまとめ方ではなく，様々な視点から確かな結論が出たというまとめ方を行う（確証・反証）。

（田中　智明）

●第4学年
単元「電流の働き」（A物質・エネルギー）

1　単元の目標

　電流の働きについて，電流の大きさや向き，乾電池につないだ物の様子に着目して，それらを関係付けて，電流の働きを調べる活動を通して，それらについての理解を図り，観察，実験などに関する技能を身に付けるとともに，主に既習の内容や生活経験を基に，根拠のある予想や仮説を発想する力や主体的に問題解決しようとする態度を育成する。

2　単元の評価規準

知識・技能	思考・判断・表現	主体的に学習に取り組む態度
①乾電池の数やつなぎ方を変えると，電流の大きさや向きが変わり，豆電球の明るさやモーターの回り方が変わることを理解している。 ②電流の働きについて，観察，実験などの目的に応じて，器具や機器などを選択し，正しく扱いながら調べ，それらの過程や得られた結果を適切に記録している。	①電流の働きについて，既習の内容や生活経験を基に，電流の大きさや向きと乾電池につないだ物の様子との関係について，根拠のある予想や仮説を発想し，表現するなどして問題解決している。 ②電流の働きについて，自分の予想と観察，実験などから得られた結果を基に考察し，表現するなどして問題解決している。	①電流の働きについての事象・現象に進んで関わり，他者と関わりながら問題解決しようとしている。 ②電流の働きについて学んだことを学習や生活に生かそうとしている。

3　本単元で，子供が主として働かせる「見方・考え方」

　本単元は，「エネルギー」を柱とする領域に位置付けられ，主として働かせる見方として，量的・関係的な視点で捉えることが考えられる。この見方を働かせることで，具体的には，電池の数やつなぎ方を変えることで電流の大きさが変わること（量的）や，これらの変化と電流の大きさや向きとが関係付いていること（関係的）などを捉えることができる。また，電池の数やつなぎ方と電流の大きさや向き，乾電池につないだ物の様子に着目して，それらを関係付けたり，電流の働きを調べたりする活動を通して，「根拠のある予想や仮説を発想する力」などの問題解決の力を育成したいと考える。

4　単元計画（全6時間＋探究2時間）

評価欄…知：知識・技能, 思：思考・判断・表現, 態：主体的に学習に取り組む態度　【行】行動観察　【記】記録・記述分析

段階	配時	主な学習活動と主な学習問題	知	思	態
一次　乾電池の働きを調べる。					
習得	1	■モーターが回る回路を作る。 学習問題　モーターの回る回路を作ることができるだろうか。			① 行
	2	■生活経験を基に予想や仮説を考え，追究する学習問題を見いだす。 学習問題　電池のつなぎ方で，モーターの回る向きが変わるのはなぜだろうか。	① 記		
二次　モーターの回り方や豆電球の明るさを調べる。					
活用	3	■乾電池2個をつなぎ，モーターがより速く回ったり，豆電球がより明るく光ったりするつなぎ方を調べる。 学習問題　2つの乾電池で，どのような回路ができるだろうか。	① 記		
本時	4・5	■直列つなぎと並列つなぎによる電流の大きさの違いを調べる。 学習問題　直列つなぎと並列つなぎで回路に流れる電流の大きさは違うのだろうか。	② 記	① 行 ① 記	
	6	■直列つなぎと並列つなぎのよさについてそれぞれ考える。 学習問題　直列つなぎと並列つなぎには，それぞれどのようなよさがあるのだろうか。	② 記	② 記	
探究	1・2	■乾電池を利用したおもちゃを作る。 学習問題（例）　直列つなぎと並列つなぎのよさを用いて，おもちゃづくりをしよう。			② 記

5　本時の授業を構想する際の手順

手順1　問題を見いだす場面において

　本時の結論は，「量的・関係的な見方」が反映された「乾電池の数やつなぎ方を変えると，電流の大きさや向きが変わり，豆電球の明るさやモーターの回り方が変わる」である。この結論に正対する問題は，「電池のつなぎ方を変えると，回路に流れる電流の大きさや向きに違いがあるのだろうか」である。

　そこで，実験，観察において，回路にモーターをつなぎ，電池のつなぎ方でモーターの回り方に違いがあることを確かめ，電流の流れる向きに目を向けられるようにする。

手順2　問題解決場面を通して

　第4学年で主に育成する問題解決の力は，「既習の内容や生活経験を基に，根拠のある予想や仮説を発想する力」である。この力の育成には「関係付け」という考え方を働かせることが重要である。

本時では，実際に2つの乾電池のつなぎ方（直列つなぎと並列つなぎ）においてモーターの回る速さと流れる電流の量が違うことを関係付けながら，実験を中心として，「既習内容や生活経験に基づきながら，根拠のある予想や仮説を発想する力」の育成を中心に授業展開を構想した。そのため，比較したり，関係付けたりして根拠を明確にした予想や仮説が発想できるように結果を一覧表示し，視覚的に捉えることができるようにする。

【表で表す】

班	1班	2班	3班	4班	5班	6班
1つ	0.4	0.4	0.4	0.5	0.5	0.4
直列	0.9	0.8	1.0	0.9	0.9	0.8
並列	0.4	0.5	0.4	0.5	0.5	0.4

（単位はA）

※結果が出た班ごとに黒板に書き，一覧表示する。数値のばらつきは出るが，おおよそ2倍になったことが捉えやすい。

【グラフで表す】

1班の結果
電池1つ　　0.4A
直列つなぎ　　0.9A
並列つなぎ　0.4A

※結果を班ごとにグラフにし，一覧表示する。グラフは，ビニルテープなどで表すと，電流の大きさを視覚的に捉えやすい。

手順3　学びを振り返る場面を想定して

　本時では，乾電池の数やつなぎ方を変えると，電流の大きさや流れる向きが変わることを捉えることができるようにする。そのため，学習の過程において子供から出た問いを問題として，自分の予想と実験結果を比較・関係付けながら，電流の向きや大きさについての考えをもつことができる姿を想定する。その中で，子供の問題に答えられるような実験方法を子供と共に立案し，実験に取り組む。そして，実験結果を一覧表示する場面において，それぞれの班の結果を読み取る時間の確保や，納得できるまで再実験を行うことができる場を設定する。

6　本時の授業

（1）本時のねらい

　直列つなぎと並列つなぎの回路に流れる電流の大きさを比較して考えるとともに，モーターの回る速さと回路に流れる電流の大きさに関係があることを関係付けて考えることができる。

（2）展開（4・5／6時）

学習活動と内容	構想手順　※指導上の留意点
1　直列つなぎと並列つなぎのモーターの回る速さの違いを想起し、学習問題をつくる。 ○直列つなぎと並列つなぎでの回路に流れる電流の大きさについて調べる見通しをもつこと。	【手順1】 ※前時までの学びのあしあとを使って、直列つなぎ、並列つなぎの電流の大きさについて予想したことを想起し、本時はつなぎ方の違いによって電流の大きさが変わるのかを調べる実験を行うことを確認できるようにする。

学習問題　直列つなぎと並列つなぎによって、回路に流れる電流の大きさに違いがあるのだろうか。

2　実験方法について確認し、直列つなぎと並列つなぎのそれぞれの回路の電流の大きさを確かめる実験をする。

（1）計画に沿って実験する。

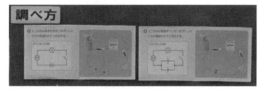

（2）結果を記録し、黒板に掲示する。

一覧掲示後、結果が明らかに違う班には、再実験の機会を設けて修正できるようにする。

【手順2】

※調べることを明確にして実験に取り組めるようにするために、板書で実験方法を確認する。

※簡易検流計を正しく使うために、板書やカードでつなぎ方を示す。また、結果をノートに記録した後、黒板に一覧表示することを確認する。

※実験の見通しをもつことが苦手な児童に対して、個別に実験方法の説明など、個別の支援を行う。

【評価：思①：行動観察、記述分析】

3　実験結果を確認し、考察を行う。

実験結果を確認し、モーターの回る速さと電流の大きさについて考察を行う。

（1）一覧表示から結果を確認する。

（2）一覧表示や実験結果から電流の大きさとモーターの回る速さの関係について考察する。

4　めあてと結んで、学習のまとめをする。

― 結論 ―
乾電池のつなぎ方によって、回路に流れる電流の大きさが変わる。電流の大きさが変わるとモーターの回る速さも変わる。

5　本時の学習を振り返り、発表し合う。

【手順3】

※話し合いで出た考えを整理・分類しながら、「直列つなぎ・並列つなぎ」「電流の大きさ」「モーターの回る速さ」等のキーワードを確認し、「予想と実験結果を結んだ自分の考え」を記述させ、話し合いに参加することができるようにする。

また、本時の学習を振り返る場を設定する。

【評価：知②：記録分析】

（中富　太一朗）

●第4学年
単元「人の体のつくりと運動」（B 生命・地球）

1 単元の目標

　人や他の動物について，骨や筋肉のつくりと働きに着目して，それらを関係付けて調べる活動を通して，人や他の動物の体のつくりと運動についての理解を図り，観察，実験などに関する技能を身に付けるとともに，主に既習の内容や生活経験を基に，根拠のある予想や仮説を発想する力や生命を尊重する態度，主体的に問題解決しようとする態度を育成する。

2 単元の評価規準

知識・技能	思考・判断・表現	主体的に学習に取り組む態度
①人の体には骨と筋肉があることを理解している。 ②人や他の動物について，器具や機器を正しく扱いながら調べ，それらの過程や得られた結果を分かりやすく記録している。 ③人が体を動かすことができるのは，骨，筋肉の働きによることを理解している。	①人について，差異点や共通点を基に，問題を見いだし，表現するなどして問題解決している。 ②人や他の動物について見いだした問題について，既習の内容や生活経験を基に，根拠のある予想や仮説を発想し，表現するなどして問題解決している。 ③人や他の動物について，観察，実験などを行い，得られた結果を基に考察し，表現するなどして問題解決している。	①人や他の動物についての事物・現象に進んで関わり，他者と関わりながら問題解決しようとしている。 ②人や他の動物について学んだことを学習や生活に生かそうとしている。

3 本単元で，子供が主として働かせる「見方・考え方」

　本単元は，「生命」を柱とする領域に位置付けられ，主として働かせる見方として，共通性・多様性の視点で捉えることが考えられる。この見方を働かせることで，人の体の曲げられるところと曲げられないところの比較を通して，人やその他の動物には，骨や筋肉，関節があり，それらを働かせて腕や足を動かしていること（共通性）や，体の中の部分や動物それぞれの動きに合った体のつくりが存在すること（多様性）などを捉えることができる。また，骨と筋肉の動きとを関係付けて自分の体に直接触れることを手掛かりとして，骨の位置や筋肉の存在を調べたり，人や他の動物の骨や筋肉のつくりと働きを関係付けて自分の体を動かしながら，体の動きと骨や筋肉との関係を調べたりすることを通して，「根拠のある予想や仮説を発想する力」や「予想や仮説を基に，解決の方法を発想する力」などの問題解決の力を育成したいと考える。

4 単元計画（全7時間＋探究2時間）

評価欄…[知]：知識・技能，[思]：思考・判断・表現，[態]：主体的に学習に取り組む態度 【行】行動観察 【記】記録・記述分析

段階	配時	主な学習活動と主な学習問題	知	思	態
一次		腕の骨のつくりを捉える。			
習得	1	■物を持ったり，腕相撲をしたりして自分の腕を動かし，単元を貫く学習問題を見いだす。 学習問題　人や他の動物の体のつくりと運動は，どのように関わっているのだろうか。		① 記	
	2	■生活経験を基に予想や仮説を考え，追究する学習問題を見いだす。 学習問題　腕の骨は，どのようなつくりになっていて，どのように動くのだろうか。 ■物を持ったり，腕相撲をしたりしたときの様子から，腕の骨は，どのようなつくりになっていて，どのように動くのか，予想する。 ■自分の体に触れながら，骨のつくりと腕の動きの関係を調べる。 ■骨のつくりと腕の動きを関係付けて表現する。	① 記		
二次		腕が動く仕組みを捉える。			
本時	3	■生活経験を基に予想や仮説を考え，追究する学習問題を見いだす。 学習問題　腕の筋肉は，どのようなつくりになっていて，どのように動くのだろうか。 ■物を持ったり，腕相撲をしたりしたときの様子から，腕の筋肉は，どのようなつくりになっていて，どのように動くのか，予想する。 ■筋肉のつくりと腕の動きの関係を調べる。 ■腕の動きモデルを基に腕の動きを確かめ，筋肉のつくりと腕の動きを関係付けて表現する。	② 行 記	② 記	
三次		体全体の骨と筋肉のつくりや仕組みを捉える。			
習得	4 ・ 5	学習問題　体全体の骨と筋肉は，どのようなつくりや仕組みになっているのだろうか。 ■腕のつくりや動きから予想や仮説を立て，解決方法を話し合う。 ■体のいろいろな部分について，骨と筋肉の関係を調べる。	③ 記	③ 記	
活用	6 ・ 7	学習問題　人以外の身近な動物は，どのようなつくりや仕組みで体を動かしているのだろうか。 ■人の体のつくりで学習した体の動かし方を基に，人以外の動物の体のつくりと動き方について調べる。 ■動物も人と同じように，骨，筋肉，関節があり，それらの働きにより体を動かすことができることを表現する。			① 行 記
探究	1 ・ 2	■既習を基に，研究テーマを見いだす。 学習問題（例）　草原を速く走ったり，飛び跳ねたりするカンガルーや，空を飛んだりするハトは，どのような体のつくりをしているのだろうか。 ■人以外の動物の体の動かし方を多面的に調べ，「走る・跳ぶ・飛ぶ」の能力が高い動物や，人と違う動きをする動物の体のつくりを追究する。			② 行 記

5 本時の授業を構想する際の手順

手順1 問題を見いだす場面において

　本時の結論は,「共通性・多様性」という見方が反映された「腕の筋肉は腕の上下にあり,2本の骨をつなぐようについている。筋肉は,縮んだり緩んだりして骨を動かし,腕が曲がったり伸びたりする」である。この結論に正対する問題は「腕の筋肉は,どのようなつくりになっていて,どのように動くのだろうか」である。そのため,物を持ったり,腕相撲をしたりしたときの様子を振り返らせ,腕が動く仕組みについて問いかけ,筋肉のつくりと腕の動きの関係についての問題を見いだすことができるようにする。

手順2 問題解決場面を通して

　第4学年で主に育成する問題解決の力は,「既習の内容や生活経験を基に,根拠のある予想や仮説を発想する力」である。この力の育成には「関係付ける」という考え方を働かせることが重要である。本時では,骨や筋肉のつくりと働きを関係付けて,視覚的に腕が動く仕組みを捉えることができるような授業展開を構想した。そのため,子供一人一人が自分の腕の動きに合わせて実感しながら「関係付ける」ことができるように,腕の動きモデルを提示する。

【筋肉部分 [市販のロケットのおもちゃ]】

【腕（足）の動きモデル全体部分】

【アームカバーに本体をマジックテープ止めして調べる】

腕を曲げたときの骨と筋肉の様子

腕を伸ばしたときの骨と筋肉の様子

手順3 学びを振り返る場面を想定して

　本時では,腕が動く仕組みを捉えることができるようにする。その過程において,進んで事象に関わり,結果から見いだした自分の考えを交流し合い,きまりを明らかにしていく姿を想定する。そのため,学習の振り返りにおいて,腕を動かすことができる骨,筋肉の働きについて説明する場を設定する。

6 本時の授業

(1) 本時のねらい

腕を動かしたときの筋肉の様子を比較して予想を考えるとともに，資料を活用したり器具を正しく扱ったりしながら筋肉のつくりと腕の動きの関係を調べ，腕が動く仕組みを捉えることができる。

(2) 展開（3/7時）

学習活動と内容	構想手順　※指導上の留意点
1　物を持ったり，腕相撲をしたりしたときの様子から学習問題を見いだし，生活経験を基に，予想や仮説，解決方法を話し合う。 　→腕の曲げ伸ばしに伴う，筋肉の形の異なり　等	【手順1】 ※学習問題を見いだすことができるように，腕を動かしたときの様子を交流する場を設定する。
学習問題　腕の筋肉は，どのようなつくりになっていて，どのように動くのだろうか。	
【予想】 ・腕の中には，全体に骨があるので，筋肉は骨の周りについていると思う。 ・腕が動くとき，筋肉も動いているので，腕の動きには筋肉の働きが関係しているようだ。	※根拠のある予想や仮説を発想することができるように，全体で視覚的に確認できる腕の動きの動画を提示する。 【評価：思②：記述分析】
【方法】　資料（本，デジタル教材，腕の動きモデル） 2　筋肉のつくりと腕の動きの関係を調べる。 （調べること） ・自分の腕を触って，筋肉のある場所を調べる。 ・本やデジタル教材，腕の動きモデルなどで筋肉の動きと腕の動く仕組みについて調べる。	【手順2】 ※学習問題を視覚的に追究していくことができるように，腕の動きモデルの使い方を教示する。
3　個人で考察し，全体で交流して結論を導き出す。	【評価：知②：行動観察，記述分析】
【考察】 　筋肉が骨についていて，筋肉が動いて骨を動かしているといえる。	
── 結論 ── 　腕の筋肉は腕の上下にあり，2本の骨をつなぐようについている。筋肉は，縮んだり緩んだりして骨を動かし，腕が曲がったり伸びたりする。	【手順3】 ※主体的に学習に取り組む態度を涵養することができるように，生命の巧みさを感じながら，自分の腕の動きと関係付けて，本時学習を振り返る場を設定する。
4　本時の学習を振り返り，発表し合う。 　○腕を動かすことができる骨，筋肉の働きについて説明できること。	

（井手　義隆）

●第4学年
単元「雨水の行方と地面の様子」（B 生命・地球）

1　単元の目標

　雨水の行方や地面の様子について，流れ方やしみ込み方に着目して，それらと地面の傾きや土の粒の大きさとを関係付けて調べる活動を通して，それらについての理解を図り，観察，実験などに関する技能を身に付けるとともに，主に既習の内容や生活経験を基に，根拠のある予想や仮説を発想する力や主体的に問題解決しようとする態度を育成する。

2　単元の評価基準

知識・技能	思考・判断・表現	主体的に学習に取り組む態度
①水は，高い場所から低い場所へ流れて集まることを理解している。 ②水のしみ込み方は，土の粒の大きさによって違いがあることを理解している。 ③雨水の行方や地面の様子について，器具や機器などを正しく扱いながら調べ，それらの過程や得られた結果を分かりやすく記録している。	①雨水の行方や地面の様子について既習の内容や生活経験を基に，根拠のある予想や仮説を発想し，表現するなどして，問題解決している。 ②雨水の行方や地面の様子について，自然の事物・現象の変化とその要因とを関係付けて考え，得られた結果を基に考察し，表現するなどして，問題解決している。	①雨水の行方や地面の様子についての事物・現象に進んで関わり，他者と関わりながら，問題解決しようとしている。 ②雨水の行方や地面の様子について学んだことが排水の仕組みに生かされていることや，雨水が川へと流れ込むことから，自然災害の考え方へと生かそうとしている。

3　本単元で，子供が主として働かせる「見方・考え方」

　本単元は，「地球」を柱とする領域に位置付けられ，主として働かせる見方として，時間的視点・空間的視点で捉えることが考えられる。この見方を働かせることで,校庭に降った雨が，地表を流れ，地中に時間をかけてしみ込んでいくこと（時間的）や地表では見えない地中にも土があり，その中に水がしみ込んでいく構造になっていること（空間的）を捉えることができる。また，雨水の行方や地面の様子に関して見いだした問題について，予想や仮説を発想する際に，「既習の内容や生活経験を基に，根拠のある予想や仮説を発想する力」や雨が降る前と雨が降った後の地面の様子の比較から「事象の変化とその要因とを関係付ける力」などの問題解決の力を育成したいと考える。

4 単元計画（全8時間＋探究3時間）

評価欄…知：知識・技能, 思：思考・判断・表現, 態：主体的に学習に取り組む態度 【行】行動観察 【記】記録・記述分析

段階	配時	主な学習活動と主な学習問題	知	思	態
一次 水は，高い場所から低い場所へ流れること，また，流れる水は，低い場所に集まることを捉える。						
習得	1	■雨の日の運動場の様子と雨が降った後の運動場の様子を比較して問題を見いだし，単元の学習の見通しをもつ。 **学習問題　水は，高いところから低いところにむけて流れるのだろうか。**		①記	①行
	2	■水は，本当に高い所から低い所に流れるか，雨樋や川のモデルを使い調べる。 **学習問題　傾きが大きいところほど，水は速く流れるのだろうか。**	①記	②記	
	3	■地面の傾きが大きいほど水は速く流れるのか，雨樋の角度を変えて流れる速さを時間で計って調べる。 **学習問題　水がたまっている場所は，どんな場所なのだろうか。**	①記		
	4	■水がたまっている所の地面の様子とたまっていない所の地面の様子を比べて，土の粒の違いから，どんな場所に水がたまるのかを調べる。			
二次 水は，土の中にしみ込んでいくこと，また，そのしみ込み方は，土の粒の大きさによって違いがあることを捉える。						
本時	5	**学習問題　雨水は，本当に土の中にしみ込んでいくのだろうか。** ■雨水が土の中にしみ込むのかどうか，ペットボトルに土をつめて調べる。	②記	①記	
	6	**学習問題　土の粒の大きさによって，水のしみ込み方が違うのだろうか。** ■土の粒の大きさによって，雨水が土の中にしみ込む速さが変わるのか，粒の大きさの違う3つのペットボトルを使って調べる。	②記	②記	
活用	7	**学習問題　ペットボトルを使って，汚れた水をきれいな水に変えられるだろうか。**			②行
	8	■ペットボトルの中に入れる材料を工夫して，手づくり浄水器を作り，学習したことを社会科の学習内容「浄水場」と関連させて学びを深める。			
探究	1	**学習問題　土の中にしみ込んできた水は，どんなところから湧き出ているのか。**			②行
	2 3	■甘木（水の宝庫）の湧水や川の調査をしたり，甘水浄水場の見学を行ったりして，水浄化のメカニズムをさらに追究していく「自由研究」を行う。			

5 本時の授業を構想する際の手順

手順1 問題を見いだす場面において

　本時の結論は,「時間的・空間的な見方」が反映された「土の粒が小さいと水はしみ込みにくく, 土の粒が大きいと水はしみ込みやすい」ということである。この結論に正対する問題は,「土の粒の大きさによって, 水のしみ込み方が違うのだろうか」である。そのために, 水がしみ込んだ部分としみ込まない部分の地面の写真を提示し根拠について話し合う活動を位置付ける。また, 水がたまる場所と水がしみ込んでいる場所を比べ, その違いがおこる理由を事前に観察した結果を用いて予想させる活動を仕組み, 粒の大きさの違いと水のしみ込み方の速さの違いに関する問題を見いだすことができるようにする。

手順2 問題解決場面を通して

　第4学年で主に育成する問題解決の力は,「既習の内容や生活経験を基に, 根拠のある予想や仮説を発想する力」である。この力の育成には,「関係付ける」という考え方を働かせることが重要である。そこで, 本時では, 粒の大きさの違いによって, 水のしみ込み方が違うのかを調べるために, 粒の大きさの違う土（校庭の土, 砂場の砂, 駐車場の砂利）を入れた透明のペットボトルを3本準備する。そして, その3本のペットボトルに, 同じ量の水を通し, その中にしみ込んでいく水の速さを調べる活動を仕組む。これによって, 土の中にしみ込んでいく水の速さと粒の大きさの違いとを関係付けて考えることができる。

手順3 学びを振り返る場面を想定して

　本時では, 水が目の前で土の中にしみ込み, 出てくる様子を観察することから, 土によって水のしみ込みやすさが違うことを捉えることができるようにする。その過程において, 目に見えない地面の中を雨水が通り川へ流れ込むこと, その結果, 自然災害が起こることもあること, また, 汚れた水をきれいにする働きを社会科の学習と関連させて考えることを通して, 自然環境との関わりについての考えも構築することができる。そのために, 湧水のわき出す様子や土地の割れ目から水がわき出す写真を見せたり, 汚れた水をきれいにする「演示実験」を行ったりする手立てを考える。

6 本時の授業

（1）本時のねらい

　土の粒が大きいと水が速くしみ込み, 土の粒が小さいと水がゆっくりしみ込むことを捉えることができる。

（2）展開（6／8時）

学習活動と内容	構想手順　※指導上の留意点
1　新たな問題について自分の意見を交流し，学習問題を見いだす。 ⑴　自分の予想を交流し，問題を見いだす。 　　・僕は，粒が小さい→速い。それは，前に水を通したとき，速かったから。 　　・粒が小さい→遅い。それは，前の学習，水たまり→小さい→しみ込まないから。 　学習問題　土の粒の大きさによって，水のしみ込み方が違うのだろうか。 2　土の粒の大きさを変えて，水のしみ込み方を調べる。 ⑴　見通しを確認し，学びの道筋をもつ。 ⑵　見通しを基に土の粒の大きさを3通りに変えて，水のしみ込む速さを調べる。 ⑶　結果をまとめて，考察を書く。	【手順1】 ※水がしみ込んだ部分としみ込まない部分の地面の写真を提示し，根拠を考えやすくさせ，その違いがおこる理由について考える場を設定する。 【手順2】 ※土の粒の大きさを変えて調べるために，粒の大きさの違う土を3種類準備し，比較しやすいように，左右で比べやすい表を用い，結果を比較することができるように工夫する。

【考察】
　土の粒が大きいほど，間があいているので，水がしみ込みやすくなっている。逆に，土の粒が小さいほど，土の粒との間が小さくなるので，水がしみ込みにくくなっている。だから，運動場の水が，地面の中へ，しみ込んでいったことがわかった。

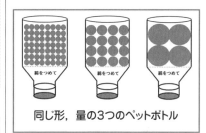
同じ形，量の3つのペットボトル

学習活動と内容	構想手順　※指導上の留意点
3　考察を交流し，本時の結論を確認する。 　┌─結論 　土の粒が小さい→水はしみ込みにくい。 　土の粒が大きい→水はしみ込みやすい。	【評価：思②：記述分析】 【評価：知②：記述分析】
4　今日の学習を振り返り，教師の演示実験や川に流れ込む写真を通して，新たな問題を見いだす。 ⑴　分かったことを前の時間の自然事象とつなげて再確認する。 ⑵　手づくり浄水器の濾過の様子や社会科の学習と比較しながら，新たな問題を見いだす。 　　・自分たちもあんな道具を作ってみたい。 　　・社会科見学で，同じようなシステムを見たいな。 　　・水がしみ込むことをもっと詳しく調べてみたいな。	【手順3】 ※しみ込んだ水が「きれいな水となって川に流れ込んでいること」に気付くことができるように，川に流れ込んでいる部分の写真や自然の濾過システムの図を提示したり，社会科で学んだ「排水システム」を挙げて，ペットボトルとの類似点を考えさせたりすることができるようにする。

（手島　孝之）

単元「月と星」（B 生命・地球）

1　単元の目標

　月や星の特徴について，位置の変化や時間の経過に着目して，それらを関係付けて，月や星の特徴を調べる活動を通して，それらについての理解を図り，観察，実験などに関する技能を身に付けるとともに，主に既習の内容や生活経験を基に，根拠のある予想や仮説を発想する力や主体的に問題解決しようとする態度を育成する。

2　単元の評価規準

知識・技能	思考・判断・表現	主体的に学習に取り組む態度
①月は日によって形が変わって見え，1日のうちでも時刻によって位置が変わることを理解している。 ②空には，明るさや色の違う星があることを理解している。 ③星の集まりは1日のうちでも，時刻によって並び方は変わらないが，位置が変わることを理解している。 ④月や星の特徴について，器具や機器などを正しく扱いながら調べ，それらの過程や得られた結果を分かりやすく記録している。	①月や星の特徴について，問題を見いだし，既習の内容や生活経験を基に，根拠のある予想や仮説を発想し，表現するなどして問題解決している。 ②月や星の特徴について，観察，実験などを行い，得られた結果を基に考察し，表現するなどして問題解決している。	①月や星の特徴についての事物・現象に進んで関わり，他者と関わりながら問題解決しようとしている。 ②月や星の特徴について学んだことを学習や生活に生かそうとしている。

3　本単元で，子供が主として働かせる「見方・考え方」

　本単元は，「地球」を柱とする領域に位置付けられ，主として働かせる見方として，時間的・空間的な視点で捉えることが考えられる。この見方を働かせることで，時間の経過（時間的）と月や星の位置の変化（空間的）を関係付けて，1日のうちでも，月や星の集まりは，時刻によって位置は変化するが，並び方は変わらないことを捉えることができる。また，時刻による太陽の動きと月や星の動きを比較したり，月や星の集まりの位置の変化と時間の経過を関係付けたりしながら調べることを通して，「問題を見いだす力」や「既習の内容や生活経験を基に，根拠のある予想や仮説を発想する力」などの問題解決の力を育成したいと考える。

4　単元計画（全12時間＋課外＋探究2時間）

評価欄…知：知識・技能，思：思考・判断・表現，態：主体的に学習に取り組む態度　【行】行動観察　【記】記録・記述分析

段階	配時	主な学習活動と主な学習問題	知	思	態
		一次　空には，明るさや色の違う星があることを捉える。			
習得	1	■月や星について太陽と比較しながら対話することを通して，単元を貫く学習問題を見いだす。 学習問題　太陽と比べながら，夜空の星同士の違いや月や星の動きについて調べよう。		①記	
	2・課外・3	■生活経験を基に予想や仮説を考え，追究する学習問題を見いだす。 学習問題　夜空の星の明るさや色には，違いがあるのだろうか。 ■明るさや色の違いが捉えやすい春や夏の1等星（アルクトゥルスやベガ等）を中心教材として取り扱う。また，惑星は除外して観察する。 ■観察の方法（定点観察）や観察器具の使い方を確認する。 ■星の明るさは色を比較しながら記録に表現し，考察する。	④記 ②記	①記 ②記	①行
		二次　月は日によって形が変わって見え，1日のうちでも時刻によって位置が変わることを捉える。			
習得	4・課外・5	■見たことのある月の形を対話し，追究する学習問題を見いだす。 学習問題　月の見え方（形）は，日によって変わるのだろうか。 ■観察時刻を決めて日を変えて，月の見え方の変化を調べる。 ■見え方とともに月の位置が変わることにも気付き，次の問題を見いだす。	①記	①記 ②記	
	6・課外・7・課外・8	学習問題　月（半月，満月）の位置は，時刻によって変わるのだろうか。 ■既習の内容である太陽の時刻による位置の変化を想起して，半月や満月の位置の変化について予想や仮説を立てる。※半月，満月の順で調べる。 ■半月，満月の時刻による位置の変化を，分かりやすく表現する。 ■結果を基に，月の位置と時間の経過との関係を考察する。	④記 ①記	①記 ②記	①行
		三次　星の集まりは，1日のうちでも時刻によって，並び方は変わらないが，位置は変わることを捉える。			
本時	9・課外・10	学習問題　星の集まり位置や並び方は，時刻によって変わるのだろうか。 ■既習の内容である太陽や月の時刻による位置の変化を想起して根拠にしながら，予想や仮説を立てて交流する。 ■方位磁針や観察記録用紙（右図），星座早見などを使いながら観察し，時刻や方位，高度や並び方を分かりやすく表現する。 ■結果を基に，星の集まりの位置や並び方と時間の経過との関係を考察する。	④記 ③記	①記 ②記	①行
活用	11・12	■プラネタリウムを見て，他の季節の星の特徴について関心をもつ。 ■星の明るさや色の違い，月や星の集まりの位置や並び方について新聞に表現する。			②行
探究	1・2	■既習の内容を基に研究テーマを見いだす。 学習問題（例）　他の季節の星座やそれにまつわるものにはどんなものがあるだろうか。それは，人々の生活とどう関係しているのだろうか。 ■星座神話や月や星の生活での活用，宇宙探査の意味などについてテーマを選んで自由研究を行い，調べたことを表現する。			②行 ②記

5　本時の授業を構想する際の手順

手順1　問題を見いだす場面において

　本時の結論は，「時間的・空間的」という見方が反映された「時刻によって，夏の星の集まりの位置は変わるが，並び方は変わらない」

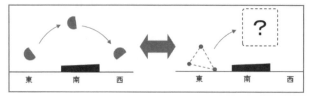

である。この結論に正対する問題は「時刻によって，夏の星の集まりの位置や並び方は変わるのだろうか」である。そのため，既習の内容である太陽や半月，満月の時刻による位置の変化を振り返り，星の集まりと比較できるよう問いかけて考える場を設定する。

手順2　問題解決場面を通して

　第4学年で主に育成する問題解決の力は，「既習の内容や生活経験を基に，根拠のある予想や仮説を発想する力」である。この力の育成には「関係付ける」という考え方を働かせることが重要である。本時では，時刻による星の集まりの位置や並び方の変化を考える際，既習の内容である太陽や月の位置の変化を関係付けたり，生活経験で星

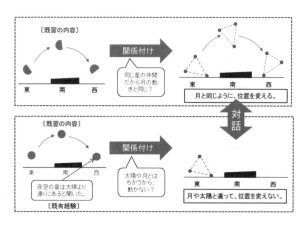

の並びが変わらなかったことを関係付けたりするような思考場面を重視して授業展開を構想した。そのために，既習の内容を想起し，互いの考えや根拠を対話する活動を設定した。

手順3　学びを振り返る場面を想定して

　本時で，星の集まりも時刻によって位置が変わることを考察した後に，深夜の星の集まりの位置を天文シミュレーションソフトで再現して提示し，見いだしたきまりについて確認し，他の星の集まりへ目を向けるきっかけとなるようにする。それを基に，太陽や月の位置の変化と比較して共通点を見つけることを通して，他の季節の星の集まりも時刻によって位置が変わるのかという新たな問いをもつ姿を想定する。そのために，学習の振り返りにおいて，他の季節の星座も時刻によって位置を変えるのかを予想する場を設定する。

6　本時の授業

（1）本時のねらい

　既習の学習や生活経験を基に，予想や仮説を発想するとともに，夏の星の集まりは，時刻によって位置が変わるが並び方は変わらないことを捉えることができるようにする。

（2）展開（9・10＋課外/12時）

学習活動と内容	構想手順　※指導上の留意点
1　太陽，月と星の集まりの位置の変化を比較し，学習問題を見いだし，予想や仮説，解決方法を考える。〔9時〕 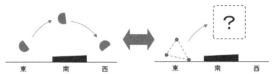 **学習問題　時刻によって，夏の星の集まりの位置や並び方は変わるのだろうか。**	【手順1】 ※既習の内容である時刻による太陽，月の位置の変化をまとめたものを提示し，星の集まりと比較して問題を見いだすことができるようにする。
【予想】（例） 位置は変わるが，並び方は変わらない。 ・同じ星だから月と同じようになるだろう。 ・並び方が変わることはないと聞いたことがあるから。　　位置も並び方も変わらない。 ・太陽や月とちがって遠くにあると聞いたことがあるから位置は変わらないだろう。	【手順2】 ※予想や根拠をグループで対話する活動を設定し，考えの共通点や差異点を見つけて相互理解しながら，既習の内容や生活経験を基に根拠ある予想や仮設についての考えを深めることができるようにする。 【評価：思①：記述分析】
【方法】　同じ場所で，1時間おきに星の集まりがある方位や高度を調べる（カシオペア座，夏の大三角） 2　星の集まりの位置や並び方の変化を調べる。 （調べること） ・方位，高度，星の並び方〔課外〕 3　星の集まりの位置，並び方と時間の経過を関係付け，個人で考察し，全体で交流して結論を導き出す。〔10時〕 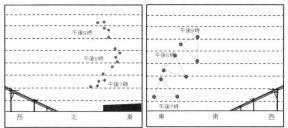 〇月〇日 カシオペア座【家から】　　〇月〇日 夏の大三角【家から】	 ※透明シートに右図のような印をつけたものや，高度を10°ごとに区切った観察記録用紙を用いたりして，星の集まりをすぐに探せるようにしたり，星の位置や並び方が変わっているかをはっきりと確認したりして，記録できるようにする。 ※夜間の観察のため，安全に留意できるよう，保護者に協力を求める。 ※時間の経過と位置や並び方の変化に着目するよう助言して，解釈と事実（結果からの根拠）を書くことができるようにする。 【評価：思②：記述分析】
【考察】 　時刻によって，星の集まりの位置は変わるが，並び方は変わらない。1時間おきに位置と並び方を調べると，星の集まりは移動していたし，どの時刻のときにもシートの〇の中に星があったからだ。	
4　本時の学習を振り返り，発表し合う。 ──　結論　── 　時刻によって，夏の星の集まりの位置は変わるが，並び方は変わらない。	【手順3】 ※心1を用いて深夜の星の集まりの位置を確認し，太陽や月との共通点から，他の季節の星の集まりの位置の変化に着目して疑問をもつことができるようにする。 【評価：知③：記述分析】

（吉村　真司）

単元「物の溶け方」（A 物質・エネルギー）

1　単元の目標

　物の溶け方について，溶けている量や様子に着目して，水の温度や量などの条件を制御しながら物の溶け方の規則性を調べる活動を通して，それらについての理解を図り，観察，実験などに関する技能を身に付けるとともに，主に予想や仮説を基に，解決の方法を発想する力や主体的に問題解決しようとする態度を育成する。

2　単元の評価規準

知識・技能	思考・判断・表現	主体的に学習に取り組む態度
①物が水に溶けても，水と物とを合わせた重さは変わらないことを理解している。 ②物が水に溶ける量には，限度があることを理解している。 ③物が水に溶ける量は水の温度や量，溶ける物によって違うこと。また，この性質を利用して，溶けている物を取り出すことができることを理解している。 ④物の溶け方について，観察，実験などの目的に応じて，器具や機器などを選択して，正しく扱いながら調べ，それらの過程や得られた結果を適切に記録している。	①物の溶け方について見いだした問題について，予想や仮説を基に，解決の方法を発想し，表現するなどして問題解決している。 ②物の溶け方について，観察，実験などを行い，得られた結果を基に考察し，表現するなどして問題解決している。	①物の溶け方についての事物・現象に進んで関わり，粘り強く他者と関わりながら，問題解決しようとしている。 ②物の溶け方について学んだことを学習や生活に生かそうとしている。

3　本単元で，子供が主として働かせる「見方・考え方」

　本単元は，「粒子」を柱とする領域に位置付けられ，主として働かせる見方として，質的・実体的な視点で捉えることが考えられる。この見方を働かせることで，物が水に溶けてもなくならず，水と物を合わせた重さは変わらないこと（実体的）や，物が水に溶ける量やその変化は，溶かすものによって違うこと（質的）などを捉えることができる。また，物が水に溶ける量に着目して，水の温度や量といった条件を制御したり，物が水に溶ける量や全体の量に着目して，溶かす前の物の重さに水の重さを加えた全体の重さと，溶かした後の水溶液の重さの変化を比較したりしながら調べることを通して，「差異点や共通点を基に，問題を見いだし，表現する力」や「予想や仮説を基に，解決の方法を発想する力」などの問題解決の力を育成したいと考える。

4 単元計画（全13時間＋探究2時間）

評価欄…知：知識・技能，思：思考・判断・表現，態：主体的に学習に取り組む態度　【行】行動観察　【記】記録・記述分析

段階	配時	主な学習活動と主な学習問題	知	思	態
一次		物が水に溶けても，水と物とを合わせた重さが変わらないことを捉える。			
習得	1	■食塩や砂糖を溶かしたことを想起したり，食塩や砂糖が水に溶ける様子を観察したりして，単元を貫く学習問題を見いだす。 　学習問題　物の溶け方について調べよう。			① 行
	2 ・ 3	■食塩が水に溶ける様子から，学習問題を見いだす。 　学習問題　食塩を溶かした後の水溶液の重さは，溶かす前と比べてどうなるだろうか。 ■既習事項や生活経験から予想し，検証方法を話し合う。 　（容器なども含めた全体の重さを比較する。） ■食塩を溶かす前後の全体の重さを比べながら調べる。 ■結果を表に整理し，結果からいえることを話し合う。	① 記	① 記	① 行
二次		物が水に溶ける量には限度があり，水の温度や量，溶ける物によって違うことを捉える。			
	4 ・ 5	■調味料などを水に溶かした生活経験から，学習問題を見いだす。 　学習問題　物が水に溶ける量には，限りがあるのだろうか。 ■既習事項や生活経験から予想し，検証方法を話し合う。 　（決まった量の水にどこまで溶けるか調べる。） ■食塩とミョウバンが水に溶ける量を，条件を整えて調べる。 ■結果を表に整理し，結果からいえることを話し合う。	② 記	① 記	① 行
本時	6 ・ 7 8	■食塩やミョウバンが溶け残った様子から，学習問題を見いだす。 　学習問題　食塩とミョウバンの溶ける量を増やすには，どうしたらよいだろうか。 ■既習事項や生活経験から予想し，検証方法を話し合う。 　（水の量を増やしたり，温度を上げたりして調べる。） ■水の量や水溶液の温度を変えたときの物の溶ける量を，条件を整えて調べる。 ■結果を表に整理し，結果からいえることを話し合う。	③ 記	① 行 ② 記	① 行
三次		二次の性質を利用して，水溶液に溶けている物を取り出すことができることを捉える。			
	9 ・ 10	■時間が経過したミョウバンの水溶液にミョウバンが出てきた様子から，学習問題を見いだす。 　学習問題　水溶液に溶けている食塩やミョウバンを取り出すことはできるだろうか。 ■既習事項や生活経験から予想し，検証方法を話し合う。 　（水の量を減らしたり，温度を下げたりして調べる。） ■水の量や水溶液の温度と溶けている物が出ることの関係を調べる。 ■結果を表に整理し，結果からいえることを話し合う。	④ 記	② 記	① 行
活用	11 12 13	■水溶液の見分け方について考えの問題を見いだす。 ■水に溶ける量や温度による溶ける量の変化を使って食塩かミョウバンかを見分ける。			② 記
探究	1 ・ 2	■既習を基に研究テーマを見いだす。 （例） ・他の物の溶け方を，水の量や温度などの条件を制御して調べる。			② 記

5 本時の授業を構想する際の手順

手順1　問題を見いだす場面において

　本時の結論は，「質的・実体的」という見方が反映された「物が水に溶ける量は水の温度や量，溶ける物によって異なる」である。この結論に正対する問題は「物が水に溶ける量を増やすには，どのようにすればよいのだろうか」である。そのため，決まった量の水には決まった量の物しか溶けないことを振り返り，「もっと溶かすにはどのようにしたらよいだろうか」と問いかけ，物の溶ける量を増やす要因についての問題を見いだすことができるようにする。

手順2　問題解決場面を通して

　第5学年で主に育成する問題解決の力は，「予想や仮説を基に，解決の方法を発想する力」である。この力の育成には「条件制御」という考え方を働かせることが重要である。本時では，予想や仮説を基に，適切に条件を制御して調べることができるようにする。さらに，「物が水に溶ける量」と「水溶液の温度や水の量」との関係など質的・実体的な見方を働かせられる授業展開を構想した。そのため，変える条件・変えない条件を表に整理することで，適切に条件を制御し，また，実験の結果をドット図に表すことで，変化とその要因の関係を視覚的に捉えさせることができるようにする。

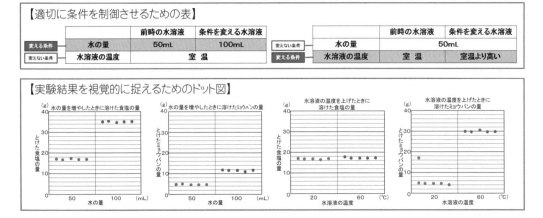

手順3　学びを振り返る場面を想定して

　本時では，物が水に溶ける量は水の温度や量，溶ける物によって違うことを捉えることができるようにする。その過程において，物の溶け方の規則性に気付かせ，主体的に問題解決する態度を涵養する姿を想定する。そのため，学習の振り返りにおいて，条件を制御した要素や見いだした規則性を整理したりする場を設定する。

6 本時の授業

（1）本時のねらい

　水の量や水溶液の温度といった条件を制御して考えるとともに，物が水に溶ける量は水の温度や量，溶ける物によって違うことを捉えることができる。

（2）展開（6・7・8/13時）

学習活動と内容	構想手順　※指導上の留意点
1　食塩とミョウバンが水に溶ける量には限りがあったことから学習問題を見いだし，生活経験を基に，予想や仮説，解決方法を話し合う。	【手順1】 ※学習問題を見いだすことができるように，前時の実験結果と物を溶かした日常の経験との関係についての考えを交流する場を設定する。 【評価：態①：行動観察】

学習問題　食塩やミョウバンが水に溶ける量を増やすには，どのようにすればよいのだろうか。

【予想】
・決まった量の水に溶ける量には限りがあったから水の量を増やすとよい。【前時の学習から】
・温かいコーヒーの方が，砂糖がよく溶けるから水溶液の温度を上げるとよい。【日常の体験から】

【方法】

①水の量を増やす。

		前時の水溶液	条件を変える水溶液
変える条件	水の量	50mL	100mL
変えない条件	水溶液の温度	室　温	

②水溶液の温度を上げる。

		前時の水溶液	条件を変える水溶液
変えない条件	水の量	50mL	
変える条件	水溶液の温度	室　温	室温より高い

【手順2】
※条件を制御して調べることができるように，予想を基に，変える条件・変えない条件を表に整理する。
※溶ける量の変化とその要因の関係を視覚的に捉えられるよう実験結果をドット図に表す。
【評価：思①：行動観察】

2　水の量や水溶液の温度を変えたときの食塩とミョウバンが水に溶ける量を，条件を整えて調べる。
（1）実験をして調べる。
①水の量を増やす

加えた重さの合計(g)	5	10	15	20	25	30	35	40
食塩	○	○	○	○	○	○	○	×
ミョウバン	○	○	×					

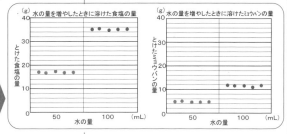

②水溶液の温度を上げる
　　※①と同様に整理する。

3　食塩とミョウバンの変化を比較して，個人で考察し，全体で交流して結論を導き出す。

【手順3】
※物が水に溶ける量は水の温度や量，溶ける物によって違うことを捉えることができるように，条件を制御した要素や見いだした規則性を整理したりする場を設定する。
【評価：思②：記述分析】
【評価：知③：記録分析】

【考察】
・どちらも，水の量が増えると溶ける量が増えた。
・ミョウバンは，温度を上げると溶ける量が増えた。
・食塩は，温度を上げても溶け残りが溶けなかった。

4　本時の学習を振り返り，発表し合う。

結論
　水の量を増やすと，食塩やミョウバンが溶ける量は増える。水溶液の温度を上げると，ミョウバンは溶ける量が増えたが，食塩はあまり変わらない。

（松田　治彦）

●第5学年
単元「植物の発芽，成長，結実」（B 生命・地球）

1　単元の目標

　植物の育ち方について，発芽，成長及び結実の様子に着目して，それらに関わる条件を制御しながら調べる活動を通して，植物の発芽，成長及び結実とその条件についての理解を図り，観察，実験などに関する技能を身に付けるとともに，主に予想や仮説を基に，解決の方法を発想する力や生命を尊重する態度，主体的に問題解決しようとする態度を育成する。

2　単元の評価規準

知識・技能	思考・判断・表現	主体的に学習に取り組む態度
①植物は，種子の中の養分を基にして発芽していることを理解している。 ②植物の発芽には，水，空気及び温度が関係していることを理解している。 ③植物の成長には，日光や肥料などが関係していることを理解している。 ④花にはおしべやめしべなどがあり，花粉がめしべの先に付くとめしべのもとが実になり，実の中に種子ができることを理解している。 ⑤植物の育ち方について，観察，実験などの目的に応じて，器具や機器などを選択して，正しく扱いながら調べ，それらの過程や得られた結果を適切に記録している。	①植物の育ち方について見いだした問題について，予想や仮説を基に，解決の方法を発想し，表現するなどして問題解決している。 ②植物の育ち方について，観察，実験などを行い，得られた結果を基に考察し，表現するなどして問題解決している。	①植物の育ち方についての事物・現象に進んで関わり，粘り強く，他者と関わりながら問題解決しようとしている。 ②植物の育ち方について学んだことを学習や生活に生かそうとしている。

3　本単元で，子供が主として働かせる「見方・考え方」

　本単元は，「生命」を柱とする領域に位置付けられ，主として働かせる見方として共通性・多様性の視点で捉えることが考えられる。この見方を働かせることで，条件を制御した発芽実験を行い，植物の発芽や成長には，一つ一つの個体や種類を問わず一定の条件があること（共通性）や植物それぞれに種子の大きさや体のつくり等の違いがあること（多様性）などを捉えることができる。さらに，実験の結果から結論を導き出す過程において「原因と結果」の見方も働かせることが考えられる。また，発芽に必要な条件を調べるために，変える条件・変えない条件を整理して発芽するかどうかを調べることを通して，「予想や仮説を基に，解決の方法を発想する力」や「より妥当な考えをつくりだす力」などの問題解決の力を育成したいと考える。

4　単元計画（全20時間＋探究1時間）

（※第二次「植物の発芽」「発芽に必要な養分」3時間は割愛）

評価欄…知：知識・技能，思：思考・判断・表現，態：主体的に学習に取り組む態度　【行】行動観察　【記】記録・記述分析

段階	配時	主な学習活動と主な学習問題	知	思	態
一次		植物の発芽に，日光や水，温度が関係していることを捉える。			
習得	1	■発芽しているインゲンマメと発芽していないインゲンマメを比較し，発芽の条件に関する問題を見いだす。 学習問題　植物の発芽にはどんな条件が必要なのだろうか。			
	2	■発芽に必要な条件について話し合い，実験方法を立案する。			①行
	3 4	■水が植物の発芽に関係する条件なのか実験で明らかにする。		①記	
	5 6	■空気が植物の発芽に関係する条件なのか実験で明らかにする。		①記	
本時	7 8	■適した温度が植物の発芽に関係する条件なのか実験で明らかにする。	②記	①記	
	9	■種子の中に発芽するために必要な養分が含まれているか調べる。 学習問題　インゲンマメの子葉はどうしてしぼんだのだろうか。	①記		
二次		植物の成長に，日光や肥料が関係していることを捉える。（割愛）			
三次		植物の実や種子のでき方について捉える。			
習得	13	■花の中のつくりを観察し，どの部分が実になるのか考える。 学習問題　アサガオのどの部分が実になるのだろうか。		①記	
	14	■花のつくりを知る。	④記		
	15	■花が開く前と開いた後のおしべ・めしべの様子について問題を見いだす。 学習問題　花が咲いているときとつぼみのときのめしべとおしべの様子に違いはあるのだろうか。			①行
	16	■花粉の様子を調べる。	④記		
	17・18・19	学習問題　実はどのようにしてできるのだろうか。 ■花粉の働きを調べるために，めしべの先に花粉をつけた花と，つけない花で実のでき方を比べる。 ■実のできる様子から，花粉の働きをまとめる。	⑤記　④記	②記	①記
活用	20	■他の植物の結実についての問題を見いだす。 学習問題　他の植物はどのように実ができるのだろうか。	⑤記		②行
探究	1	■既習を基に研究テーマを見いだす。 学習問題（例）植物や動物はどのようにして子孫を残すのだろうか。 ■これまでの学習を振り返り，動物と植物を比べながら話し合う。			②行

5 本時の授業を構想する際の手順

手順1 問題を見いだす場面において

　本時の結論は，「共通性」という見方が反映された「植物の発芽には，水，空気，温度の３つの条件が必要である」である。この結論に正対する問題は「植物の発芽にはどんな条件が必要なのだろうか」である。そこで，発芽したばかりのインゲンマメと発芽していないインゲンマメの写真を提示し，「水」「空気」「温度」と植物の成長には関係があるのかを考えられるようにする。

＜発芽したばかりのインゲンマメ＞ ・葉が出てきている ・緑色 ・土から生えている	比較する	＜発芽していないインゲンマメ＞ ・何も出てきていない ・茶色 ・どこからも生えていない

手順2 問題解決場面を通して

　第５学年で主に育成する問題解決の力は，「予想や仮説を基に，解決の方法を発想する力」である。この力の育成には「条件制御」という考え方を働かせることが重要である。

	変える条件	変えない条件		
	温度	水	空気	日光
⑤	冷蔵庫（５℃）	あり	あり	なし
⑥	理科室 （20℃〜30℃）	あり	あり	なし

そこで，右図のように制御した条件が一目で分かるように一覧にしておくようにする。本時では，制御した条件と結果をまとめて表現できるように掲示するようにする。

手順3 学びを振り返る場面を想定して

　本時では，植物の発芽には，水，空気，温度の３つの条件が必要であることを捉えることができるようにする。その過程において，種子と発芽したばかりのインゲンマメの比較や生活経験から，問題に対する予想やその予想を検証する方法を立案し，発芽には水，空気，温度，日光の条件が必要なのかを調べていく姿を想定する。そのため，学習の振り返りにおいて，これまでの実験結果を掲示し，全ての実験結果から植物の発芽に必要な条件について整理する場を設定する。

6 本時の授業

（1）本時のねらい

　　○ インゲンマメの種子の発芽に，温度が関係しているか，発芽の条件についての仮説を確かめるために，条件に着目して方法を考え，表現している。

　　○ 植物の発芽には，水，空気及び温度が関係していることを理解している。

（2）展開（7・8/20時間）

学習活動と内容	構想手順　※指導上の留意点

1　学習問題を振り返り，仮説やそれに伴う方法を確認する。

> **学習問題　インゲンマメの発芽に温度や日光は関係するのだろうか。**

・水と空気があれば種子が発芽したから，温度は関係ないと思うよ。
・春や夏にたくさん植物が生えてくるから，温度も関係あると思うよ。
・冷蔵庫の中は暗いので，条件をそろえるために，理科室のインゲンマメには箱をかぶせて，暗くしないといけないと思う。

【方法】

冷蔵庫（5℃）
・ドアを閉めると暗い

理科室（20℃～30℃）
・段ボール箱でおおう。

2　仮説に沿って追究し，解決する。

【結果】

	⑤	⑥	条件
水	あり	あり	同じにする
温度	5℃	20℃～30℃	変える
空気	あり	あり	同じにする
結果	発芽した	発芽した	
		●●●●●●●●●●●● ●●●●●●	
	発芽しなかった	発芽しなかった	
	●●●●●●●●●●●● ●●●●●●●●●●	●●●●●●●●	

3　トウモロコシの実験結果も見て，考察し，本時の結論をまとめる。

> ── 結論 ──
> 　種子が発芽するためには，適した温度は関係しているが，日光は関係しない。

> ── 結論 ──
> 　これまでの実験結果により，植物の発芽には，水，空気，温度の3つの条件が必要である。

【手順1】（第1時において）

※前時までの学習を振り返ることができるように，学習の流れ図や，発芽に水や空気が必要かどうかを確かめた条件制御図を掲示しておく。

※仮説とその根拠をノートに書き，温度が発芽に関係するか自分の立場を明確にするとともに，黒板にネームカードを貼った上で交流する。

【手順2】

※冷蔵庫と教室（常温）のコップの明るさに関しては，冷蔵庫の扉が閉まり，中が暗くなる様子が分かるビデオ映像を提示し，温度以外の条件を変えないようにするために，教室のインゲンマメにも箱をかぶせるなど，条件を整える必要があることを考えることができるようにする。

【評価：思①：記述分析】

※自分の仮説が正しいかどうかを確かめるためには，温度や日数，インゲンマメの様子などを細かく観察していくことが大切であることをおさえる。

※次時への学習意欲を高めさせるため，種子が発芽するために必要な養分はどこにあったのかを問い，次時の問題をつかませる。

【手順3】
【評価：知②：記述分析】

●第5学年
単元「動物の誕生」（B 生命・地球）

1 単元の目標

　動物の発生や成長について，魚を育てたり人の発生についての資料を活用したりする中で，卵や胎児の様子に着目して，時間の経過と関係付けて調べる活動を通して，それらについての理解を図り，観察，実験などに関する技能を身に付けるとともに，主に予想や仮説を基に，解決の方法を発想する力や生命を尊重する態度，主体的に問題解決しようとする態度を育成する。

2 単元の評価規準

知識・技能	思考・判断・表現	主体的に学習に取り組む態度
①魚には雌雄があり，生まれた卵は日がたつにつれて中の様子が変化してかえることを理解している。 ②人は，母体内で成長して生まれることを理解している。 ③動物の発生や成長について，観察，実験などの目的に応じて，器具や機器などを選択して，正しく扱いながら調べ，それらの過程や得られた結果を適切に記録している。	①動物の発生や成長について，既習の内容や生活経験を基に，根拠のある予想や仮説を発想し，表現するなどして問題解決している。 ②動物の発生や成長について，観察，実験などを行い，得られた結果を基に考察し，表現するなどして問題解決している。	①動物の発生や成長についての事物・現象に進んで関わり，粘り強く，他者と関わりながら問題解決しようとしている。 ②動物の発生や成長について学んだことを学習や生活に生かそうとしている。

3 本単元で，子供が主として働かせる「見方・考え方」

　本単元は，「生命」を柱とする領域に位置付けられ，主として働かせる見方として，共通性・多様性の視点で捉えることが考えられる。この見方を働かせることで，魚の卵の中の変化と人の母体内での成長の比較を通して，どちらも連続的に変化したり成長したりして生まれること（共通性）や，それぞれが生命をつなぐための特徴的な仕組みをもっていること（多様性）などを捉えることができる。また，魚の卵の中の様子と時間の経過とを関係付けたり，魚の卵の成長と人の母体内での成長を比較したりしながら調べることを通して，「根拠のある予想や仮説を発想する力」や「予想や仮説を基に，解決の方法を発想する力」などの問題解決の力を育成したいと考える。

4　単元計画（全14時間＋探究２時間）

評価欄…知：知識・技能，思：思考・判断・表現，態：主体的に学習に取り組む態度　【行】行動観察　【記】記録・記述分析

段階	配時	主な学習活動と主な学習問題	知	思	態
		一次　魚には雌雄があり，生まれた卵は日がたつにつれて，その中の様子が変化して成長し，孵化することを捉える。			
習得	1	■卵と親を結ぶクイズを行い，単元を貫く学習問題を見いだす。 学習問題　生物は，どのようにして生命をつなぐのだろうか。			①行
	2・3・4・5	■生活経験を基に予想や仮説を考え，追究する学習問題を見いだす。 学習問題　メダカに雌雄の違いはあるのだろうか，卵の中はどのように変化するのだろうか。 ■解決方法を話し合い，雌雄を比較して形状の理由を考え，区別する。 ■飼育環境を整え，雌雄を一緒に飼育する。 ■卵の中の変化を予想して観察方法を話し合い，ビニルチャック袋に卵を採取する。実体顕微鏡を適切に操作して観察したり記録したりすることを通して，卵の中の様子と時間の経過とを関係付けて表現する。 （オスはメスを抱きよせ支えるようにして交尾する　オス　メス）	①記③記①記	①記	
	6	学習問題　メダカが生命をつなぐ仕組みの工夫，不思議さ，神秘さは何だろうか。 ■孵化したばかりの稚魚を観察し，卵の中の養分や稚魚の養分について調べ表現する。		②記	
	7	■他の魚が生命をつなぐ仕組みの工夫，不思議さ，神秘さを調べ表現する。			②行
		二次　人は，母体内で成長して生まれることを捉える。			
本時	8	■メダカと人の受精卵を比較し，追究する学習問題を見いだす。 学習問題　人は，母体内でどのように成長するのだろうか。 ■予想や仮説を立て，解決方法を話し合う。 ■母体内の胎児の成長について調べる。	②記	①記	
	9・10・11	学習問題　胎児が育つ場所，成長の養分，母体の状態は，どうなっているのだろう。 ■胎盤とへその緒の働きについて，胎内模型やデジタル教材で調べる。 ■羊水の働きについて，模擬実験を行い，調べる。 ■母体の状態について，妊婦の状態（約10kgの水入りペットボトルのリュックサックを前に抱きかかえる）を疑似体験して調べる。 （羊水模擬実験）	②記	②記	①行
	12	学習問題　人が生命をつなぐ仕組みの工夫，不思議さ，神秘さは何だろうか。 ■調べた内容を出し合い，人の誕生についてまとめる。		②記	
活用	13 14	■動物と植物を比較し，生物の生命のつながりの問題を見いだす。 ■生物の生命をつなぐ仕組みの工夫，不思議さ，神秘さを表現する。			①記
探究	1・2	■既習を基に研究テーマを見いだす。 学習問題（例）　生き物は，どのように生命をつないでいるのだろうか。 ■身近な植物や動物を選んで自由研究を行い，調べたことを表現する。			②記

実践編《指導案》　第５学年　113

5　本時の授業を構想する際の手順

手順1　問題を見いだす場面において

　本時の結論は，「共通性・多様性」という見方が反映された「人は，母親の子宮の中で，受精卵が少しずつ成長して体ができていく」である。この結論に正対する問題は「人は，母体内でどのように成長するのだろうか」である。そのため，メダカの卵の中の変化を振り返り，「メダカの受精卵の大きさ，孵化直前の大きさ，孵化までの時間」と「人の受精卵の大きさ，産まれる直前の大きさ，産まれるまでの時間」を比較させて問いかけ，母体内での成長についての問題を見いだすことができるようにする。

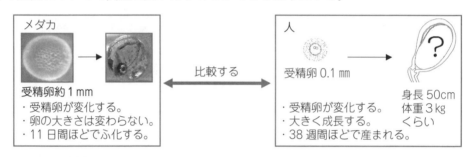

手順2　問題解決場面を通して

　第5学年で主に育成する問題解決の力は，「予想や仮説を基に，解決の方法を発想する力」である。この力の育成には「条件制御」という考え方を働かせることが重要である。本時では，資料による調べ学習が中心となるため「既習内容や生活経験を基に，根拠のある予想や仮説を発想する力」の育成を中心に授業展開を構想した。そのため，母体内での胎児の成長を考える際，既習内容や自分の経験と関係付けて根拠を明確にした予想や仮説が発想できるように，メダカの生命をつなぐための仕組みを掲示する。

手順3　学びを振り返る場面を想定して

　本時では，人は，約10か月もの期間，母体の子宮内で，受精卵が少しずつ成長して体ができていくことを捉えることができるようにする。その過程において，メダカも人も，新しい生命を守る仕組みを備えていることに気付かせ，生命を尊重する態度を涵養する姿を想定する。そのため，学習の振り返りにおいて，メダカと人の成長する環境や成長過程での動きなどを比較したり，自分の誕生と関係付けたりする場を設定する。

6　本時の授業

（1）本時のねらい

　メダカの育ち方と比較して予想を考えるとともに，人は，受精した卵が母体内で少しずつ成長して体ができていくことを捉えることができる。

（2）展開（8/14時）

学習活動と内容	構想手順　※指導上の留意点
1　人とメダカを比較して学習問題を見いだし，既習内容や生活経験を基に，予想や仮説，解決方法を話し合う。	【手順1】 ※「受精卵の大きさ」「孵化直前や産まれる直前の大きさ」「孵化や産まれるまでの時間」の観点で比較できるようにキーワードを提示する。
メダカ　約1mm 　比較　人 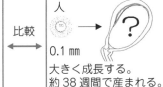 卵の中で変化する。 卵の大きさは変化しない。 約11日間でふ化する。 0.1mm 大きく成長する。 約38週間で産まれる。	【手順2】 【評価：思①：記述分析】 ※メダカの生命をつなぐための仕組みは，第6時の学習で結論付けたことを基に掲示する。
学習問題　人は，母体内でどのように成長するのだろうか。	
【方法】　資料（胎児模型，デジタル教材） 2　胎児模型やデジタル教材を使い，母体内の胎児の様子や変化について調べる。	掲示資料例 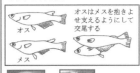 
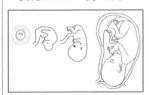　（調べること） ・場所 ・時間と胎児の体の変化 ・胎児の様子	・確実に受精するための雌雄の体の特徴 ・卵を水草に生みつける ・卵の周りの，毛や糸，手で触れてもつぶれない殻 ・卵の中の養分で成長 ・ふ化してしばらくの間は，腹の中の養分を使って育つ
3　既習のメダカの卵の中の変化と比較して，個人で考察し，全体で交流して結論を導き出す。	
【考察】 　メダカと人は，成長する時間がちがう。メダカは，卵の中で，11日間くらいで成長したけれど，人は子宮の中で約10か月もかかって受精卵が成長して体ができていく。でも，メダカも人も，卵や母体内で新しい生命を守っていると言える。	【評価：知②：記述分析】
結論 　人は，母親の子宮の中で，受精卵が少しずつ成長して体ができていく。	
4　本時の学習を振り返り，発表し合う。	【手順3】

（鐘江　貴子）

●第5学年
単元「流れる水の働きと土地の変化」（B 生命・地球）

1 単元の目標

　流れる水の働きと土地の変化について，流れる水の速さや量に着目して，それらの条件を制御しながら調べる活動を通して，それらについての理解を図り，観察，実験などに関する技能を身に付けるとともに，主に予想や仮説を基に，解決の方法を発想する力や主体的に問題解決しようとする態度を育成する。

2 単元の評価規準

知識・技能	思考・判断・表現	主体的に学習に取り組む態度
①流れる水には，土地を侵食したり，石や土などを運搬したり堆積させたりする働きがあることを理解している。 ②川の上流と下流によって，川原の石の大きさや形に違いがあることを理解している。 ③雨の降り方によって，流れる水の速さや量は変わり，増水により土地の様子が大きく変化する場合があることを理解している。 ④流れる水の働きと土地の変化について，観察，実験などの目的に応じて器具や機器などを選択し，正しく扱いながら調べ，得られた結果を適切に記録している。	①流れる水の働きと土地の変化について，見いだした問題について，予想や仮説を基に，解決の方法を発想し，表現するなどして問題解決している。 ②流れる水の働きと土地の変化について，観察，実験などから得られた結果を基に考察し，表現するなどして問題解決している。	①流れる水の働きと土地の変化についての事物・現象に進んで関わり，粘り強く，他者と関わりながら問題解決しようとしている。 ②流れる水の働きと土地の変化について，学んだことを学習や生活に生かそうとしている。

3 本単元で，子供が主として働かせる「見方・考え方」

　本単元は，「地球」を柱とする領域に位置付けられ，主として働かせる見方として，時間的・空間的な視点で捉えることが考えられる。この見方を働かせることで，上流と下流，川の内側と外側など，場所によって流れる水の働きに違いがでること（空間的）やV字谷や三角州といった地形が長い年月を経て形成されること（時間的）などを捉えることができる。また，流れる水の働きの違いと水の速さや量を関係付けたり，上流の石と下流の石の形や大きさを比較したりしながら調べることを通して，「根拠のある予想や仮説を発想する力」や「予想や仮説を基に，解決の方法を発想する力」などの問題解決の力を育成したいと考える。

4　単元計画（全17時間＋探究２時間）

評価欄…知：知識・技能，思：思考・判断・表現，態：主体的に学習に取り組む態度　【行】行動観察　【記】記録・記述分析

段階	配時	主な学習活動と主な学習問題	知	思	態
一次		流れる水の速さや量に着目しながら，流れる水の働きを捉える。			
習得	1・2	■資料を基に，普段の川と増水時の川を比べ,学習問題を見いだす。 学習問題　普段の川と大雨などで水の量が増えた川では,何が違うのだろうか。			①行
	3・4	■生活経験などを基に予想や仮説を考え，問題を見いだす。 学習問題　流れる水にはどのような働きがあるのだろうか。	①記		
	5 6 7	■解決方法を話し合い，流す水の量や速さなど変える条件と変えない条件を整理する。 ■条件を制御しながら，流水実験を行う。 ■川の内側と外側など，場所によっても流れる水の働きが違うのか調べる。 ■実験器具を適切に操作して実験を行い，結果を記録することを通して，流れる水の働きと流す水の量や速さを関係付けて表現する。	③記 ④行	②記	
本時	8 9	学習問題　水の流れる速さの変化によって,侵食・運搬・堆積の働きは変わるのだろうか。 ■川の上流と下流など傾きによる流れる水の速さによっても，流れる水の働きが違うのか調べる。 ■実験器具を適切に操作して実験を行い，結果を記録することを通して，流れる水の働きと水の速さを関係付けて表現する。		②記	
	10・11	学習問題　上流と下流の石では，どうして形や大きさが違うのだろうか。 ■上流の石と下流の石を観察したり，資料を基に調べたり，上流の石と下流の石の様子の違いについて調べ表現する。		②記	
二次		変化する土地の様子について捉える。			
	12・13	■１か月の雨量と水位の変化を比較し，追究する学習問題を見いだす。 学習問題　川の水の量が増えると，土地の様子はどうなるのだろうか。 ■予想や仮説を立て，解決方法を話し合う。 ■土地の様子の変化について調べる。	③記	①記	
	14・15	学習問題　洪水に備えるために，どのような工夫がされているのだろうか。 ■インターネットや本などの資料を活用しながら調べる。		②記	①行
活用	16・17	■地域のマップを見て，流れる水の働きと関連付けながら，川周辺の危険な箇所を予想する。			②記
探究	1 2	■既習を基に研究テーマを見いだす。 ■過去に，地域の川でどのような水害があったのか，あるいは，どのような治水事業が行われているのかを調べ，地域の防災について考える。また，防災マップを作成するなど調べたことを表現する。			②記

5 本時の授業を構想する際の手順

手順1 問題を見いだす場面において

本時の結論は,「時間的・空間的」という見方が反映された「上流のように水の流れが速い場所では,土地をけずる力と,石や土を押し流す力は強くなり,石や土は,下流のように水の流れが緩やかになるまでなかなか堆積しない」である。この結論に正対する問題は「水の流れる速さの変化によって,侵食・運搬・堆積の働きは変わるのだろうか」である。そのため,モデル実験の際の記録写真(侵食の大きいところや堆積の大きいところ)や前時までの学習(川の内側と外側による水の働きの違い)などを基に,問題を見いだすことができるようにする。

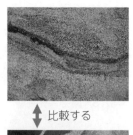

比較する

手順2 問題解決場面を通して

第5学年で主に育成する問題解決の力は,「予想や仮説を基に,解決の方法を発想する力」である。この力の育成には「条件制御」という考え方を働かせることが重要である。本時では,「既習内容や生活経験を基に,根拠のある予想や仮説を発想する力」の育成を中心に授業展開を構想

した。そのため,流れる水の量や速さなど条件を考える際,既習内容や自分の経験と比較したり,関係付けたりして根拠を明確にした予想や仮説が発想できるように,モデル実験や前時の結果を掲示する。また,小型の流水実験器を準備し,実験の焦点化を図るとともに,事象を並べて観察することで流れる水の働きの違いを比較しやすいようにする。

手順3 学びを振り返る場面を想定して

本時では,上流と下流では,水の速さが異なり,それに伴って流れる水の働きに違いがでることを捉えることができるようにする。その過程において,人間の力ではどうすることもできない自然の力に対する畏敬の念を抱く姿を想定する。そのため,学習の振り返りにおいて,実験を行ったモデルと自然の川を照らし合わせながら,実際に実験と同じようなことが起こりうる場面を想像する場を設定する。

6 本時の授業

(1) 本時のねらい

水の量を増やしたときと比較して予想を考えるとともに,流れる水の働きは,水の速さによって変わることを捉えることができる。

（2）展開（8・9/17時）

学習活動と内容	構想手順　※指導上の留意点
1　前時までに行った流水実験の結果や上流と下流の比較などから学習問題を設定する。	【手順1】 ※前時の実験結果や上流と下流の比較などから，水の速さに着目できるようにする。

学習問題　水の流れる速さの変化によって，侵食・運搬・堆積の働きは変わるのだろうか。

2　前時までに学習した内容などを基に，水の速さが変わることで，流れる水の働きがどのように変わるのか，自分なりの根拠をもって予想する。

> 水の量を増やすと，水の勢い（速さ）も増している気がしたよ。だから，流れる水の速さを変えると，同じように働きも変わると思うよ。

> モデル実験をしたとき，上流と下流で，流れる水の働きが違っていたわ。傾きも違うし，これって，水の速さに関係があるんじゃないかしら。

【手順2】
※流れる水の速さを変えるために，流水実験器の傾きを変え，それ以外の条件は変えないようにする。

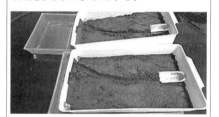

※流水実験器の中の土は，ふるいなどにかけ，ある程度粒の大きさをそろえておき，水が流れやすいようにする。

※各班の結果を一覧表示し，多くのデータから流れる水の働きについて考察できるようにする。

【評価：思②：記述分析】

【手順3】

3　実験の方法を考え，班ごとに調べる。

流れる水の働き	水が流れる速さ	
	速い	遅い
侵食	大きい	小さい
運搬	大きい	小さい
堆積	なかなか堆積しない	少しずつ堆積している

4　実験結果を基に，考えをまとめる。

結論
　上流のように水の流れが速い場所では，土地をけずる力と，石や土を押し流す力は強くなり，石や土は，下流のように水の流れが緩やかになるまでなかなか堆積しない。

※流水実験器での実験結果と実際の川とを照らし合わせるようにする。

5　学習を振り返り，次時につなげる。

（鈴木　寛人）

単元「天気の変化」（B 生命・地球）

1 単元の目標

　天気の変化の仕方について，雲の量や動きに着目して，それらと天気の変化とを関係付けて調べる活動を通して，それらについての理解を図り，観察，実験などに関する技能を身に付けるとともに，主に予想や仮説を基に，解決の方法を発想する力や主体的に問題解決しようとする態度を育成する。

2 単元の評価規準

知識・技能	思考・判断・表現	主体的に学習に取り組む態度
①天気の変化は，雲の量や動きと関係があることを理解している。 ②天気の変化は，映像などの気象情報を用いて予想できることを理解している。 ③天気の変化の仕方について，観察，実験などの目的に応じて器具や機器などを選択し，正しく扱いながら調べ，それらの過程や得られた結果を適切に記録している。	①天気の変化の仕方について，見いだした問題について，予想や仮説を基に解決の方法を発想し，表現するなどして問題解決している。 ②天気の変化の仕方について，観察，実験などから得られた結果や気象情報を基に考察し，表現するなどして問題解決している。	①天気の変化の仕方についての事物・現象に進んで関わり，粘り強く，他者と関わりながら問題解決しようとしている。 ②天気の変化の仕方や台風などから引き起こされる自然災害について，学んだことを学習や生活に生かそうとしている。

3 本単元で，子供が主として働かせる「見方・考え方」

　本単元は，「地球」を柱とする領域に位置付けられ，主として働かせる見方として，時間的・空間的な視点で捉えることが考えられる。この見方を働かせることで，1日の雲の量や動きについて観察・記録し，天気の変化は雲の量や雲の動きが関係していること（時間的）や，天気はおよそ西から東へと変化していくこと（空間的）などを捉えることができる。また，天気の様子を観察する際，観察を行う場所は変えない，自分が決めた方向を見るなど，条件を制御して観察したり，数日間の空の様子を観察した記録を基に天気の変化と雲の量や動きを関係付けたりすることを通して，「予想や仮説を基に，解決の方法を発想する力」や「根拠のある予想や仮説を発想する力」などの問題解決の力を育成したいと考える。

4　単元計画（全12時間＋探究2時間）

評価欄…知：知識・技能，思：思考・判断・表現，態：主体的に学習に取り組む態度　【行】行動観察　【記】記録・記述分析

段階	配時	主な学習活動と主な学習問題	知	思	態
一次　天気の変化は，雲の量や動きと関係があることを捉える。					
習得	1	■空を観察し，単元を貫く学習問題を見いだす。 　**学習問題　天気の変化は，雲の様子と関係あるのだろうか。**			①行
本時	2	■同じ場所で天気の様子が違う2枚の写真を比較観察し，学習問題を見いだす。 　**学習問題　同じ場所で天気が違うのはなぜだろうか。**		①記	
	3	■観察を行う場所は変えない，自分が決めた方向を見るなど，条件を制御する考え方に着目し観察の計画を立てる。 ■数日間の雲の様子を観察し，記録する。 ■デジタルカメラやビデオカメラなどの機器を用いて記録する。	③記		
	4	■観察した結果から，天気の変化は雲の量や動きと関係があることを捉える。	①記		
	5	■数日間記録した雲の様子と気象情報を比べ，関係付ける。 　**学習問題　天気はどのように変わっていくのだろうか。**	②記		
	6	■数日間の気象情報を収集し，収集した気象情報を基に，日本全体での雲の動きと天気の変化について表現する。 ■天気はおおよそ西から東に変化することを捉える。		②記	
	7	■前時の学習を想起し，追究する学習問題を見いだす。 　**学習問題　自分の住んでいる地域の天気を予想することができるだろうか。**			②記
	8	■天気はおおよそ西から東に変化することを生かし，数日間の気象情報を基に自分の住んでいる地域の天気を予想し表現する。 ■気象情報を用いて天気の予想ができることを捉える。		②記	
二次　台風の進路による天気の変化や台風と降雨との関係について捉える。					
習得	9	■台風に関する経験を交流し合い，追究する学習問題を見いだす。 　**学習問題　台風はどのように動くのだろうか。また台風によって天気はどのように変化するのだろうか。**	③記	①記	
	10	■気象情報を基に，台風が近づいた時の天気の変化について調べる。		②記	
活用	11 12	■台風と自然災害について調べ，自分の災害に対する備えを見直す。			②記
探究	1・2	■世界気象機関が刊行している国際雲図帳の雲の分類を基に，雲の種類による模型を作る。			②行

5 本時の授業を構想する際の手順

手順1 問題を見いだす場面において

　本時の結論は，「時間的・空間的」な見方が反映された「同じ場所で天気が違うのは，雲が動き，量が増えたり減ったりすることで天気が変化するからである」である。この結論に正対する問題は「同じ場所で天気が違うのはなぜだろうか」である。そのため，同じ場所で天気の様子が違う2枚の写真を比較観察し，学習問題を見いだすことができるようにする。

【Aの写真】　　　【Bの写真】

	Aの写真	Bの写真
同じところ	・写っている木 ・同じ場所から見た空 ・方向（方角）が同じ	
ちがうところ	雲がない 明るい 空が見える 晴れ（快晴）	雲が多い 暗い 空が見えない くもり

手順2 問題解決場面を通して

　第5学年で主に育成する問題解決の力は，「予想や仮説を基に，解決の方法を発想する力」である。この力の育成には「条件制御」という考え方を働かせることが重要である。本時では，学習問題に対する予想を基に，空の様子を1日の午前中と午後の2回，それを数日間観察する計画を立てる。その際，観察を行う場所は変えない，自分が決めた方角を見るなど，条件を制御する考え方に着目させながら解決の方法を発想させたい。そのために，第4学年で行った星や月の観察を想起させたり，なぜ観察する場所や観察する方角を変えるといけないのか考えさせたりする。また，数日間の観察記録を基に考察する際，1日の間で天気の様子はどのように変わるのか，またどんな要因が関わっているのか，雲の動きや量と関係付ける考え方も大切にする。

手順3 学びを振り返る場面を想定して

　本時では，雲が動き，量が変化することで天気が変化することを捉えることができるようにする。その過程において，日常生活に適用しようとする態度を涵養する姿を想定する。そのため，学習の振り返りにおいて，これからの天気も時間の経過とともに変化していく雲の動きと量に関係があることを再考察する場を設定する。

6 本時の授業

（1）本時のねらい

　雲が動き，量が増えたり減ったりすることで天気が変化することや，雲にはいろいろな種類があることを捉えることができる。

（2）展開（2・3・4/12時）

学習活動と内容	構想手順　※指導上の留意点

学習活動と内容

1　2枚の写真を比較して学習問題を見いだし，生活経験を基に，予想や仮説，解決方法を話し合う。

比較

学習問題　同じ場所で天気が違うのはなぜだろうか。

【予想】
・同じ場所でも，天気が違うのは，時間が違うからだと思うよ。
・同じ場所でも，雲の量が違うってことは，時間とともに雲が移動しているってことかな。

【方法】　数日間の雲の様子の観察

2　見通しをもって雲の様子を数日間観察した記録を基に，1日の天気の変化についてまとめる。

（記録すること）
・調べた日時・天気・雲の様子
・気付いたこと　など

3　観察記録を基に，個人で考察し，全体で交流して結論を導き出す。

【考察】
　天気は，時間とともに雲の量が増えたり減ったりすることや，雲が動くことで変化している。雲の動きが速いときは，天気の変化も大きい。
　雲にはいろいろな種類があり，雨を降らす雲はだいたい決まっている。

┌── 結論 ──
│　同じ場所で天気が違うのは，雲が動き，雲の量が増えたり減ったりすることで天気が変化するからである。
└──

4　本時の学習を振り返り，発表し合う。

構想手順　※指導上の留意点

【手順1】

	Aの写真	Bの写真
同じところ	・写っている木 ・同じ場所から見た空 ・方向（方角）が同じ	
ちがうところ	雲がない 明るい 空が見える 晴れ（快晴）	雲が多い 暗い 空が見えない くもり

【手順2】

※目を傷めるため，太陽を直接見ないように指導する。

【評価：思①：記述分析】

※記録カードに日時・方角といった基本情報や雲のスケッチや雲の様子（量・色・形・動き）といった観察の視点を明記する。

【評価：知③：記述分析】

【手順3】

※数日間の観察記録を基に，1日の間で天気の様子はどのように変わるのか，またどんな要因が関わっているのかを関係付けながら考えることができるようにする。

【評価：知①：記述分析】

（戸上　英明）

●第6学年
単元「水溶液の性質」（A 物質・エネルギー）

1　単元の目標

　水溶液について，溶けているものに着目して，それらによる水溶液の性質や働きの違いを多面的に調べる活動を通して，水溶液の性質や働きについての理解を図り，観察，実験などに関する技能を身に付けるとともに，主により妥当な考えをつくりだす力や主体的に問題解決しようとする態度を育成する。

2　単元の評価規準

知識・技能	思考・判断・表現	主体的に学習に取り組む態度
①水溶液には，酸性，アルカリ性及び中性のものがあることを理解している。 ②水溶液には，気体が溶けているものがあることを理解している。 ③水溶液には，金属を変化させるものがあることを理解している。 ④水溶液の性質や働きについて，観察，実験などの目的に応じて，器具や機器などを選択し，正しく扱いながら調べ，それらの過程や得られた結果を的確に記録している。	①水溶液の性質や働きについて見いだした問題について，予想や仮説を基に，解決の方法を発想し，表現するなどして問題解決している。 ②水溶液に溶けているものによる性質や働きの違いについて，観察，実験などから得られた結果を基により妥当な考えをつくりだして，表現し問題解決している。	①水溶液の性質についての事物・現象に進んで関わり，粘り強く，他者と関わりながら問題解決しようとしている。 ②水溶液の性質について学んだことを学習や生活に生かそうとしている。

3　本単元で，子供が主として働かせる「見方・考え方」

　本単元は，「粒子」を柱とする領域に位置付けられ，主として働かせる見方として質的・実体的な視点で捉えることが考えられる。この見方を働かせることで，水溶液の中には，目に見えないが溶けているものがあること（実体的）や，水溶液に溶けているものによる性質や働きの違い（質的）などを捉えることができる。また，気体が溶けている水溶液から発生した気体を調べると，その気体特有の性質を示すものがあることについて複数の実験結果から多面的に考えたり，金属が溶けた水溶液から溶けているものを取り出して調べると，元の金属とは違う新しいものができていることがあることについて複数の実験結果から多面的に考えたりすることを通して，「より妥当な考えをつくりだし，表現する力」などの問題解決の力を育成したいと考える。

4　単元計画（全11時間＋探究２時間）

評価欄…知：知識・技能，思：思考・判断・表現，態：主体的に学習に取り組む態度　【行】行動観察　【記】記録・記述分析

段階	配時	主な学習活動と主な学習問題	知	思	態
一次　水溶液には気体が溶けているものがあることや酸性，アルカリ性，及び中性のものがあることを捉える。					
習得	1	■固体や気体が溶けた４つの水溶液(食塩水，炭酸水，石灰水，ホウ酸水溶液)を提示し，学習問題を見いだす。 　学習問題　性質の違いから水溶液を区別することができるだろうか。 			①行
	2・3	■水溶液に溶けているものを蒸発乾固させて取り出し，結果から学習問題を見いだす。 　学習問題　蒸発させても何も出てこなかった炭酸水には，どんな気体が溶けているのだろうか。 ■炭酸水に溶けている気体を既習の気体(酸素，窒素，二酸化炭素)から予想し，実験方法を考え，実験を行う。 ■気体検知管，石灰水，ろうそくの火など既習内容を生かした複数の実験結果からより妥当な考えをつくりだし表現する。	②記	①記②記	
	4	■蒸発乾固させて固体が残った水溶液の区別方法について知る。	①記		
	5	■身の回りにある水溶液を液性で仲間分けする。 　学習問題　洗剤などの身近な水溶液は酸性・中性・アルカリ性のどの性質だろうか。	④行		②記
二次　水溶液には金属を変化させるものがあることを捉える。					
本時	6	■アルミホイルに記載されている注意書きから問題を見いだす。 　学習問題　塩酸に金属（アルミニウム・鉄・銅）を入れるとどうなるのだろうか。 ■塩酸に金属を入れたときの様子を観察する。	④行		
	7・8	■塩酸に溶けたアルミニウムを蒸発乾固して取り出し，様子を観察する。 　学習問題　アルミニウムを溶かした塩酸を蒸発させて出てきた固体はアルミニウムなのだろうか。 ■塩酸に溶かす前のアルミニウムと溶かした後に取り出した固体の様子や，食塩を取り出した経験などから出てきた固体が何か予想し，実験方法を考え，実験を行う。 ■「電気が流れるか調べる」「塩酸に入れて反応を見る」などの複数の実験結果からより妥当な考えをつくりだし表現する。		②記	
	9	■水酸化ナトリウムの水溶液に金属(アルミニウム，鉄，銅)を入れて変化を調べる。	③記		①記
活用	10 11	■リトマス紙，蒸発乾固，金属を入れるなどの方法をフローチャートで整理し，実験結果から多面的に考え，水溶液を判別する。		②記	
探究	1・2	■既習を基に研究テーマを見いだす。 　例：アントシアニンを含むジュース等を活用して水溶液を区別する。 　例：塩酸によるカルシウムや金属の変化を調べる。			②記

5　本時の授業を構想する際の手順

手順1　問題を見いだす場面において

　本時の結論は,「質的」という見方が反映された「アルミニウムを溶かした塩酸を蒸発させて出てきた固体はアルミニウムではない。塩酸はアルミニウムを溶かして,別のものに変化させる」である。この結論に正対する問題は「アルミニウムを溶かした塩酸を蒸発させ,取り出した固体はアルミニウムなのだろうか」である。そのため,アルミニウムを溶かした塩酸を蒸発させ,取り出した粉末状の固体と粉末状のアルミニウムを比較させて,違いに気付くように促すことで,塩酸の性質によるアルミニウムの質的変化についての問題を見いだすことができるようにする。

手順2　問題解決場面を通して

　第6学年で主に育成する問題解決の力は,「より妥当な考えをつくりだし,表現する力」である。この力の育成には「多面的」という考え方を働かせることが重要である。本時では,蒸発させて取り出した固体について,電気を流したり,塩酸に再び入れたりと複数の

実験で調べるという多面的な考え方を働かせ,その実験結果からより妥当な考えをつくりだし,表現することができるように,実験方法や結果を黒板上で表を用いて整理する。

手順3　学びを振り返る場面を想定して

　本時では,塩酸の性質によりアルミニウムが質的に変化することを捉えることができるようにする。その過程において,食塩水から食塩を取り出した経験やアルミニウムを溶かした塩酸から取り出した固体と粉末のアルミニウムを比較した経験から問題に対する予想やその予想を検証する方法を立案し,取り出した固体が質的に変化したのか多面的に調べていく姿を想定する。実験結果からは取り出した固体がアルミニウムと違う性質を有する物質になったという考えはつくりだせるが,結果的に何の物質になったのかは考えることができない。そのため,学習の振り返りにおいて,粒子モデルを提示し,アルミニウムが別のものになることを簡単に取り扱う場を設定する。

6　本時の授業

（1）本時のねらい

　塩酸の性質によりアルミニウムが質的に変化することを,複数の実験結果を基にして妥当な考えをつくりだし表現することができる。

（2）展開（7・8/11時）

学習活動と内容	構想手順　※指導上の留意点

1　前時取り出した固体と粉末状のアルミニウムを比較し，学習問題を見いだし，仮説を立てる。

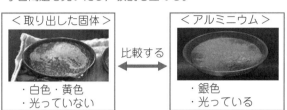

＜取り出した固体＞		＜アルミニウム＞
・白色・黄色 ・光っていない	比較する	・銀色 ・光っている

学習問題　アルミニウムをとかした塩酸を蒸発させ，取り出した固体はアルミニウムなのだろうか。

【予想・方法】
・食塩は食塩のまま出てきたから，アルミニウムも変わっていないと思う。だから，塩酸に入れるとまた激しく反応するはずだ。
・取り出した固体の見た目がアルミニウムと違うから違う物質に変わったと思う。だから，電気を通すと電気が通らないはずだ。

2　取り出した固体を調べる。

（1）計画に沿って実験し，記録する。

	電気を通す	塩酸に入れる	水に入れる	磁石
アルミニウム	電気を通す	激しく反応してとける	とけない	引きつけられない
取り出した固体	電気を通さない	静かにとける	とける	引きつけられない

（2）結果から，取り出した固体について考察する。

【考察】
　磁石の実験以外はアルミニウムと取り出した固体では違う結果になった。このことから，取り出した固体は完全にアルミニウムと同じ性質をもっているとはいえない。つまり固体はアルミニウムではないと考えられる。

3　本時のまとめをする。

― 結論 ―
　アルミニウムをとかした塩酸を蒸発させて出てきた固体はアルミニウムではない。塩酸はアルミニウムをとかして，別のものに変化させる。

【手順１】
※取り出した固体が粉末状のため，比較する対象を粉末状のアルミニウムにすることで条件をそろえるようにする。
※比較させる際には粉末状のアルミニウムが目に入らないようにするため，安全メガネを着用させる。

【手順２】
※予想を立てる活動の前に，アルミニウムの見た目以外の性質を児童から引き出し，板書しておく。
※実験を行う際には，取り出した固体のみ調べるのではなく，粉末状のアルミニウムについても同様の実験を行うようにする。
※自分が立案した方法から実験を行い，他者の実験についても時間の限り実施してよいことを助言する。

【評価：思②：記述分析】
【手順３】
※塩酸の性質によりアルミニウムが質的に変化することを捉えることができるように，粒子モデルを提示し，アルミニウムが別のものになることを簡単に取り扱う場を設定する。

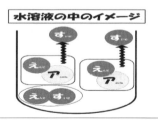

（大橋　翔一朗）

●第6学年
単元「てこの規則性」(A 物質・エネルギー)

1 単元の目標

　てこの規則性について，てこを利用した道具や実験用てこを活用したりする中で，力を加える位置や大きさに着目して，これらの条件とてこの働きを関係付けて，多面的に調べる活動を通して，それらについての理解を図り，観察，実験などに関する技能を身に付けるとともに，主により妥当な考えをつくりだす力や主体的に問題解決しようとする態度を育成する。

2 単元の評価規準

知識・技能	思考・判断・表現	主体的に学習に取り組む態度
①力を加える位置や力の大きさを変えると，てこを傾ける働きが変わり，てこがつり合うときにはそれらの間に規則性があることを理解している。 ②身の回りには，てこの規則性を利用した道具があることを理解している。 ③てこの規則性について，観察，実験などの目的に応じて，器具や機器などを選択し，正しく扱いながら調べ，それらの過程や得られた結果を適切に記録している。	①てこの規則性について見いだした問題について，予想や仮説を基に，解決の方法を発想し，表現するなどして問題解決している。 ②てこの規則性について，観察，実験などから得られた結果を基に考察し，表現するなどして問題解決している。	①てこの規則性についての事物・現象に進んで関わり，粘り強く，他者と関わりながら問題解決しようとしている。 ②てこの規則性について学んだことを学習や生活に生かそうとしている。

3 本単元で，子供が主として働かせる「見方・考え方」

　本単元は，「エネルギー」を柱とする領域に位置付けられ，主として働かせる見方として量的・関係的な視点で捉えることが考えられる。この見方を働かせることで，支点から力点，支点から作用点までの距離による力の大きさに着目し，てこの傾け方が変わること（量的・関係的）や，その規則性を利用したてこの道具があること（量的・関係的）などを捉えることができる。また，支点から力点，支点から作用点までの距離による力の大きさの変化を数値化したり，様々なてこの規則性を生かした道具を調べたりしながら多面的に考えることを通して，「より妥当な考えをつくりだし，表現する力」の問題解決の力を育成したいと考える。

4　単元計画（全9時間＋探究2時間）

評価欄…知：知識・技能, 思：思考・判断・表現, 態：主体的に学習に取り組む態度　【行】行動観察　【記】記録・記述分析

段階	配時	主な学習活動と主な学習問題	知	思	態
一次		力を加える位置や力の大きさを変えると，てこを傾ける働きが変わることを捉える。			
習得	1	■シーソー遊びやクレーンゲームを行い，単元を貫く学習問題を見いだす。 　学習問題　てこにはどんなきまりがあるのだろうか。		① 記	
	2 ・ 3	■棒を使ったてこで物を持ち上げ，追究する学習問題を見いだす。 　学習問題　てこの支点からの力点，作用点の距離をどうすれば，小さな力で 　　　　　重い物を持ち上げることができるだろうか。 ■支点からの距離に着目しながら予想や仮説を立て，実験方法を話し合う。 ■支点からの力点，支点から作用点までの距離の条件を整理しながら実験し，手応えをペットボトルの重さで数値化して調べることを通して，支点からの距離による手応えの規則性についてより妥当な考えをつくりだし表現する。	③ 行	① 記 ② 記	
二次		てこがつり合うときには，力を加える位置と力の大きさの間に規則性があることを捉える。			
習得	4 ・ 5	■前時のてこと実験用てこを比較し，追究する学習問題を見いだす。 　学習問題　てこがつり合うときに，支点からの距離とおもりの重さにどんな 　　　　　きまりがあるだろうか。 ■支点からの距離とおもりの重さに着目して予想や仮説を立て，実験方法を話し合う。 ■てこがつり合うときの支点からの距離（目盛り）とおもりの重さを表に記録しながら，てこがつり合うときの規則性についてより妥当な考えをつくりだし表現する。	① 記	② 記	① 行
三次		てこの規則性を利用した道具があることを捉える。			
本時	6 ・ 7	■てこを利用した道具を比較し，追究する学習問題を見いだす。 　学習問題　てこを利用した道具は，支点，力点，作用点の位置によって働く 　　　　　力がどうなるのだろうか。 ■支点からの距離と手応えに着目して予想や仮説を立て，解決方法を話し合う。 ■てこの規則性とさまざまな道具を関係付けながら，より効果的なてこの道具の使い方についてより妥当な考えをつくりだし表現する。	② 記	① 記 ② 記	
活用	8 9	■てこの規則性を利用した道具やおもちゃをつくる。 ■てこの道具の便利さを表現する。	① 記		
探究	1 ・ 2	■既習を基に研究テーマを見いだす。 　学習問題（例）　てこはわたしたちの生活でどのように生かされているのだろ 　　　　　　うか。 ■身近なてこを選んで自由研究を行い，調べたことを表現する。			② 記

5 本時の授業を構想する際の手順

手順1　問題を見いだす場面において

　本時の結論は，「量的・関係的」という見方が反映された「支点，力点，作用点の位置が変わると，支点から力点，支点から作用点までの距離が変わり，働く力を大きくしたり，小さくしたりすることができる」である。この結論に正対する問題は「てこを利用した道具は，支点，力点，作用点の位置によって，働く力がどうなるのだろうか」である。そのため，3つのてこを比較させて支点，力点，作用点の位置を問いかけ，てこの規則性についての問題を見いだすことができるようにする。

　支点が力点と作用点の間にあるてこ　　作用点が支点と力点の間にあるてこ　　力点が支点と作用点の間にあるてこ

手順2　問題解決場面を通して

　第6学年で主に育成する問題解決の力は，「より妥当な考えをつくりだし，表現する力」である。この力の育成には「多面的」という考え方を働かせることが重要である。本時では，様々なてこの道具にてこの規則性が利用されていることを捉えるため，「より妥当な考えをつくりだす力」の育成を中心に授業展開を構想した。そのため，自作のてこで第2種，第3種のてこの手応えを体感して調べたのちに，実際の道具を使いながら効果的な使い方を話し合わせるようにした。こうすることで，既習内容が様々なてこの道具に生かされていることや支点，力点，作用点の位置が変わってもてこの規則性は変わらないことに気付き，より妥当な考えをつくりだし，表現することができると考える。

手順3　学びを振り返る場面を想定して

　本時では，支点，力点，作用点の位置によって支点から力点，支点から作用点までの距離が変わり働く力が変わることを捉えることができるようにする。その過程において，身の回りのてこは，これまで学習してきたてこの規則性を利用していることに気付かせ，生活に生かそうする態度を涵養する姿を想定する。そのため，学習の振り返りにおいて，これまで学習してきた内容との共通点を見いだしたり，てこを利用する生活場面を想起したりする場を設定する。

6 本時の授業

（1）本時のねらい

　てこの規則性を利用した道具の使い方を考えるとともに，支点，力点，作用点の位置によって働く力の大きさが変わることを捉えることができる。

（2）展開（6・7/9時）

学習活動と内容	構想手順　※指導上の留意点
1　はさみ，裁断機，糸切りはさみを比較して学習問題を見いだし，予想や仮説を立てる。 **学習問題　てこを利用した道具は，支点，力点，作用点の位置によって，働く力がどうなるのだろうか。** 【予想】 ・支点と力点の間に作用点をおいた手応え（第2種） 　→支点から作用点より力点までの距離が長い。 ・支点と作用点の間に力点をおいた手応え（第3種） 　→支点から力点より作用点までの距離が長い。	【手順1】 ※支点，力点，作用点を書き込むことができる図を提示する。 ※実際に道具を使わせることで，同じものを切る道具でも手応えが異なることを体感できるようにする。
2　自作のてこを使い，第2種，第3種の手応えの変化について調べる。 （調べること）  　　　　　　　・力点，作用点の位置 　　　　　　　・粘土をつぶしたときの手応え	※手応えと働く力を捉えさせるために，支点からの距離に目盛りを付けた自作のてこで粘土をつぶす実験を提示し，表に結果を整理する。 【評価：思①：記述分析】
3　身の回りのてこの道具と比較して，個人で考察し，全体で交流して結論を導き出す。 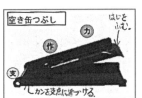 【考察】 　第2種のてこである裁断機や空き缶つぶしは物を支点に近付け，支点から遠いところに力を加えると効果的に使える。 　第3種のてこであるピンセットやトングは細かいものややわらかいものをつかみ，力点の位置を変えることによって力を調節できる。 ─ 結論 ─ 　支点，力点，作用点の位置が変わると，支点から力点，支点から作用点までの距離が変わり，働く力を大きくしたり，小さくしたりすることができる。 4　本時の学習を振り返り，発表し合う。	【手順2】 ※ペンチ，穴あけパンチ，大型ステープラー，空き缶つぶし，トング，ピンセットなどのてこの道具を自由に体験できるコーナーを設ける。 ※実際のてこや絵図を用いて，支点，力点，作用点の位置や支点からの距離を考えながら，効果的な道具の使い方について説明する場を設ける。 【評価：思②：記述分析】 【評価：知②：記録分析】 【手順3】

（辰己　朋美）

単元「電気の利用」（A 物質・エネルギー）

1　単元の目標

　発電や蓄電，電気の変換について，電気の量や働きに着目して，それらを多面的に調べる活動を通して，発電や蓄電，電気の変換についての理解を図り，観察，実験などに関する技能を身に付けるとともに，主により妥当な考えをつくりだす力や主体的に問題解決しようとする態度を育成する。

2　単元の評価規準

知識・技能	思考・判断・表現	主体的に学習に取り組む態度
①電気は，つくりだしたり蓄えたりすることができることを理解している。 ②電気は，光，音，熱，運動などに変換することができることを理解している。 ③身の回りには，電気の性質や働きを利用した道具があることを理解している。 ④発電や蓄電，電気の変換について，観察，実験などの目的に応じて，器具や機器などを選択して，正しく扱いながら調べ，それらの過程や得られた結果を適切に記録している。	①発電や蓄電，電気の変換について，問題を見いだし，予想や仮説を基に，解決の方法を発想し，表現するなどして問題解決している。 ②発電や蓄電，電気の変換について，観察，実験などを行い，電気の量と働きとの関係について，より妥当な考えをつくりだし，表現するなどして問題解決している。	①発電や蓄電，電気の変換についての事物・現象に進んで関わり，粘り強く，他者と関わりながら問題解決しようとしている。 ②発電や蓄電，電気の変換について学んだことを学習や生活に生かそうとしている。

3　本単元で，子供が主として働かせる「見方・考え方」

　本単元は，「エネルギー」を柱とする領域に位置付けられ，主として働かせる見方として，量的・関係的な視点で捉えることが考えられる。この見方を働かせることで，手回し発電機の回す速さ，光電池の光の当て方による発電する量（量的・関係的）や，電気が，光，音，熱，運動などに変換されるときに使う電気の量（量的・関係的）などを捉えることができる。また，電気の量や働きを多面的に調べることを通して，「より妥当な考えをつくりだし，表現する力」などの問題解決の力を育成したいと考える。

4 単元計画（全12時間＋探究2時間）

評価欄…知：知識・技能，思：思考・判断・表現，態：主体的に学習に取り組む態度 【行】行動観察 【記】記録・記述分析

段階	配時	主な学習活動と主な学習問題	知	思	態
一次		電気は，つくりだしたり蓄えたりすることができることを捉える。			
習得	1	■身の回りの電気や非常変災等による停電時の生活などについて話し合い，学習問題を見いだす。 学習問題　電気は，つくりだしたり蓄えたりすることができるだろうか。		①記	
	2・3	■光電池を使って，発電することができるか調べる。 ■手回し発電機の使い方を知る。	①記		
	4	■手回し発電機を使って，発電することができるか調べる。			
	5・6	■コンデンサーの使い方を知る。 ■コンデンサーを使って，蓄電することができるか調べる。	①記		
二次		電気は，光，音，熱，運動などに変換することができることを捉える。			
	7・8	■身の回りの電気を利用した道具を分類・整理しながら調べる。 学習問題　電気は，光や運動以外のものに変えることができるだろうか。 ■手回し発電機を使って，電子ブザーを鳴らしたり，電熱線を発熱させたりすることができるか調べる。	②記	①記	
三次		身の回りには，電気の性質や働きを利用した道具があることを捉える。			
活用	9・10	■機器をつないだときの，手回し発電機の手応えの違いから，学習問題を見いだす。 学習問題　機器によって，使う電気の量に違いがあるだろうか。 ■発光ダイオード，電子ブザー，発熱装置，モーターの使う電気の量の違いを調べる。	④行		①行
本時	11・12	■使う電気の量が，電気の変換の視点から同じという考えと手回し発電機の手応えから違うという考えのズレから，学習問題を見いだす。 学習問題　豆電球と発光ダイオードでは，使う電気の量に違いがあるだろうか。 ■豆電球と発光ダイオードの使う電気の量の違いを調べる。	②記 ②記	②記	
探究	1・2	■センサーを使って，モーターの動きや発光ダイオードの点灯を制御するプログラミングを体験する。	③記		②行

5 本時の授業を構想する際の手順

手順1 問題を見いだす場面において

　本時の結論は，「量的・関係的」という見方が反映された「豆電球は，発光ダイオードより使う電気の量が多い。豆電球は，電気を光と熱に変えている」である。この結論に正対する問題は「豆電球と発光ダイオードでは，使う電気の量に違いがあるだろうか」である。そのため，前時の学習を振り返り，豆電球の使う電気の量はどうなるか問いかける。発光ダイオードと比べ，電気の変換の視点から同じという考えと，手回し発電機の手応えから違うという考えのズレを生じさせることで，問題を見いだすことができるようにする。

手順2 問題解決場面を通して

　第6学年で主に育成する問題解決の力は，「より妥当な考えをつくりだし，表現する力」である。この力の育成には「多面的に考える」という考え方を働かせることが重要である。そのため，「コンデンサーに蓄電した一定量の電気を消費する時間」「使う電気の量」「電気の変換」の視点から，豆電球と発光ダイオードの使う電気の

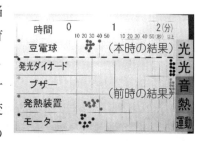

量の違いについて多面的に考えることができるように，グラフに表した前時と本時の結果を掲示する。

手順3 学びを振り返る場面を想定して

　本時では，豆電球は電気を光と熱に変換していることと，発光ダイオードは電気を効率よく利用していることを捉えることができるようにする。その過程において，豆電球と発光ダイオードの使う電気の量の違いを日常生活に当てはめてみようとする態度を涵養する姿を想定する。そのため，学習の振り返りにおいて，発

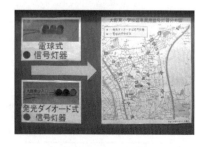

光ダイオード式信号灯器の設置が増えている事象と，雪が多く降る地域では電球式信号灯器のままのところもある事象を提示し，本時で学んだことを基に説明する場を設定する。

6 本時の授業

（1）本時のねらい

　豆電球と発光ダイオードの使う電気の量の違いについて，多面的に考えるとともに，豆電球は電気を光と熱に変換していること，発光ダイオードは電気を効率よく利用していることを捉えることができる。

（2）展開（11・12/12時）

学習活動と内容	構想手順　※指導上の留意点
1　前時学習を振り返って学習問題を見いだし，既習内容を基に，予想や仮説，解決方法を話し合う。	【手順1】 ※使う電気の量の違いをより捉えやすくするために，できるだけ電圧の高い豆電球を使用する（手回し発電機の出力に注意する）。
学習問題　豆電球と発光ダイオードでは，使う電気の量に違いがあるだろうか。	
【方法】 ①　手回し発電機をメーター付きコンデンサーにつなぎ，ハンドルを回して一定量の電気を蓄える。 ②　電気を蓄えたコンデンサーに豆電球をつなぎ，目盛りが0になるまでの時間を計る。 ③　①②を3回繰り返し，目盛りが0になるまでの時間の平均を計算する。	※目盛りが0になるまでの時間が長い（短い）ほど使う電気の量が少なく（多く）なるというように時間を使う電気の量に置き換えることを確認する。
2　条件を制御しながら，豆電球の使う電気の量を調べる。 3　結果を整理する。 4　結果のグラフや点灯の仕方を比較する再実験を基に，豆電球と発光ダイオードの使う電気の量が違う理由について考える。	※目盛りが0になるまでの時間をグラフに整理することで，使う電気の量の違いを視覚的に捉えやすくする。
5　個人で考察し，全体で交流して結論を導き出す。	【手順2】
【考察】 　豆電球は，発光ダイオードより使う電気の量が多い。豆電球は，触れると温かく，電気を熱に変えるものは使う電気の量が多いから，豆電球は電気を光と熱に変えているといえる。	※使う電気の量の違いを「コンデンサーに蓄電した一定量の電気を消費する時間」「使う電気の量」「電気の変換」から考察し，豆電球は，電気を光と熱に変換していることを捉えることができるようにする。
結論 　豆電球は，発光ダイオードより使う電気の量が多い。豆電球は，電気を光と熱に変えている。	【評価：思②：記述分析】
6　本時の学習を振り返り，新たな事象について説明する。	【手順3】 【評価：態②：記述分析】
・発光ダイオード式信号灯器は，使う電気の量が少ないから，設置が増えていると思う。 ・電球式信号灯器は，電気を光だけでなく，熱にも変えるから，雪を溶かしていると思う。	※発光ダイオード式信号灯器が増えている理由として，視認性なども挙げられることを補足説明する。

（木川　航太）

単元「植物の養分と水の通り道」（B 生命・地球）

1　単元の目標

　植物の体のつくりと体内の水などの行方や葉で養分をつくる働きに着目して，生命を維持する働きを多面的に調べる活動を通して，植物の体のつくりと働きについての理解を図り，観察，実験などに関する技能を身に付けるとともに，主により妥当な考えをつくり出す力や生命を尊重する態度，主体的に問題解決しようとする態度を育成する。

2　単元の評価規準

知識・技能	思考・判断・表現	主体的に学習に取り組む態度
①植物の葉に日光が当たると，でんぷんができることを理解している。 ②根，茎及び葉には，水の通り道があり，根から吸い上げられた水は主に葉から蒸散により排出されることを理解している。 ③植物の体のつくりと働きについて，観察，実験などの目的に応じて，器具や機器などを選択し，正しく扱いながら調べ，それらの過程や得られた結果を適切に記録している。	①植物の体のつくりと働きについて追究する中で，それらの働きや関わり，変化及び関係について，より妥当な考えをつくりだし，表現している。	①植物の体のつくりと働きについての事物・現象に進んで関わり，粘り強く，他者と関わりながら問題解決しようとしている。 ②植物の体のつくりと働きについて学んだことを学習や生活に生かそうとしている。

3　本単元で，子供が主として働かせる「見方・考え方」

　本単元は，「生命」を柱とする領域に位置付けられ，主として働かせる見方として，共通性・多様性の視点で捉えることが考えられる。この見方を働かせることで，どの植物も，葉に日光が当たるとでんぷんができ，根，茎，葉には，水の通り道があるということや，生命を維持するために，植物も人と同じように，得た養分や水を体のすみずみに運んでいるということ（共通性），植物と動物では，同じ生物でも，養分や水の得方，そして得た養分や水の行方に違いがあるということ（多様性）などを捉えることができる。また，植物の体のつくりと体内の水などの行方や葉で養分をつくる働きについて追究する活動を通して，「より妥当な考えをつくりだし，表現する力」などの問題解決の力を育成したいと考える。

4 単元計画（全7時間＋探究3時間）

評価欄…|知|：知識・技能，|思|：思考・判断・表現，|態|：主体的に学習に取り組む態度 【行】行動観察 【記】記録・記述分析

段階	配時	主な学習活動と主な学習問題	知	思	態
一次		根，茎及び葉には，水の通り道があり，根から吸い上げられた水は主に葉から蒸散により排出されることを捉える。			
習得	1	■植物は，生きていくために必要なものをどのように得ているのか予想する。 学習問題　植物は，生きていくために必要なものをどのように得ているのだろうか。 ■植物の発芽と成長，ものの燃え方，人や動物の体の学習内容を基につくった考えを交流する（既習図を準備）。		① 記	① 行
	2	■根が取り入れた水は，どこを通って行き渡るのか調べる。 学習問題　植物は生きていくために，根から取り入れた水を，どこを通して，どのように行き渡らせているのだろうか。 ■数種類の植物（ホウセンカ，ジャガイモ，ヒメジョオンなど根も切りやすい植物）を調べる。	② 記	① 記	
	3	■葉まで届いた水の行方を調べる。 学習問題　葉まで届いた水は，その後どうなるのだろうか。 ■ホウセンカだけでなく，大型の植物全体も覆って調べる。 ■気孔の観察は，接着剤やマニキュアを用いて作成したレプリカも活用する。	② 記	① 記	
二次		植物の葉に日光が当たるとでんぷんができることを捉える。			
	4 ・ 5	■植物は，葉に日光が当たると，自分で養分をつくるのか調べる。 学習問題　植物の葉に日光が当たると，でんぷんができるのだろうか。	① 記	① 記	
	6	■植物の葉の付き方を調べる。 学習問題　植物の葉の付き方にはどんな工夫があるのだろうか。 ■ホウセンカやヒマワリなど，身近な植物を観察する。 ■様々な植物を真上から撮影した写真と，観察結果を見比べ，見つけたきまりを一般化する。	③ 記	① 記	
活用 本時	7	■でんぷんが，どのようにして植物の成長に使われているのか調べる。 学習問題　植物もでんぷんを糖に変えて体全体に行き渡らせているのか，糖試験紙を使って確かめよう。		① 記	① 行
探究	1 2 3	■農業や林業に携わる方が野菜や樹木を育てる工夫を調べる。 （総合的な学習の時間，社会科と関連）			② 記

5　本時の授業を構想する際の手順

手順1　問題を見いだす場面において

　本時の結論は，「共通性・多様性」という見方が反映された「植物は生きるために葉でできたでんぷんを水に溶けやすい糖に変えて体中に運んでいる」である。この結論に正対する問題は「植物もでんぷんを糖に変えて体全体に行き渡らせているのだろうか」である。そのため，人の体のしくみと働きを振り返り，人と比較して，見つけた共通点，差異点から，問題を見いだすことができるようにする。

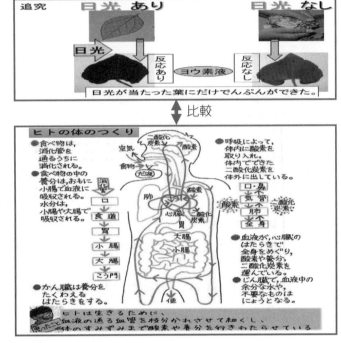

手順2　問題解決場面を通して

　第6学年で主に育成する問題解決の力は，「妥当な考えをつくりだし，表現する力」である。この力の育成には「多面的」に考えることが大切である。そこで，考察の場面で「植物は生きていくためにでんぷんをどのように利用しているか」を考える際，考えの根拠となる既習の学習内容を準備しておくことで，子供たちは既習学習と本時の実験結果を関係付けながら，考えをつくることができると考える。例えば，既習図の掲示（砂糖は水に溶けたことや，水の通り道など）や，再実験（再提示）用の実験器具の準備である。

手順3　学びを振り返る場面を想定して

　本時では，植物は生きるために葉でできたでんぷんを水に溶けやすい糖に変えて体中に運んでいることを捉えることができるようにする。その過程において，人も植物も，生命を維持する仕組みを備えていることに気付かせ，生命を尊重する態度を涵養する姿を想定する。そのため，学習の振り返りにおいて，種子や地下茎の写真を提示し，蓄えられたでんぷんが，植物の次の命や，私たちの命につながっていることを考える場を設定する。

6　本時の授業

（1）本時のねらい

　人の体と比較しながら追究するとともに，実験結果と既習の学習内容を関係付けながら，

植物は生きるために葉でできたでんぷんを水に溶けやすい糖に変えて体中に運んでいるという考えを導き出すことができる。

（2）展開（7/7時）

学習活動と内容	構想手順　※指導上の留意点
1　今までの学習と比べ本時の学習問題を見いだす。 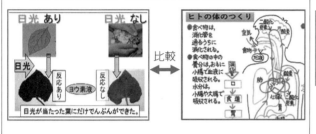 学習問題　植物もでんぷんを糖に変えて体全体に行きわたらせているのだろうか。 【予想】 ・植物にも人の血管のように水の通り道があったから，人みたいにでんぷんを変化させてるんじゃないかな。 ・植物は人とちがってでんぷんを作れるから，人とはちがうしくみをもってるかもしれないよ。	【手順1】 ○参考 　糖試験紙（市販の尿糖検出試験紙）を用いることで糖があることを観察できる。 【評価：態①：行動観察】 【評価：思①：記述分析】
【方法】　植物を切った切り口から出る汁を，糖試験紙に付け，色の変化を見る。 2　植物の根，茎，葉を切って，汁を糖試験紙につけて色が緑色に変化するか調べる。 3　実験結果から分かることを考える。	【手順2】 ※　植物の体の中ででんぷんがどのように利用されているか考えることができるように，学習プリントに植物の体の図を印刷しておき，でんぷんを青，糖を赤の矢印や○で表現するというルールを決めておく。
【考察】 　植物の体全体で糖試験紙が変色した。このことから，植物の体全体に糖が存在することが分かった。また，葉で作られたのはでんぷんなのに，糖が体全体で見つかったことから，植物も人間と同じようにでんぷんを糖に変えて全身に運んでいるようだ。糖に変えているのは水に溶けて運びやすくなるからだろう。	※　考えを書き加えたり，修正したりしやすいように，グループごとに交流ボード（ホワイトボード）を用意する。 【手順3】
── 結論 ── 　植物は生きるために葉でできたでんぷんを水にとけやすい糖に変えて体中に運んでいる。 4　本時の学習を振り返り，発表し合う。	※　生命を尊重する態度を涵養することができるように，人と植物を比較したり，種子と命の連続性を関係付けたりしして，本時学習を振り返る場を設定する。

（内藤　美之）

1 単元の目標

　生物と環境について，動物や植物の生活を観察したり資料を活用したりする中で，生物と水，空気及び食べ物との関わりに着目して，それらを多面的に調べる活動を通して，生物と持続可能な環境との関わりについて理解を図り，観察，実験などに関する技能を身に付けるとともに，主により妥当な考えをつくりだす力や生命を尊重する態度，主体的に問題解決しようとする態度を育成する。

2 単元の評価規準

知識・技能	思考・判断・表現	主体的に学習に取り組む態度
①生物は，水及び空気を通して周囲の環境と関わって生きていることを理解している。 ②生物の間には，食う食われるという関係があることを理解している。 ③人は，環境と関わり工夫して生活していることを理解している。 ④生物と環境について，観察，実験などの目的に応じて，器具や機器などを選択して正しく扱いながら調べ，それらの過程や得られた結果を適切に記録している。	①生物と環境との関わりについて，より妥当な考えをつくりだし，表現するなどして問題解決している。 ②人と環境との関わりについて，より妥当な考えをつくりだし，表現するなどして持続可能な社会の構築を考えている。	①生物と環境についての事物・現象に進んで関わり，粘り強く，他者と関わりながら問題解決しようとしている。 ②生物と環境について学んだことを学習や生活に生かそうとしている。

3 本単元で，子供が主として働かせる「見方・考え方」

　本単元は，「生命」を柱とする領域に位置付けられ，主として働かせる見方として「共通性・多様性」の視点で捉えることが考えられる。この見方を働かせることで，生物は水及び空気を通して，周囲の環境と関わり生きていること（共通性）や，それぞれの生物の間には食う食われるという関係があること（多様性）などを捉えることができる。また，「部分と全体」の視点で捉えることで，人や動物，魚などと周囲の環境との関わりの一つ一つ（部分）が，地球環境との関わり（全体）であると捉えることもできる。さらに，様々な動物の食べ物を比較して調べたり，人の生活について持続可能な環境との関わり方を多面的に調べたりすることを通して，「予想や仮説を基に，解決の方法を発想する力」や「より妥当な考えをつくりだし，表現する力」などの問題解決の力を育成したいと考える。

4 単元計画（全10時間＋探究３時間）

評価欄…知：知識・技能，思：思考・判断・表現，態：主体的に学習に取り組む態度 【行】行動観察 【記】記録・記述分析

段階	配時	主な学習活動と主な学習問題	知	思	態
一次		生物は，水及び空気を通して周囲の環境と関わって生きていることや，生物の間には食う食われるという関係があることを捉える。			
習得	1	■人や動物の食べ物を調べ，単元を貫く学習問題を見いだす。 学習問題　生物どうしは，どのようにつながっているのだろうか。		① 記	
	2	学習問題　水中の小さな魚は，何を食べているのだろうか。 ■水中の小さな魚の食べ物を予想し，顕微鏡を適切に操作して，観察したり記録したりする。	④ 記		
本時	3・4	■生活経験から落ち葉の行方を予想し追究する学習問題を見いだす。 学習問題　落ち葉は，どうして積もっていかないのだろうか。 ■解決方法を話し合い，飼育環境を整え，ダンゴムシを飼育する。 ■結果を考察し，食物連鎖を分解者も含めた大きなサイクルとして表現する。	② 記	① 記	
	5	■食べ物を通した生物同士の関わりをまとめ，表現する。		① 記	① 記
二次		生物は，水及び空気を通して周囲の環境と関わって生きていることを捉える。			
	6・7・8	学習問題　地球上の酸素は，どうしてなくならないのだろうか。 ■予想や仮説を考え，実験方法を話し合う。 ■「植物が二酸化炭素を取り入れて酸素を出している」という仮説を気体検知管や気体センサーを適切に活用して調べ，記録する。 学習問題　地球上の水は，どのようにめぐっているのだろうか。 ■地球上の水の循環について，海や川などから蒸発し，水蒸気や雲となって雨となることなど循環していることを調べ，表現する。	① 記 ④ 記		① 行
活用	9・10	■生物と，水及び空気，生物同士の関わりを多面的に考え，表現する。 ・肉食動物→草食動物→植物 ・土壌生物→枯れ葉を分解 ・生物の呼吸と植物の光合成　など		① 記	② 記
三次		人は，環境と関わり，工夫して生活していることを捉える。			
探究	1・2・3	学習問題　人は，地球環境とどのように関わっていけばよいのだろうか。 ■日常生活の中で，自分が環境とよりよく関わっていくためにできそうな工夫を調べ，表現する。	③ 記	② 記	

5 本時の授業を構想する際の手順

手順1　問題を見いだす場面において

　本時の結論は，「部分と全体」という見方が反映された「土壌には，落ち葉を食べている小さな生物がいる」である。この結論に正対する問題は「落ち葉はどうして積もっていかないのだろうか」である。そのため，森の落葉樹林の夏の様子と冬の様子を比較させて問いかけ，落ち葉の行方についての問題を見いだすことができるようにする。

夏｜葉が青々と生い茂った木の様子

↕　**比較する**

冬｜葉がすべて落葉した木の様子

　落葉樹は，秋から冬にかけてすべての葉が落葉していく。毎年たくさんの落ち葉が地面に積もっても，落ち葉でいっぱいになっていないのはなぜ？

手順2　問題解決場面を通して

　第6学年で主に育成する問題解決の力は，「より妥当な考えをつくりだし，表現する力」である。この力の育成には「多面的に考える」という考え方を働かせることが重要である。そのため，毎年地面に積もっていく落ち葉の行方について，既習学習や生活経験などから予想し，交流する際，複数の側面から出された互いの予想を尊重しながら話し合うことができるようにしたい。そこで，実物の落葉樹下の土壌の土を提示する。生物から食べられている穴の開いた落ち葉や，小さな生物を見つけて，「小さな生物がえさとして落ち葉を食べているのではないか」というより妥当な考えをつくりだし，表現させることで，次時の実験につなげたい。

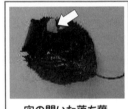
穴の開いた落ち葉

手順3　学びを振り返る場面を想定して

　本時では，落ち葉は，土壌中の小さな生物に食べられていることを捉えることができるようにする。その過程において，土壌生物も植物を食べて，食う食われる関係があることに加えて，土壌生物が落ち葉を食べ，その糞などが植物の養分となり，食物連鎖を分解者も含めた大きなサイクルに発展させ，生命を尊重する態度を涵養する姿を想定する。そのため，ダンゴムシ以外の土壌生物（ミミズ，ササラダニ，トビムシなど）も提示する。日常生活の中で子供たちにとって，ミミズやダニなどは害虫とされていることが多いが，それらの土壌生物の役割を知り，自分自身を含む動植物が周囲の環境との関係の中で生きていることも考えさせ，生命を尊重する態度につなげたい。学習の振り返りにおいて，生物同士の関わりを小さな生物も含め，多面的に考える場を設定する。

6 本時の授業

（1）本時のねらい

　落ち葉の行方について予想を考えるとともに，落ち葉は，土壌の小さな生物に食べられていることを捉えることができる。

（2）展開（3・4／10時）

学習活動と内容	構想手順　※指導上の留意点
1　落葉樹の夏と冬の様子を比較し，学習問題を見いだし，生活経験を基に，予想や仮説，解決方法を話し合う。  **学習問題　落ち葉はどうして積もっていかないのだろうか。** 【予想】 ・風に飛ばされていくからだと思う。 ・自然に消えるからだと思う。 ・人が掃除をするからだと思う。 ・食べる生物がいるからだと思う。 【予想の交流】 ・風で飛んでいったら，他の場所にたまると思う。 ・ものが自然に消えてなくなることはないよね。 ・人間が全ての落ち葉を集めることは不可能だと思うよ。 ・小さな生物が，えさとして落ち葉を食べていると思う。この葉っぱは，穴が空いているから，ダンゴムシとかミミズとかが食べていると思う。 【方法】　ダンゴムシの飼育・観察 2　ダンゴムシを飼育し，落ち葉の変化について観察する。 （調べること） ・落ち葉の変化 ・糞の様子 3　結果を個人で考察し，全体で交流して結論を導き出す。 【考察】 　ダンゴムシは，落ち葉を食べていた。落ち葉が毎年積もっていかないのは，土の上の小さな生物が落ち葉を食べているからだといえる。土の上でも食べる食べられる関係があることが分かった。 ―　結論　― 　土の上には，落ち葉を食べている小さな生物がいるから，積もっていかない。 4　本時の学習を振り返り，発表し合う。	※前時の水の中の生物の食物連鎖を想起し，本時の土壌へと目を向けられるようにする。 【手順1】 【評価：思①：記述分析】 【手順2】 ※予想の交流や土壌の土の観察を通して，一番妥当な考えとして，小さな生物が食べているのではないかと実験方法を考えることができるようにする。 ※ダンゴムシを観察・飼育する際は，空気穴を開けたり，湿ったキッチンペーパーを敷いたりするなど，ダンゴムシの生態に近い状態にする。  観察ノートより 【手順3】 【評価：知②：記述分析】 ※土壌生物の糞は植物の養分となることを伝え，生物同士の関わりをまとめる次時学習へつなげられるようにする。

（甲斐　文子）

単元「土地のつくりと変化」（B 生命・地球）

1　単元の目標

　土地のつくりと変化について，土地やその中に含まれるものに着目して，土地のつくりやでき方を多面的に調べる活動を通して，それらについての理解を図り，観察，実験などに関する技能を身に付けるとともに，主により妥当な考えをつくりだす力や主体的に問題解決しようとする態度を育成する。

2　単元の評価規準

知識・技能	思考・判断・表現	主体的に学習に取り組む態度
①土地は，礫，砂，泥，火山灰などからできており，層をつくって広がっているものがあることや，層には化石が含まれているものがあることを理解している。 ②地層は流れる水の働きや火山の噴火によってできることや，火山の噴火や地震によって土地が変化することを理解している。 ③土地のつくりと変化について，観察，実験などの目的に応じて，器具や機器などを選択して，正しく扱いながら調べ，それらの過程や得られた結果を適切に記録している。	①土地のつくりと変化について，問題を見いだし，予想や仮説を基に，解決の方法を発想し，表現するなどして問題解決している。 ②土地のつくりと変化について，観察，実験などを行い，地層ができた要因や土地の変化について，より妥当な考えをつくりだし，表現するなどして問題解決している。	①土地のつくりと変化についての事物・現象に進んで関わり，粘り強く，他者と関わりながら問題解決しようとしている。 ②土地のつくりと変化について学んだことを学習や生活に生かそうとしている。

3　本単元で，子供が主として働かせる「見方・考え方」

　本単元は，「地球」を柱とする領域に位置付けられ，主として働かせる見方として「時間的・空間的な視点で捉えること」が考えられる。この見方を働かせることで，流れる水の働きや火山の働きによってできる地層は，長い時間をかけて生成・変化していること（時間的）や，地層は，幾重にも層状に重なり，広大な範囲に広がっていること（空間的）などを捉えることができる。また，粒の大きさや形や色などの特徴から土地のつくりやでき方を多面的に調べたり，複数の地点の地層のつくりを層の構成物の粒の大きさや形，色を相互に関係付けたりしながら調べることを通して，「より妥当な考えをつくりだし，表現する力」などの問題解決の力を育成したいと考える。

4　単元計画（全11時間＋探究2時間）

評価欄…知：知識・技能，思：思考・判断・表現，態：主体的に学習に取り組む態度　【行】行動観察　【記】記録・記述分析

段階	配時	主な学習活動と主な学習問題	知	思	態
一次		土地をつくっているものについて調べる。			
習得	1・2	■露頭の拡大写真を見て，単元の見通しをもつ。 学習問題　しま模様に見える土地はどのようなものからできているのだろうか。また，このしま模様は，どこまで広がっているのだろうか。 ■ボーリング資料や岩石標本を観察する。	① 記		
	3	■化石を観察する。 学習問題　化石には，どのようなものがあるのだろうか。また，その化石になった生物は，どのようなところにいたものだろうか。	① 記		
二次		流れる水の働きによる地層のでき方について調べる。			
	4・5	■平底フラスコを使った実験とアクリルパイプを使った実験を行い，しま模様のでき方を調べる。 学習問題　しま模様の層はどのようにしてできるのだろうか。	③ 行	① 記	
本時	6・7	■水槽を使った実験とアクリルパイプを使った実験，平底フラスコを使った実験を行い，地層のでき方を調べる。 学習問題　地層はどのようにしてできるのだろうか。	② 記		① 行
三次		火山の働きによる地層のでき方について調べる。			
	8	■火山の働きによる地層のでき方について調べる。 学習問題　火山の働きによってできた地層には，どのような特徴があるのだろうか。	② 記		
四次		火山活動や地震による土地の変化について調べる。			
	9	■火山活動や地震による土地の変化について調べる。	② 記		
活用	10・11	■地層が見られる露頭（三苫海岸）へ野外観察に行く。 学習問題　三苫海岸には，どのような地層が広がっているのだろうか。			② 記
探究	1・2	■既習を基に研究テーマを見いだす。 学習問題（例） ・身の回りの石ころは，どのようにしてできた岩石なのだろうか。（石の観察） ・地層はどのように広がったりつながったりしているだろうか。（カラー粘土の地層モデル） ・火山の噴火によって，土地はどのように変化するだろうか。（火山の噴火モデル実験） ・校区の地下には，地層がどのように広がっているだろうか。（ボーリング資料から柱状分布図をつくる） ■探究課題を選んで自由研究を行い，調べたことを表現する。			② 記

5　本時の授業を構想する際の手順

手順1　問題を見いだす場面において

　本時の結論は，「時間的・空間的」な見方が反映された「地層は，流れる水によって運搬された礫や砂，泥などが海底などに層になって積み重なってできる」である。この結論に正対する問題は，「地層は，どのようにしてできるのだろうか」である。そのため，三苫海岸の露頭の拡大写真を提示しながら，「平底フラスコやアクリルパイプを使った実験から『縞模様の層のでき方』は分かったが，自然界ではどのようにして地層ができるだろうか」と発問することで，地層のでき方についての問題を見いだすことができるようにする。

しま模様の層のでき方は分かったよ。でも……

手順2　問題解決場面を通して

　第6学年で主に育成する問題解決の力は，「より妥当な考えをつくりだし，表現する力」である。この力の育成には「自然の事物・現象を多面的に考える」という考え方を働かせることが重要である。そこで本時では，「複数の実験から多面的に調べる活動を通して，地層のでき方について，より妥当な考えをつくりだし，表現する力」

の育成を中心に授業展開を構想した。そのため，地層のでき方のモデル実験である水槽実験に加えて，前時にも行った縞模様のでき方を調べるアクリルパイプ実験と平底フラスコ実験も再実験できる場を設定し，それぞれの結果を基に「地層のでき方」について，より妥当な考えをつくりだし，表現できるようにする。

手順3　学びを振り返る場面を想定して

　本時では，「地層は，流れる水の働きによってできること」を捉えることができるようにする。その過程において，モデル実験の結果を「実際の自然では，どうなっているのだろうか」と，時間的・空間的な見方を働かせながら振り返り，主体的に問題解決しようとする態度を涵養する姿を想定する。そのため，学習中は常に，掲示していた三苫海岸の露頭の拡大写真に触れ，モデル実験と実際の自然をつなげて考えられるようにする。さらに，終末段階において，拡大写真とともに三苫海岸で見られる岩石（堆積岩）を提示した後に本時学習を振り返らせることで，流れる水の働きによってできる地層は，長い時間をかけて生成・変化しており，幾重にも層状に重なって，広大な範囲に広がっていることを確かめられるようにする。

6　本時の授業

（1）本時のねらい

　土砂の堆積と流れる水の働きとの相互関係を多面的に調べる活動を通して，流れる水の働きによって地層ができることを捉えることができる。

（2）展開（6・7／11時）

学習活動と内容	構想手順　※指導上の留意点
1　学習問題と予想を振り返り，実験方法を確認する。 **学習問題　地層はどのようにしてできるのだろうか。** 【予想】 　土砂が水に沈みながらしま模様の層になるから，山の土砂が川の流れで運ぱんされて，流れが弱くなる下流や海に堆積しながら地層ができると思う。	【手順1】 ※学習問題を見いだすことができるように，縞模様の層のでき方を振り返り，三苫海岸の露頭の拡大写真を提示しながら，地層のでき方を問う発問をする。
2　実験をして，地層のでき方を調べる。 【方法】 水そう実験　　アクリルパイプ実験　　平底フラスコ実験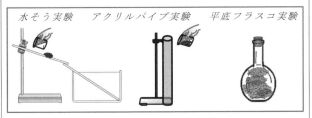	【手順2】 【評価：態①：行動観察】 ※多面的に調べて，より妥当な考えをつくりだすことができるように，地層のでき方について複数の実験を行うことができる場を設定する。
3　複数の実験結果を基に考察し，全体で交流して結論を導出する。 【考察】 　水そう実験でも，平底フラスコ実験やアクリルパイプ実験のように，れき・砂・泥の層ができた。このことから，地層は，山の土砂が大雨などで一気に海に流され，ゆっくりと堆積しながら，層になって積み重なってできるといえる。 ―　結論　― 　地層は，流れる水によって運ぱんされたれきや砂，泥などが海底などに層になって積み重なってできる。	【手順3】 【評価：思②：記述分析】 ※時間的・空間的な見方を働かせながら主体的に問題解決しようとする態度を涵養することができるように，露頭の拡大写真や三苫海岸で見られる岩石を提示し，モデル実験の結果と関連付けながら，本時学習を振り返ることができるようにする。
4　本時の学習を振り返り，発表し合う。	

（平松　幸貴）

●第6学年
単元「月と太陽」（B 生命・地球）

1　単元の目標

　月の形の見え方について，月と太陽の位置に着目して，それらの位置関係を多面的に調べる活動を通して，月の見え方と月と太陽の位置関係についての理解を図り，観察，実験などに関する技能を身に付けるとともに，主により妥当な考えをつくりだす力や主体的に問題解決しようとする態度を育成する。

2　単元の評価規準

知識・技能	思考・判断・表現	主体的に学習に取り組む態度
①月の輝いている側に太陽があること。また，月の形の見え方は，太陽と月との位置関係によって変わることを理解している。 ②月の形の見え方について，観察，実験などの目的に応じて，器具や機器，映像や資料，モデルなどを選択し，正しく扱いながら調べ，それらの過程や得られた結果を適切に記録している。	①月の位置や形，太陽の位置の様子について，見いだした問題について，予想や仮説を基に，解決の方法を発想し，表現するなどして問題解決している。 ②月の位置や形，太陽の位置の様子について，観察，実験などから得られた結果を基に考察し，表現するなどして問題解決している。	①月の形の見え方や月の表面についての事物・現象に進んで関わり，粘り強く，他者と関わりながら問題解決しようとしている。 ②月の位置や形，太陽の位置の様子について学んだことを学習や生活に生かそうとしている。

3　本単元で，子供が主として働かせる「見方・考え方」

　本単元は，「地球」を柱とする領域に位置付けられ，主として働かせる見方として「時間的・空間的」な視点で捉えることが考えられる。この見方を働かせ，月の形の見え方が日によって変わることを資料や時間を決めて観察すること（時間的）で，月の形の見え方の違いや，観察している地球から見た，月と太陽の位置（空間的）が変化することを捉えることができる。また，月の形の見え方が変化する理由についての仮説を確かめるために，月の形の見え方や月と太陽の位置関係について，観察や資料などから多面的に調べたり，モデル実験を行ったりする活動を通して，「根拠のある予想や仮説を発想する力」や「予想や仮説を基に，解決の方法を発想する力」などの問題解決の力を育成したいと考える。

4 単元計画（全5時間＋探究2時間）

評価欄…知: 知識・技能, 思: 思考・判断・表現, 態: 主体的に学習に取り組む態度 【行】行動観察 【記】記録・記述分析

段階	配時	主な学習活動と主な学習問題	知	思	態
単元前		単元に入る前の夏休みを利用して，観察記録カードに月の形を記録し，単元を通して，月の位置や形から常に予想できるようにする。			
一次		月の形が日によって変わって見えることを，モデル実験を行って調べ，月と太陽の位置関係によって見え方が変わることを捉える。			
習得	1	■月と太陽の相違点，月が輝いているわけや月の形が変わって見えるわけについて，夏休みの間に観察記録したカードや月齢表を使って話し合う。 **学習問題　月と太陽の動きには，どのような特徴があり，なぜ月はいろいろな形に見えるのだろうか。**			① 行
	2 ・ 3	■月が丸いのに形が変わって見えるわけについて，観察記録カードや月齢表を基に予想や仮説を考え，追究する学習問題を見いだす。 **学習問題　月の形が，日によって少しずつ変わって見えるのはどうしてだろうか。**		① 記	
		■インターネットの映像を視聴し，月が形を変えていくことを捉えさせ，予想や仮説を考えたことの解決方法（実験）を話し合う。	② 記	① 記	
本時	4	■月の形が変わって見えるわけを，太陽（電気スタンド），月（ボール），地球（自分），宇宙（理科室）等を使って，モデル実験を行い多面的に調べる。 **学習問題　月の形が，日によって少しずつ変わって見えるのはどうしてだろうか。**	① 記	② 記	
活用	5	■月と太陽の形や表面の様子について話し合う。 **学習問題　月と太陽の表面の様子には，どのような違いがあるのだろうか。** ■インターネットや図書資料，ビデオ等を活用して調べる。			① 記
探究	1 ・ 2	■月と太陽の様子について調べる。 **学習問題（例）　月の表面の模様や太陽の表面の様子は，どうなっているのだろうか。** ■例1　宿泊訓練等で，月や星，太陽の観察をする。 ■例2　地域の施設で行われる，学習プログラム等を活用する。			② 行

5 本時の授業を構想する際の手順

手順1　問題を見いだす場面において

　本時の結論は，「時間的・空間的」という見方が反映された「月の形が日によって少しずつ変わって見えるのは，太陽と月の位置関係が変わっていくため」である。この結論に正対する問題は「月の形が日によって少しずつ変わって見えるのはどうしてだろうか」である。そのため，丸い月が，日によって形が違うことを観察記録カードや月齢表を見て振り返り，問題を見いだすことができるようにする。

手順2　問題解決場面を通して

　第6学年で主に育成する問題解決の力は，「より妥当な考えをつくりだし，表現する力」である。この力の育成には，多面的に調べたり考えたりするということが重要である。本時では，月と太陽の位置関係をモデルや図により実験するため，「お互いの予想や仮説を検証する中で，多面的に得られた記録を整理し妥当な考え方をつくる力」の育成を中心に授業展開を構想した。そのため，太陽に見立てた電気スタンドの位置を固定（朝・夕方）することで，月の場所に着目できるようにし，月に見立てたボールを使って記録し，整理する中で妥当な考えをつくりだし，表現できるようにする。また，観察カードや月齢表を実験結果の記録と比べたり，合わせたりすることができるように掲示する。

手順3　学びを振り返る場面を想定して

　本時では，モデル実験の結果から，月の形が日によって少しずつ変わって見えることに対し，月と太陽の位置関係を時間的・空間的な視点で捉えることができるようにする。その過程において，記録を整理して妥当な考えをつくりだす，主体的・対話的な学びを想定する。そのため，学習の振り返りにおいて，自分の考えや友達の考えの交流を通して，自分の考えを深められる場を設定する。

6　本時の授業

（1）本時のねらい

　モデル実験の結果より，月の形が日によって少しずつ変わって見えるのは，太陽と月の位置関係が変わるためであることを捉えることができる。

（2）展開（4／5時）

学習活動と内容	構想手順　※指導上の留意点
1　前時までの学習を想起し学習問題をつかむ。	**【手順1】** ※学習問題を見いだすことができるように，前時までの予想や足あと，月齢表，観察記録カードを提示し振り返る場を設定する。

1　前時までの学習を想起し学習問題をつかむ。

> **学習問題　月の形が日によって少しずつ変わって見える**
> **のはどうしてだろうか。**

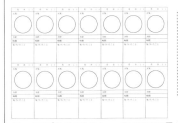

【予想】
・月が自ら光っている。
・太陽の光を反射する。
・月が自ら欠けていく。
・位置が関係している。

【手順1】
※学習問題を見いだすことができるように，前時までの予想や足あと，月齢表，観察記録カードを提示し振り返る場を設定する。

2　モデル実験をし，月の形の見え方を調べる。
　(1)　実験方法を確認する。

【実験道具と条件】
・太陽→電気スタンド（固定）
・　月　→ボール（動かす）
・地上→自分（固定）
・宇宙→理科室（暗くする）

【手順2】
※毎日，朝や夕方に観察するという条件で考えると，太陽の位置を固定することができ，月の位置が変わることで，月が輝いて見える部分が変わることに気付くようにする。
※記録を整理しながら，予想と結果を照らし合わせ，考察できるようにする。

　(2)　実験をして，モデル図に記録する。

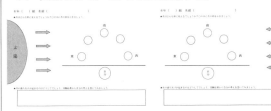

3　実験結果を基に，班で交流し結論を導き出す。

【考察】
　月や太陽の位置が変わると，月の形が変わる。月の位置と太陽の位置が同じ方向ならば新月になり，90度になると半月になる。そして，太陽に対して反対の位置に月があると満月になる。

※月と太陽の位置関係がどのようになっているか，モデル図でまとめるようにする。
【評価：思②：記述分析】

【評価：知①：記述分析】
【手順3】
※交流を通し，自分の考えを深められる場を設定する。

―― 結論 ――
　月の形が日によって少しずつ変わって見えるのは，太陽と月の位置関係が変わっていくためである。

4　本時の学習を振り返り，発表し合う。

（藤下　和聡）

実践編

実践研究

●第3学年
単元「風とゴムの力の働き」（A物質・エネルギー）

1 単元の目標

　風とゴムの力の働きについて，力と物の動く様子に着目して，それらを比較しながら調べる活動を通して，風の力は物を動かすことができること，また，風の力の大きさを変えると物が動く様子も変わること，ゴムの力は物を動かすことができること，また，ゴムの力の大きさを変えると物が動く様子も変わることについての理解を図る。また，観察や実験の技能を身に付け，差異点や共通点を基に，風とゴムの力の働きについての問題を見いだし，表現する力や主体的に問題解決しようとする態度を育成する。

2 単元の評価規準

知識・技能	思考・判断・表現	主体的に学習に取り組む態度
①風の力は，物を動かすことができること，風の力の大きさを変えると，物が動く様子も変わることを理解している。 ②ゴムの力は，物を動かすことができること，ゴムの力の大きさを変えると，物が動く様子も変わることを理解している。 ③風とゴムの力の働きについて，器具や機器などを正しく扱いながら調べ，それらの過程や得られた結果を分かりやすく記録している。	①風とゴムの力で物が動く様子について追究する中で，差異点や共通点を基に，風とゴムの力の働きについての問題を見いだし，表現するなどして問題解決している。 ②風とゴムの力で物が動く様子について，観察，実験などから得られた結果を基に考察し，表現するなどして問題解決している。	①風とゴムの力で物が動く様子について進んで関わり，他者と関わりながら問題解決しようとしている。 ②風の力は，物を動かすことができることやゴムの力は，物を動かすことができることについて，学んだことを学習や生活に生かそうとしている。

3 本単元で，子供が主として働かせる「見方・考え方」

　本単元は，「エネルギー」を柱とする領域に位置付けられ，主として働かせる見方として量的・関係的な視点で捉えることが考えられる。この見方を働かせることで，風の力やゴムの力は，物を動かすことができること（関係的）や風の力やゴムの力の大きさを変えると，物が動く様子も変わること（量的）などを捉えることができる。また，風とゴムの力の働きについて，力と物の動く様子に着目して，それらを比較しながら調べる活動を通して，「自然事象の変化とそれに関わる要因を結び付ける力」や「差異点や共通点を見いだす力」を身に付け，「問題を見いだし，表現する力」などの問題解決の力を育成したいと考える。

4　本単元で捉えさせる内容と配列の順序

　本単元で捉えさせる内容は「風の力は物を動かすことができること，また，風の力の大きさを変えると物が動く様子も変わること」「ゴムの力は物を動かすことができること，また，ゴムの力の大きさを変えると物が動く様子も変わること」である。子供たちは風の力やゴムが元に戻ろうとする力を日常生活から経験している。まず，風の力やゴムの力で動く車を作りゲーム性（ウインドカーダーツ）を取り入れた活動を通して，「もっと遠くまで動かしたい」「狙った距離で車を止めたい」という問題意識をもたせる。次に，「風の力の大きさと車の動き方の関係」を風の力の強弱を定性的に調べ，「風受けを変えて，風の力の大きさと車の動き方の関係」を調べる。そして，「ゴムの力の大きさと車の動き方の関係」をゴムの伸びの長さを定量的に調べ，「ゴムを変えてゴムの力の大きさと車の動き方の関係」を調べる。その後，風の力やゴムの力で車が進む距離の記録を基に行う「ウインドカー＆ゴムカーダーツゲーム」の順で単元を構成することにした。

5　見方・考え方を働かせる教材研究

教材1　風とゴムの力と物の動く様子を捉えさせるウインドカーとゴムカー(量的・関係的)

　風の力の大きさやゴムの元に戻ろうとする力の大きさで車が進む距離がどのように変わるのかを調べるために，風受けとゴムを付け替えることができる車を使用し，風やゴムの力は，物を動かすことができることを量的・関係的な見方で明らかにできる。ウ

インドカーの場合は，ウインドカーの先端をそろえることでスタートをそろえることができる。その際には，画用紙等で風をさえぎり，画用紙等をはずすことでスタートさせる。ゴムカーの場合は，ゴムカーの発射台の位置をそろえることで，スタートをそろえる。まっすぐに進まないこともあるため，何度も記録をとることで，より信頼性の高い科学的な数値になるようにする。

　車がどれだけ進んだか記録をとる際には，数本の巻尺を床にテープで固定し，どの班もすぐに記録が確認できるようにするとよい。

教材2　様々なゴム（量的・関係的）

　ゴムカーをもっと遠くまで走らせるために，様々なゴムで車が進む距離について調べる。ゴムの元に戻ろうとする力が大きくなれば物を動かす力も大きくなるという量的・関係的な見方を働かせて調べることができる。基本のゴムの記録と様々なゴムでの記録を「比べる」ことで，基本のゴムよりもゴムの元に戻ろうとする力が大きくなれば物を動かす力も大きくなることを捉えることができる。子供の発想を大切にするためには，直径を変えたり，幅を変えたりするなど様々なゴムを準備することが重要である。

6 単元計画（全10時間＋探究２時間）

評価欄…知：知識・技能, 思：思考・判断・表現, 態：主体的に学習に取り組む態度 【行】行動観察 【記】記録・記述分析

段階	配時	主な学習活動と主な学習問題	知	思	態
一次		風の力の大きさと車が動く距離の違いを捉える。			
習得	1・2	■ウインドカーとゴムカーを作り，試しのゲームに取り組む。			① 行
		学習問題　ウインドカー&ゴムカーダーツゲームでどうすればねらいどおりに車を止めることができるだろうか。			
	3	■風の力の大きさと車の動き方の関係を調べる。		① 記	
		学習問題　風の強さを変えると車の動き方はどう変わるのだろうか。	① 記		
	4・5	■送風機を使い，風の強さと車が進む距離の変化を調べる。 ■風受けを変えて，風の力の大きさと車の動き方の関係を調べる。		② 記	
		学習問題　どうすればウインドカーがもっと長い距離を走るのだろうか。			
		■風受けを変えて，風受けと車が進む距離の変化を調べる。	① 記		
二次		ゴムの力の大きさと車が動く距離の違いを捉える。			
本時	6	■ゴムの力の大きさと車の動き方の関係を調べる。		① 記	
		学習問題　ゴムの強さを変えると，車の動き方はどう変わるのだろうか。			
		■ゴムを伸ばす距離を変えて，ゴムの力の強さと車が進む距離の変化を調べる。	③ 記		
	7・8	■ゴムを変えて，ゴムの力の大きさと車の動き方の関係を調べる。		② 記	
		学習問題　どうすればゴムカーがもっと長い距離を走るのだろうか。			
		■ゴムの種類や数を変えて，ゴムの力の強さと車が進む距離の変化を調べる。	③ 記		
活用	9・10	■今までの記録を基にダーツゲームを行う。			① 記
		学習問題　第２回ウインドカー&ゴムカーダーツゲームで今までの記録を使えば，ねらいどおりに車を止めることができるだろうか。			
探究	1・2	■今まで学習した風やゴムの働きを使って風やゴムを使ったおもちゃづくりを行う。			① 行 ② 記
		学習問題　学んだことを使って，どんな風やゴムで動くおもちゃをつくることができるだろうか。			

7　本時（7・8/10時）の授業を構想する際の手順

手順1　問題を見いだす場面において

　本時の結論は，「量的な見方」が反映された「太いゴムを使ったり，ゴムをまく数を増やしたりして，ゴムが元に戻る力を大きくすればゴムカーが進む距離が長くなる」である。この結論に正対する問題は「どうすればゴムカーがもっと長い距離を走るのだろうか」である。そのため，前時までに見いだした「ゴムには，物を動かす働きがある。ゴムの伸びが大きいと，ゴムが元に戻ろうとする力が大きくなり，ゴムカーの進む距離が長くなる」というきまりと「ダーツゲームで高得点を取るために，もっと長い距離を走らせたい」という児童の思いから，「どうすればゴムカーがもっと長い距離を走るのだろうか」という問題を見いだすことができるようにする。

手順2　問題解決場面を通して

　第3学年で主に育成する問題解決の力は，「問題を見いだす力」である。この力の育成には「比較する」という考え方を働かせることが重要である。本時では，太いゴムを使ったり，ゴムをまく数を増やしたりして，ゴムが元に戻る力を大きくすれば，ゴムカーが進む距離が長くなることを捉えるために，既習事項を生かした「比較する」考え方の育成を中心に授業展開を構想した。そのため，前時までの実験から明らかになった，ゴムカーが進む距離の記録と本時での記録を比較しながら調べることができるように，前時の記録を用紙に赤で記載した。

手順3　学びを振り返る場面を想定して

　本時では，太いゴムを使ったり，ゴムをまく数を増やしたりして，ゴムが元に戻る力を大きくすれば，ゴムカーが進む距離がさらに長くなることを捉えることができるようにする。その過程において，様々なゴムを使った実験結果を比較しながら考える姿を想定する。そのため，結果から考察し交流する場面において，様々なゴム実験結果から共通点や差異点を説明する場を設定する。

8　本時の授業（7・8/10時）

（1）本時のねらい

　太いゴムを使ったり，ゴムをまく数を増やしたりして，ゴムが元に戻る力を大きくすれば，ゴムカーが進む距離がさらに長くなることを捉えることができる。

　ゴムが元に戻る力を大きくすれば，ゴムカーが進む距離が長くなるというきまりを基に予想を立てたり，基本のゴムを使った実験結果と様々なゴムを使った実験結果を比べて考えたりすることができる。

（2）展　開

学習活動と内容	構想手順　※指導上の留意点
1　前時のゴムカーが進んだ距離と得点から，問題を解決するためのめあてについて話し合う。  もっと長いきょりを走らせないと，高得点がとれない。もっと長いきょりを走るようにしたい。 学習問題　どうすればゴムカーがもっと長いきょりを走るのだろうか。 2　どうすればゴムカーがもっと長い距離進むか予想し，交流する。 ゴムをもっと太いのに変えたら，きっと長いきょりを進むようになると思います。  （予想内容） ・太いゴム　・ゴム3本　・ゴムをねじる　・小さいゴム  3　実験を行い，結果を整理する。 （実験方法） 　予想したゴムでどれだけゴムカーが進むか調べる。 ・太いゴム　・ゴムを3本　・ゴムをねじる　・小さいゴム 思った以上に小さいゴムだと車が進むな。 元にもどる力が大きくなるからかな。   基本のゴムと比べると，わかりやすいね。	【手順1】 ※「量的」な見方が反映された学習問題を見いだすことができるように，前時の実験による結果のグラフを提示する。 【手順2】 ※前時までの実験から明らかになったゴムカーが進む距離の記録を基に，前時の距離での得点と取りたい得点を比較して交流する場を設定する。 ※ゴムの力に焦点化するために，ゴムカーの本体や発射台は変更できないようにする。 ※3人〜4人のグループで実験を行うことで，役割分担をするとともに対話をしながら記録をとることができるようにする。

4　実験結果を問題と関係付け，どうすればゴムカーがもっと長い距離を走るのか考えて交流し，きまりについて話し合う。

（結果）

| 太いゴム | ゴム3本 | ねじったゴム | 小さいゴム |

太いゴムとゴム3本と小さいゴムだとゴムカーが基本のゴムより長いきょりを走るといえるな。

長いきょりをゴムカーが走るには，太いゴムやゴム3本などにゴムを変えてもとにもどる力を大きくすればいいと思います。

── 結論 ──
太いゴムを使ったり，ゴムをまく数をふやしたりして，ゴムが元にもどる力を大きくすればゴムカーが進むきょりが長くなる。

5　学習を振り返り，発表する。

太いゴムなどは元にもどる力が大きくなるので，ゴムカーがよく進みました。ねじったゴムは，元にもどる力がそんなに大きくならなかったので基本のゴムとゴムカーが進むきょりはかわらないとわかりました。比べて考えることで，どうしたらゴムカーが進むきょりが伸びるかよくわかりました。

※様々なゴムと基本のゴムでのゴムカーが進む距離について比べて考え，結果を全体で共有できるポイントグラフを提示する。

※おおまかな傾向で捉えるように助言することで，基本のゴムと比べて考えることができるようにする。

【手順3】
※様々なゴム実験結果から共通点や差異点を説明する場を設定する。

（須藤　大介）

●第3学年
単元「電気の通り道」（A 物質・エネルギー）

1　単元の目標

　電気の回路について，乾電池と豆電球などのつなぎ方と乾電池につないだ物の様子に着目して，電気を通すときと通さないときのつなぎ方を比較しながら調べる活動を通して，それらについての理解を図り，観察，実験などに関する技能を身に付けるとともに，主に差異点や共通点を基に，問題を見いだす力や主体的に問題解決しようとする態度を育成する。

2　単元の評価規準

知識・技能	思考・判断・表現	主体的に学習に取り組む態度
①電気を通すつなぎ方と通さないつなぎ方があることを理解している。 ②電気を通す物と通さない物があることを理解している。 ③電気の回路について，観察，実験などの目的に応じて，器具や機器などを選択し，正しく扱いながら調べ，それらの過程や得られた結果を適切に記録している。	①電気の回路について，差異点や共通点を基に，問題を見いだし，表現するなどして問題解決している。 ②電気の回路について，観察，実験などから得られた結果を基に考察し，表現するなどして問題解決している。	①電気の回路についての事物・現象に進んで関わり，粘り強く，他者と関わりながら問題解決しようとしている。 ②電気の回路について学んだことを学習や生活に生かそうとしている。

3　本単元で，子供が主として働かせる「見方・考え方」

　本単元は，「エネルギー」を柱とする領域に位置付けられ，主として働かせる見方として「量的・関係的な視点」が考えられる。具体的には，1個の乾電池と1個の豆電球を導線でつないだときに，回路ができると電気が通り，豆電球が動作すること（関係的な視点）や回路の一部に，身の回りにあるいろいろな物を入れたときに，物には電気を通す物と通さない物があること（関係的な視点）や，導線の長さや太さが変わっても回路ができると電気が通り，豆電球が動作すること（量的な視点）などである。また，回路の有無と豆電球の動作を関係付けて考えたり，実際に回路に物を入れて電気を通す物と通さない物を調べて分類したりする活動を通して，「自然の事物・現象を比較し，差異点や共通点を明らかにする力」や「既習の内容や生活経験と結び付ける力」を身に付け，「差異点や共通点を基に，問題を見いだす力」などの問題解決の力を育成したいと考える。

4 本単元で捉えさせる内容と配列の順序

本単元を構想する際，単元を通して捉えさせるべき内容とそのために働かせる理科の見方・考え方を明らかにする必要がある。そこで，以下のような手順を考えた。

手順1 捉えさせる内容と配列の順序（本単元で捉えさせる内容と子供の思考を重視した内容の配列を検討する。）

本単元で捉えさせる内容は「電気を通すつなぎ方と通さないつなぎ方があること」「電気を通す物と通さない物があること」である。ゲーム機や照明などの電化製品は身近であるものの，その構造である回路はブラックボックスになっていることが多い。これらを踏まえて，あかりがつく場合とつかない場合の両方を体験したり観察したりすることができるように，「イライラ棒」を用いた事象提示を行う。そして「回路ができると電気を通すこと」から学習を始めて，「乾電池には極があること」「ソケットがなくても回路ができること」「導線が長くなっても回路ができると電気を通すこと」「電気を通す物と通さないものがあること」「イライラ棒づくり」の順で単元を構成することにした。

手順2 捉えさせる内容を基に働かせる理科の見方・考え方の検討（本単元で内容を捉えさせるために働かせる見方・考え方は何かを考える。）

本単元に関する領域は「A物質・エネルギー」であり，主に「量的・関係的な見方」を働かせる。回路ができると豆電球が点灯するが，これを「関係的な見方」でつなぎ方を調べる。また，導線の長さや太さが変わっても回路ができると豆電球が点灯することについて，「量的な見方」で調べていく。さらに，電気を通す物と通さない物について，その材質に着目しながら「質的な見方」で調べ，分類していく。乾電池と豆電球のつなぎ方と乾電池につないだ物の様子について，実験結果を比較し，差異点や共通点を明らかにすることで，回路概念を捉えることができるようにする。

5 見方・考え方を働かせる教材研究

教材1 乾電池と豆電球のつなぎ方を捉えさせるイライラ棒（量的・関係的）

乾電池と豆電球のつなぎ方について，問題意識をもたせるためには，豆電球が点灯する場合と点灯しない場合の両方を繰り返し体験させることが不可欠である。そこで，単元の導入にあたり，アルミ線に真鍮の洋灯が触れると回路ができて，豆電球が点灯するおもちゃ「イライラ棒」を用いて試行活動を行う時間を設ける。「豆電球と乾電池はどのようにつながっているのかな」「どうしてフックが触れるときだけあかりがつくのかな」といった問題意識を認識する過程で量的・関係的・質的な見方が働くことが考えられる。また，教材のゲーム性は，子供たちの学習意欲や追究欲求を大いに高める。

6 単元計画（全9時間＋探究2時間）

評価欄…知: 知識・技能, 思: 思考・判断・表現, 態: 主体的に学習に取り組む態度 【行】行動観察 【記】記録・記述分析

段階	配時	主な学習活動と主な学習問題	知	思	態
一次		電気を通すつなぎ方と通さないつなぎ方があることを捉える。			
習得	1	■「イライラ棒」で試行活動を行い，単元を貫く学習問題について話し合う。 学習問題　どのようにかん電池と豆電球をつなげば，イライラぼうをつくることができるのだろうか。 		① 記	① 行
	2	■電気を通すつなぎ方と通さないつなぎ方について調べる。 学習問題　豆電球にあかりをつけるには，かん電池とどのようにつなげばよいのだろうか。 ■ソケット付きの豆電球と乾電池を使って，つなぎ方を様々に試し豆電球が点灯するかどうかを調べる。	③ 行	② 記	
	3	■ソケットなし豆電球でもあかりがつくかを調べる。 学習問題　ソケットなしの豆電球でもあかりはつくのだろうか。 ■ソケットなしの豆電球と乾電池と導線を使って，つなぎ方を様々に試し，豆電球が点灯するかどうかを調べる。	③ 行 ① 記	② 記	① 行
本時	4・5	■長い導線や太い導線でも豆電球にあかりがつくかを調べる。 学習問題　長いどう線や太いどう線でも，豆電球にあかりはつくのだろうか。 ■豆電球と乾電池と太さや長さが異なる複数の導線を使って，回路を作った場合に，豆電球が点灯するかどうかを調べる。	① 記	① 記 ② 記	① 行
二次		電気を通す物と通さない物があることを捉える。			
	6・7	■電気が通る物と通らない物について調べる。 学習問題　どのようなものは電気を通し，どのようなものは電気を通さないのだろうか。 ■身の回りの物をテスターにつないで，豆電球が点灯するかどうかを調べる。 	③ 行 ② 記	② 記	① 行
三次		イライラ棒づくりを行う。			
活用	8・9	■イライラ棒の設計図をつくる。 ■イライラ棒を製作する。 	① ② 行	② 行	① ② 行
探究	1・2	■豆電球を使って，信号機や揺れ発見器などのものづくりを行う。			② 行

7 本時（4・5/9時）の授業を構想する際の手順

本時を構想する際，本時で働かせる理科の見方・考え方を明らかにする必要がある。そこで，以下のような手順を考えた。

手順1 問題を見いだす場面において

本時の結論は，「量的な見方」が反映された，「長い導線や太い導線でも，回路ができれば電気が通り，豆電球にあかりがつく」である。正対する問題は「長い導線や太い導線でも，豆電球にあかりはつくのだろうか」である。そのため，これまでの学習を通して基本的な回路概念を獲得した子供たちに，長いアルミ線や太いアルミ線を提示して，イライラ棒のアルミ線をより長くしたりより太くしたりしてよいかどうかを問い，長さや太さといった量的な視点から問題を見いだすことができるようにする。

手順2 問題解決場面を通して

第3学年で主に育成する問題解決の力は，「問題を見いだし，表現する力」である。この力の育成には「比較」という考え方を働かせることが重要である。本時では，基本の導線に比べて，長い導線や太い導線でも回路ができると電気が通ることを捉えるために，差異点や共通点を基にして，「問題を見いだし，表現する力」の育成を中心に授業展開を構想した。そのため，長さ及び太さのいずれの視点で追究するのかを個人で選択させた後に，問題意識の似た子供同士でグルーピングを行った。また，導線の太さについては，様々な径の物を用意して，量的な見方を働かせながら実験に取り組むことができるように支援した。

手順3 学びを振り返る場面を想定して

本時では，長い導線や太い導線でも，回路ができれば電気が通り，豆電球にあかりがつくことを捉えることができるようにする。その過程において，複数の実験結果を比較しながら関係付けて考えることで，「導線が長くなると途中で電気が止まる」や「細い導線は電気の通り道が狭いので，あかりはつかない」といった素朴なイメージをより科学的なものに更新する姿を想定する。そのため，学習の振り返りにおいては，実験前後の思考の変容を言語化する場を設ける。

8 本時の授業（4・5/9時）

（1）本時のねらい

○ 導線の長さや太さを変えても回路があれば，電気は通ることを捉えることができる。

○ 複数の実験結果を比べたり，共通点を見つけたりすることで，電気を通すつなぎ方について考察することができる。

（2）展　開

学習活動と内容	構想手順　※指導上の留意点
1　基本の導線と長い導線や太い導線を比較して，問題を解決するためのめあてについて話し合う。  長い導線では，電気の通り道が長くなるので，電気が途中で止まってしまい，豆電球のあかりはつかないと思います。  導線が長くても太くても，輪のようにつないで回路を作れば，電気の通り道はできるので豆電球のあかりはつくと思うよ。	【手順１】 量的な見方・比較する考え方 ※「量的な見方」が反映された学習問題を見いだすことができるように，基本の導線よりも長い物や太い物を提示する。
学習問題　長いどう線や太いどう線でも，豆電球にあかりはつくのだろうか。 2　長さ問題，太さ問題から追究したい問題を選び，予想及び実験方法を考えて，話し合う。 （実験方法） ・導線の長さを5cm，20cm，100cmにする。 ・導線の太さを0.2mm，2mmにする。　　　　など 3　長い導線や太い導線をつないだ回路をつくり，豆電球にあかりがつくかどうかを調べて，結果を記録する。	【手順２】 量的な見方 ※自分の問題意識に沿った追究となるように，長さと太さのいずれの条件について調べるかを選択させて，実験班を構成する。 　導線の長さや太さの条件に着目して，検証可能な実験方法を考えることができる。 【評価：態①：行動観察】
 太い導線でも，乾電池の極にちゃんとつないで回路をつくれば，豆電球はつくね。明るさも基本の導線のときと変わらないみたい。	【手順２】 量的な見方 ※「量的な見方」を働かせながら，繰り返し実験を行うことができるように，導線の長さや径が様々な物を用意する。

4 実験結果を全体で確認して，考察を行う。

（結果）

〈長さ問題〉

長さ（cm）	5	10	30	60	100
💡	ついた	ついた	ついた	ついた	ついた

〈太さ問題〉

太さ（mm）	0.2	0.5	1	2
💡	ついた	ついた	ついた	ついた

全部の太さでついた。細細回路（0.2 mm）はつかないと思っていたけれどついた。実験をして確かめることができたね。

5cmの短回路でも，60cmの長回路でもあかりがついた。他の班が100cmもしていて，あかりがついていた。どれだけ短くても長くてもつながっていればつくことが分かった。

みんなの実験結果をみると，導線が長くても太くても，ちゃんと輪のようにつながっていれば，電気は通るから豆電球はつくと思います。

---- 結論 ----
長いどう線や太いどう線でも，回路ができれば電気が通り，豆電球にあかりがつく。

5 学び方や内容の理解について振り返りを行う。

0.2 mmと 2 mmの導線を使って実験をしたので，回路ができればどんな太さでも豆電球がつくことがよくわかった。ぼくは，太い線でイライラ棒を作りたい。

豆電球，乾電池，導線を適切につないで回路を作り，実験を行うことができる。
【評価：知③：行動観察】

【手順2】
比較する考え方

※自他の実験結果を比較して共通点を見いだすことができるように，結果を交流して表にまとめる場を設ける。

導線の長さや太さが変わっても，回路ができれば電気が流れることをつかみ，表現している。
【評価：思②：記述分析】

【手順3】
量的・関係的な見方

※自身の立てた予想や実験方法が妥当であったかを振り返り，実験を通して理解したことを表現する場を設ける。

（古賀　隆志）

1　単元の目標

　身近な動物や植物について，探したり育てたりする中で，動物の活動や植物の成長と季節の変化に着目して，それらを関係付けて調べる活動を通して，それらについての理解を図り，観察，実験などに関する技能を身に付けるとともに，主に既習の内容や生活経験を基に，根拠のある予想や仮説を発想する力や，生物を愛護する態度，主体的に問題解決しようとする態度を育成する。

2　単元の評価規準

知識・技能	思考・判断・表現	主体的に学習に取り組む態度
①動物の活動や植物の成長は，暖かい季節，寒い季節などによって違いがあることを理解している ②動物の活動や植物の成長について，器具や機器などを正しく扱いながら調べ，それらの過程や得られた結果を分かりやすく記録している。	①動物の活動や植物の成長について，既習の内容や生活経験を基に，根拠のある予想や仮説を発想し，表現するなどして問題解決している。 ②動物の活動や植物の成長について，観察，実験などを行い，得られた結果を基に考察し，表現するなどして問題解決している。	①身近な動物や植物の成長についての事物・現象に進んで関わり，他者と関わりながら問題解決しようとしている。 ②身近な動物や植物の成長について学んだことを学習や生活に生かそうとしている。

3　本単元で，子供が主として働かせる「見方・考え方」

　本単元は，「生命・地球」を柱とする領域に位置付けられ，主として働かせる見方として共通性・多様性が考えられる。この見方を働かせることで，動物の活動や植物の成長は，暖かい季節，寒い季節などによって違いがあること（共通性）や，季節ごとの動物の活動や植物の成長にはそれぞれ特徴があること（多様性）などを捉えることができる。また，カブトムシの幼虫を飼育している容器の土の表面の変化や土の中の温度と周りの温度との違い，幼虫の体重の変化などにより「根拠のある予想や仮説を発想し，表現する力」など問題解決の力を育成したいと考える。

4　本単元で捉えさせる内容と配列の順序

　本単元で捉えさせる内容は「動物の活動は，暖かい季節，寒い季節などによって違いがあること」「植物の成長は，暖かい季節，寒い季節などによって違いがあること」である。そこで，まず，カブトムシやツルレイシの活動や成長と暖かい季節，寒い季節などの温度

変化との関連付けを調べる。さらに，継続観察することで，時期を変えて調べた新たな事実を比べながら，動物の生態の変化や植物の成長や形態の変化と温度との関係を習得させたい。

5 見方・考え方を働かせる教材研究

教材1 カブトムシの成虫と幼虫 カブトムシの飼育

本単元では，生物の活動や成長について時間的・空間的な見方・考え方を育むために年度をまたぐ教材の準備をしなければならない。具体的には，学習活動を始める年度が始まる4月には，できれば，夏に羽化する予定のカブトムシの3齢幼虫を用意したい。つまり，その3齢幼虫が羽化し，カブトムシの新成虫として出てくるものを教材として活かすのである。

そのためには，前年度夏からカブトムシの成虫を飼育し，産卵させ，幼虫を腐葉土の中で春まで育てるのがよい。カブトムシの幼虫は，1匹で3ℓほどの腐葉土を食する。つまり，それだけの空間の確保が必要である。そこで，多頭飼育の場合は衣装ケースなどの容器の中に十数匹位の幼虫を飼育し，土の表面に糞が目立ってきたら腐葉土を交換してやるとよい（市販されている昆虫ケースに十数匹ほど入れてもよい）。それができない場合は，夏にカブトムシの成虫を用意し，雄雌一緒に飼育させ，土を入れたケースに産卵をさせて，ケース底に卵が確認できてからカブトムシの観察を始めるとよい。

教材2 校庭で観察させる生き物の選定と観察の視点

カブトムシやツルレイシで動物と植物との活動や成長と季節や温度との関係付けを習得させる。それらを活用し校庭の昆虫や植物を観察する活動で，生き物と季節との関係について探究を行う。

そこで季節ごとに形状が変化するものが理解させやすい。一般的に校庭に植えられているソメイヨシノは冬，花や葉は落ちてしまうが，冬季に花芽や葉芽が残る。そこで，植物が春への準備をしている痕跡を冬季に忘れずに観察させたい。一部をナイフで切って，中身を観察させ，ソメイヨシノは枯れたわけではなく，来春花を咲かせ葉を出す準備をしているという確認をさせたい。

冬季に観察させたい花芽や葉芽

6　単元計画（全10時間＋探究6時間）

評価欄…知：知識・技能，思：思考・判断・表現，態：主体的に学習に取り組む態度　【行】行動観察　【記】記録・記述分析

段階	配時	主な学習活動と主な学習問題	知	思	態
\	\	一次　カブトムシやツルレイシは，暖かい季節，寒い季節などによって活動や成長の違いがあることを捉える。			
習得	1 2 3 4 5 6	■春の動物の活動（生態）や植物の成長と季節の変化（主として温度）に着目して，それらを関係付けて調べる学習計画を立てる。 学習問題　ツルレイシやカブトムシはどのように育つのだろうか。 ■ツルレイシの栽培を通して植物の成長と，植物の成長と気温との関係を調べる。 ■カブトムシの飼育を通してカブトムシの生態を記録し，昆虫の成長や活動と気温との関係を調べる。	①行	②記	①行
\	\	二次　カブトムシやツルレイシの成長と環境との関係について捉える。			
本時	7	■昆虫の成長と形態や大きさの変化に着目して，環境と関係付けて調べる。 学習問題　カブトムシは夏にだけ活動する昆虫なのだろうか。	①記	①記	
活用	8 9 10	■ツルレイシとカブトムシを中心に動植物の成長や活動と，周りの環境の変化を関連付けてまとめる。			①行 ②行
探究	1 2 3 4 5 6	■ツルレイシとカブトムシを中心に動植物の成長や活動と，周りの環境の変化を関連付けてまとめる。 ■ツルレイシとカブトムシを栽培・飼育しながら調べたことをまとめる。 ■身近な環境（校庭の樹木や動物の冬越し等）の変化について観察し，ツルレイシやカブトムシを飼育・栽培して分かったこととともに，生物の成長を季節と関連付けて話し合う。	①行 ①記 ②記		①行 ②行

7　本時（7／10時）の授業を構想する際の手順

手順1　問題を見いだす場面において

　本時の結論は「カブトムシは一年中生きているといえる」である。この結論に正対する問題は「カブトムシは一年中活動する昆虫なのだろうか」である。この問題を設定するために季節と生き物の気付きについて問うたアンケート結果を掲示し，昆虫の種類によって見かける季節が異なることに気付かせる。また，昆虫を見かけるというのは，「昆虫の成虫を見かける」ことであることを補足する。このとき第3学年で学習した昆虫の変態について想起，補足説明をする。「夏にしか見かけないカブトムシは，本当に夏にしかいないのか」という疑問や，「秋や冬にはどのようにして生活しているのか」という発問を行う。

手順2　問題解決場面を通して

　第4学年で主に育成する問題解決の力は「既習の内容や生活経験を基に，根拠のある予想や仮説を設定する力」である。この力の育成には「関係付ける」という考え方を働かせることが重要である。本時では，カブトムシは夏の間に産卵し，生まれた幼虫は土を食べ

ながら成長することに気付き，来春まで土の中で成長していくという見通しをもつことである。そのために，50cc程の小さなプラスチック容器にカブトムシが産卵した卵を入れたものを用意する。班ごとに配付するカブトムシの幼虫は，腐葉土を食べて1年1化で大きくなることを補説する。その際，出てきた卵や幼虫は小さく，子供たちが知っているカブトムシの成虫とは差があることに気付かせ，これからの時期に成長していくことを予想する。そこで，今後の世話のことや大まかな季節ごとに，どう変態していくかを予想させながら観察の計画を話し合わせる。

手順3　学びを振り返る場面を想定して

　昆虫は，成虫のみが産卵可能であることを補説し，成虫が地上では見られなくなっても，幼虫の成長は続いていることを捉えることができるようにする。その過程において，カブトムシの生態と季節との関連を発問し，今，目の前で観察している小さな幼虫と夏に観察した成虫の様子とを関係付けて考えることで，土の中で成長するはずだという見通しをもつ姿を想定する。そのため，学習の振り返りにおいて，これからの幼虫の飼育について話し合う活動を位置付ける。

8　本時の授業（7／10時）

（1）本時のねらい

　カブトムシの幼虫は，夏の終わりまでに土に卵を産み，土の中で幼虫が孵化し，土を食べながら大きくなることを捉えることができる。

　カブトムシの成虫は，卵を産むと死んでしまうが，土の中で孵化した幼虫は，土を食べながら秋から初夏まで成長していく見通しをもつことができる。

（2）展　開

学習活動と内容	構想手順　※指導上の留意点
1　見かける昆虫アンケートの結果のズレから，本時の学習問題について話し合う。 ⑴　アンケート結果でのカブトムシの成虫を見かける時期のズレから本時学習問題について話し合う。 **学習問題　カブトムシは夏にだけ活動する昆虫なのだろうか。** ⑵　理科室で飼育しているカブトムシの生態を話し合う。 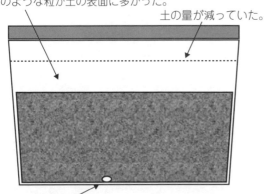 昨日カブトムシのケースの底に卵があったよ。でも，今日はなくなっているのはなぜ？ きっと卵からふ化して土の中に脱出したんじゃないかな。土をひっくり返し幼虫がいるか確かめよう。 ⑶　カブトムシが生活していたケース内の土を観察し，コップ越しにカブトムシの卵を確認する。 ふんのような粒が土の表面に多かった。 土の量が減っていた。 底に卵が確認できた。 8月30日　成虫はすでに死んでいた。	【手順1】 ※秋になるとカブトムシの成虫はほとんど見られなくなる。しかし，夏になると，またカブトムシを見かけるようになる。セミやチョウも同様に，秋や冬に見かけなくても，春や夏になると生き物を見ることができる。その点を発問で引き出し，問いを学習問題として位置付ける。 ※アンケート結果を掲示し，昆虫を見かける季節が，種類によって異なることに気付くようにする。 ※昆虫を見かけるというのは，「昆虫の成虫を見かける」ことであることを補足する。 ※3年生で学習した昆虫の変態について想起，補足説明をする。 【評価：知①：記述分析】 【手順2】 ※50cc程の小さなプラスチック容器にカブトムシが産卵した卵を入れたものを用意し，さらに，土の中を観察するためトレイを用意し，土を広げて観察するよう指示する。 ※カブトムシの幼虫は，腐葉土を食べて1年1化で大きくなることを補説し，今後の世話のことや大まかな季節ごとにどう変態していくかを予想させながら今後の観察の計画を話し合わせる。

2　学習問題を解決するための今後の観察について話し合う。

(1)　カブトムシが生活していたケース内の土を観察し，コップ越しにカブトムシの卵を確認する。

> 土の中には，やっぱり幼虫がいた。けれど，春に観察したものよりずい分小さかった。これから大きくなるのかな。

> カブトムシの成虫は，死んでしまったけれど，幼虫が生きていた。カブトムシは夏だけ生きているんじゃないんだ。

【手順3】

※昆虫は，成虫のみが産卵可能であることを補説し，成虫が地上では見られなくなっても，幼虫の成長は続いていることに気付くように促す。

(2)　卵が今後どうなるのか予想する。

> 飼育ケースの土が減り，小豆のようなふんが目立ってきた。幼虫は土を食べて大きくなるのかも。

> そうだとすると，そろそろ新しい土と交換しないと幼虫の食べ物がなくなってしまう。

※3学年で学習した昆虫の変態を想起させることで，予想の根拠をもつことができるようにする。

※カブトムシの成虫の標本と幼虫の大きさを比べさせ，本時観察した幼虫が，今後大きくなることを実感させる。

【評価：思①：記述分析】

3　本時のまとめについて話し合う。

┌─ 結論 ─────────────────
│　カブトムシは1年中活動しているといえる。
└──────────────────────

（今泉　伸一郎）

単元「天気の様子」（B 生命・地球）

1　単元の目標

　自然界の水の様子について，水の行方に着目して，それらと天気の様子や水の状態変化とを関係付けて調べる活動を通して，水は水面や地面などから蒸発し，水蒸気になって空気中に含まれていくことや，空気中の水蒸気は結露して再び水になって現れることがあることについての理解を図る。また，観察や実験の技能を身に付け，既習の内容や生活経験を基に，水の状態変化と水の行方の関係について，根拠のある予想や仮説を発想し，表現する力や主体的に問題解決しようとする態度を育成する。

2　単元の評価規準

知識・技能	思考・判断・表現	主体的に学習に取り組む態度
①水は，水面や地面から蒸発し，水蒸気になって空気中に含まれていくことを理解している。 ②空気中の水蒸気は，結露して再び水になって現れることを理解している。 ③水の状態変化について，観察，実験などの目的に応じて実験器具を選択し，正しく使って調べ，得られた結果を適切に記録している。	①自然界の中の水の状態変化について，見いだした問題に対して既習の内容や生活経験を基に，根拠のある予想や仮説を発想し，表現するなどして問題解決している。 ②地面や水面からの蒸発や空気中の結露について，観察，実験などから得られた結果を基に考察し，表現するなどして問題解決している。	①自然界の水の様子の変化や行方について進んで関わり，他者と関わりながら問題解決しようとしている。 ②自然界の水が水面や地面から蒸発していることや空気中の水蒸気が結露して再び水になることについて，学んだことを学習に生かそうとしたり，生活に関係付けて生かそうとしたりしている。

3　本単元で，子供が主として働かせる「見方・考え方」

　本単元は，「地球」を柱とする領域に位置付けられ，主として働かせる見方として時間的・空間的な視点で捉えることが考えられる。この見方を働かせることで，自然の中の水を放置していると量が減るのは，時間の経過とともに水面から空気中へと水が蒸発していること（時間的）や水は水面や地面から自然と蒸発し，目には見えない水蒸気となり，いかなる場所にも存在していること（空間的）などを捉えることができる。また，自然界の中の水の状態変化を時間の経過及び水の量の変化，行方と関係付けて考えながら調べる活動を通して，「自然事象の変化とそれに関わる要因を結び付ける力」や「既習の内容や生活経験と結び付ける力」を身に付け，「根拠のある予想や仮説を発想し，表現する力」などの問題解決の力を育成したいと考える。

4　本単元で捉えさせる内容と配列の順序

　本単元で捉えさせる内容は「自然界の中の水は地面や水面から蒸発し，水蒸気として空気中に含まれていくこと」「空気中の水蒸気は，結露して再び水になって現れること」である。子供たちの既習内容として「水は沸騰すると水蒸気として気体になること」を捉えてきている。また，「運動場にできた水たまりは時間や気温によってなくなること」を日常生活から経験してきている。これらを踏まえて，「運動場や駐車場にあった水たまりの水はどこに行ったのか」という問題意識をもたせ，「自然界の中の蒸発」から「空気中の水蒸気が結露して水になって現れること」「身の回りの蒸発や結露」の順で内容を配列し，単元を構成することにした。

5　見方・考え方を働かせる教材研究

教材1　地面からの蒸発を捉えさせるプラスチックカップ（時間的・空間的・量的）

　湿った地面から，水が水蒸気として空気中に出ているのかを調べるために，透明のプラスチックカップを使用する。カップがくもっていく様子や内側に水滴がつく様子を基に，地面から水蒸気として空気中に出ていることを時間的・空間的な見方で明らかにできる。また，カップに水をそのまま入れて

おくものとラップで蓋をしたものを比較し，そのままのカップの水の量は減少し，ラップをしたほうには水滴がつくことから水面から水が蒸発していることを捉えることができるようにする。その際，水の量の変化に着目することで，量的な見方を働かせて調べることができる。

教材2　空気中の水蒸気の結露を捉えさせるサンプル管（空間的）

　ガラス製のサンプル管の中に氷及び水，食塩で寒剤をつくり，日なたや日陰，室内など様々な場所で結露について調べる。ガラス製のサンプル管は冷えやすく，結露もしやすいため使用した。サンプル管の表面と空気中の温度差をつくり，サンプル管の表面に水滴がつくかどうかを調べさせる。運動場の

日なたや日陰，室内など，様々な場所で調べさせる。どんな場所にも水蒸気があり，温度の変化で結露するという空間的な見方を働かせて調べることができる。また，サンプル管で寒剤がある部分とない部分では水滴の有無も違い，冷やされた部分にのみ水滴がつくことから，温度の違いによって水蒸気が水に戻ることを捉えさせることができる。

6 単元計画（全6時間＋探究2時間）

評価欄…知：知識・技能，思：思考・判断・表現，態：主体的に学習に取り組む態度 【行】行動観察 【記】記録・記述分析

段階	配時	主な学習活動と主な学習問題	知	思	態
一次 自然の中の水は，水面や地面などから蒸発し，水蒸気になって空気中に含まれていくことを捉える。					
習得	1	■雨が降っているときの運動場とやんだ後の運動場を比較し，たまった水の行方を考え，単元を通して解決すべき問題について話し合う。 学習問題　自然の中の水はどこにいくのだろうか。			①記
	2・3	■水たまりにたまった水の蒸発について調べる。 学習問題　水たまりにたまった水はどこにいくのだろうか。 ■入れものに水を入れ，そのままのものと蓋をしたものを様々な場所におき，3日間置いて水の量の変化を調べる。 ■雨などによって地面にしみ込んだ水はどこにいくのかを調べる。	①記	①記 ②記	
	4	学習問題　地面にしみこんだ水も蒸発するのだろうか。 ■湿った地面に透明の容器をかぶせ，中の様子を調べる。容器の中がくもるかどうか，水滴がつくかどうかを調べる。	③記		
二次 空気中に含まれている水蒸気は，気温の変化によって結露し，再び水になって現れることがあることを捉える。					
本時	5	■水面や地面から蒸発した水はどこに行ったのかを調べる。 学習問題　蒸発した水は，空気中に含まれているのだろうか。 ■サンプル管に氷と水，食塩を入れて周りの空気を冷やす。室内外や日なたと日陰などで，サンプル管の周りに水滴がつくかどうか調べる。	②記	①記	
活用	6	■身近な水と生活の関係を考え，単元の学習をまとめる。 学習問題　洗濯した衣類はどのように乾くのだろうか。 ■洗濯して衣服についている水分は，日光によって温度が上がることで蒸発し，空気中に水蒸気として出ていくか調べる。			①記
探究	1・2	■プラスチックのケースでモデルハウスを作り，実際に結露していく様子を調べる。 学習問題　モデルハウスをつくって調べると，水蒸気は結露するのだろうか。		①行 ②記	

7　本時（5/6時）の授業を構想する際の手順

手順1　問題を見いだす場面において

　本時の結論は，「空間的な見方」が反映された「蒸発した水は空気中に水蒸気として含まれている。水蒸気は冷やされて冷たい部分で水になり，このようになることを結露という」である。この結論に正対する問題は「蒸発した水は空気中に含まれているのだろうか」である。そのため，前時までに見いだした地面にしみ込んだ水や水たまりから，空気中に蒸発して水蒸気になったというきまりから，水蒸気として水はどこに行ったのかという問題を見いだすことができるようにする。

手順2　問題解決場面を通して

　第4学年で主に育成する問題解決の力は，「根拠のある予想や仮説を発想し，表現する力」である。この力の育成には「関係付ける」という考え方を働かせることが重要である。本時では，どんな場所でも空気中に水蒸気が存在することを捉えるために，既習事項を生かした根拠のある予想や仮説を発想し，表現する力の育成を中心に授業展開を構想した。

　そのため，前時までの実験から明らかになった，地面や水面から水が空気中に蒸発していることを生かして予想や仮説を立てることができるように，前時までの実験の様子が分かる画像や動画を提示する。

　次に，これまでに蒸発について調べてきた運動場や中庭，理科室といった様々な場所で水蒸気の有無を調べる実験を行った。サンプル管に寒剤をつくり，水滴がつくかどうかを調べる実験を行う。結果を校舎配置図に書き込み，どの場所においても水滴がついたことを明らかにし，空間的な見方を働かせながらきまりを考えさせる。

手順3　学びを振り返る場面を想定して

　本時では，蒸発した水は空気中に水蒸気として含まれ，水蒸気は冷やされて冷たい部分で水になり，このようになることを結露ということを捉えることができるようにする。その過程において，どんな場所でも，空気中には水蒸気があることを様々な場所の実験結果を比較しながら関係付けて考える姿を想定する。そのため，学習の振り返りにおいて，冬場の窓ガラスの結露など身近な場面について説明する場を設定する。

8　本時の授業（5/6時）

（1）本時のねらい

　蒸発した水蒸気は，空気中に含まれており，温度の変化によって水として再び現れる現象を結露ということを捉えることができる。

　地面や水面の水は蒸発して水蒸気になるというきまりを基に予想を立てたり，様々な実験結果を基に空気中の水蒸気の存在について考えたりすることができる。

（2）展　開

学習活動と内容	構想手順　※指導上の留意点
1　蒸発した水がどこに行ったのかを既習事項と比較して予想を立て，問題を解決するためのめあてについて話し合う。  　身の回りの空気中にあるのではないかな。蒸発して見えない水蒸気としてあると思う。水は蒸発して水蒸気になるのが分かったから。  　私は，蒸発して空まで上がっていっていると思う。前の実験で，ラップもコップも上の方に水滴がついていたから。	【手順1】 ※空間的な見方が反映された学習問題を見いだすことができるように，前時の実験による水の変化の画像や動画を提示する。 【手順2】 ※生活経験や既習内容を学習問題と関係付けて根拠のある予想や仮説を発想することができるように，考えを交流する場を設定する。
学習問題　蒸発した水は，空気中に含まれているのだろうか。	
2　蒸発について調べてきた場所で，冷やしたサンプル管で周りの空気を冷やしたときの様子を調べ，結果を明らかにする。 （実験方法） ・サンプル管に水，氷及び食塩を入れる。 ・ニコニコ畑，運動場，中庭，理科室で周りの空気を冷やす。 ・サンプル管の周りに水滴がつくかを調べる。  　日光がよく当たる中庭で，あっという間に水滴がついた。  　日陰でも水滴がついてきた。日陰の温度よりも瓶の温度の方が冷たいからかな。	※蒸発について調べた場所で水滴のつき方やつく位置に着目して実験するために，水蒸気が身の回りの空気中に含まれるかどうかを明らかにするためにサンプル管を提示する。 【評価：知①：記録分析】

3　実験結果を問題と関係付け，サンプル管の周りに水滴が
　　ついた要因を考えてグループで交流し，きまりについて話
　　し合う。

（結果）

理科室	運動場	ニコニコ畑	中庭
少しついた	水滴がついた	水滴がついた	水滴がついた

> サンプル管の周りに水滴がついたということは，まわりの空気が冷やされたということ。つまり，水蒸気が水に戻ったと思う。

> 理科室も運動場も同じような結果になったので，水蒸気はどこにでも含まれていることがいえると思う。

> 身の回りで蒸発した水は水蒸気になり，僕たちの身の回りの空気に含まれているだろう。

―結論―
　　蒸発した水は空気中に水蒸気として含まれている。水
蒸気は冷やされて冷たい部分で水になり，このようにな
ることを結露という。

4　日常生活の中で結露する場面を想起し，空気中における
　　水の水蒸気としての存在と結露についてまとめ，発表し合
　　う。

> 今日の実験で考えると，冬場の外の温度はサンプル管で家の中は身の回りの空気になる。そうすると中の空気が冷やされて，水蒸気が結露すると思う。

※蒸発した水の行方について様々な場
所を比較したり，要因として温度の変
化について考えたりすることができる
ように，サンプル管の実験の様子を書
き込みながら小グループで話し合うこ
とができるホワイトボードを提示する。

【評価：思①：記述分析】

【評価：思①：記述分析】
【手順3】
※本時見いだしたきまりを日常生活と
関係付けて考えることができるように，
夏場のコップや冬場の窓ガラスの画像
を提示し，現象の要因を説明し合う場
を設定する。

（椎窓　敏広）

●第5学年
単元「振り子の運動」（A 物質・エネルギー）

1 単元の目標

　振り子の運動の規則性について，振り子が1往復する時間に着目して，おもりの重さや振り子の長さなどの条件を制御しながら調べる活動を通して，振り子が1往復する時間はおもりの重さなどによっては変わらないが，振り子の長さによって変わることについての理解を図る。また，振り子の運動の規則性について追究する中で，観察，実験などに関する技能を身に付けるとともに，振り子が1往復する時間に関係する条件についての予想や仮説を基に，解決の方法を発想し，表現する力や主体的に問題解決しようとする態度を育成する。

2 単元の評価規準

知識・技能	思考・判断・表現	主体的に学習に取り組む態度
①振り子が1往復する時間は，おもりの重さなどによっては変わらないが，振り子の長さによって変わることを理解している。 ②振り子の運動の規則性について，観察，実験などの目的に応じて器具や機器などを選択し，正しく扱いながら調べ，それらの過程や得られた結果を適切に記録している。	①振り子の運動の規則性について，見いだした問題に対して既習内容や生活経験を根拠にした予想や仮説を基に，解決方法を発想し，表現するなどして問題解決している。 ②振り子の運動の規則性について，観察，実験などを行い，得られた結果を基に考察し，表現するなどをして問題解決している。	①振り子の運動の規則性についての事物・現象に進んで関わり，粘り強く，他者と関わりながら問題解決しようとしている。 ②振り子が1往復する時間は，おもりの重さなどによっては変わらないが，振り子の長さによって変わることについて，学んだことを学習に生かそうとしたり，生活に関係付けて生かそうとしたりしている。

3 本単元で，子供が主として働かせる「見方・考え方」

　本単元は，「エネルギー」を柱とする領域に位置付けられ，主として働かせる見方として量的・関係的な視点で捉えることが考えられる。この見方を働かせることで，おもりの重さ，振り子の長さ，振れ幅を変えたときの振り子が1往復する時間とその関係性（量的・関係的）などを捉えることができる。また，振り子が1往復する時間を変える要因はおもりの重さ，振り子の長さ，振れ幅のうちのどれか，関係付けて考えながら調べる活動を通して，「自然事象の変化とそれに関わる要因を結び付ける力」や「既習の内容や生活経験と結び付ける力」を身に付け，「自然の事物・現象から見いだした問題についての予想や仮説を基に，解決の方法を発想する力」などの問題解決の力を育成したいと考える。

4　本単元で捉えさせる内容と配列の順序

　本単元で捉えさせる内容は「振り子が1往復する時間は，おもりの重さなどによっては変わらないが，振り子の長さによって変わること」である。導入場面では，「振り子とは，糸におもりをぶら下げて行ったり来たりするものである」ということを捉えさせる。これを踏まえて，導入場面で長さや重さ，振れ幅の異なる2つの振り子を見せ，「2つの振り子が1往復する時間がそれぞれ異なるのはどうしてか」という問題意識をもたせる。「振り子の動きを変える要因を予想すること」から「基本実験を設定して1往復する時間を測定する」活動を経て，「3つの要因と1往復する時間について自分の仮説をもち，自分の仮説を検証する実験を行い，結果を集約して考察する」という手順で単元を構成することにした。

5　見方・考え方を働かせる教材研究

教材1　1往復する時間を変える要因について捉えさせるブラックボックス（量的・関係的）

　振り子が1往復する時間の違いに着目させその1往復する時間を変える要因について考

えさせるために，ブラックボックスを用意しその小窓から1往復する時間の異なる2つの振り子が動いている様子を観察させる。その2つの振り子はそれぞれ振り子の長さもおもりの重さも振れ幅も異なるものであり，子供たちに2つの振り子の相違点に着目させる。「振り子の長さが異なるから1往復する時間も異なるのではないか」「おもりの重さが異なるから1往復する時間も異なるのではないか」といったように，各自の仮説を交流し，1往復する時間とその要因についての量的・関係的な見方を働かせて問題を捉えることができるようにする。

教材2　各班の結果を共有して考察できるドットシールを使った結果表（量的・関係的）

　子供の主体的な学びにするため，自分が一番正しいと思う要因を選択させて自己の仮説

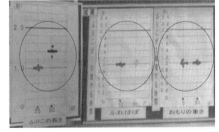

の立場を明確にし，それぞれ自分の仮説を検証する実験をさせる。そのため，結果をドットシールで表に貼り，各班の結果を共有することで，全ての要因の実験を行えなくても，量的・関係的な見方を働かせて結論を導き出すことができるようにする。

6　単元計画（全9時間＋探究2時間）

評価欄…知：知識・技能，思：思考・判断・表現，態：主体的に学習に取り組む態度　【行】行動観察　【記】記録・記述分析

段階	配時	主な学習活動と主な学習問題	知	思	態
一次　振り子の運動の規則性について問題を見いだし，振り子の運動を変える要因について自分の仮説をもち，基本実験を設定して，その1往復する時間を計測する。					
習得	1	■振り子について知り，学習問題を見いだす。 　○ブラックボックスの窓から見える振り子の動きから，学習問題をつくる。 　学習問題　ふりこが1往復する時間は，何と関係があるのだろうか。		①記	①記
	2 ・ 3 ・ 4 ・ 5	■振り子の動きのきまりについて調べる。 ■1往復する時間を変える要因について仮説を立てる。 　○振り子が1往復する時間は，おもりの重さ，振れ幅，振り子の長さに関係があるのではないかと予想すること。 ■1往復する時間の測定方法を確認する。 　○基本実験は1往復する時間が約1.0秒であること。 　ふれはば10°，ふりこの重さ5g，ふりこの長さ25cmのふりこが1往復する時間を基本実験とする。	②記	①記 ②記	①記
二次　振り子が1往復する時間を変える要因は何か，自分の仮説を基に実験を行い，結果を共有し，考察して結論を導き出す。					
本時	6 ・ 7	■1往復する時間と振り子の長さ，振れ幅，おもりの重さの関係について調べる。 　○振り子が1往復する時間は，振れ幅にもおもりの重さにも関係なく振り子の長さによってのみ変わること。 　・振れ幅を変えると1往復する時間は変わるのではないか。 　・振り子の長さを長くすると1往復する時間も長くなるはずだ。 　・おもりの重さを重くすると1往復する時間は短くなりそうだ。 　振り子が1往復する時間と振り子の長さ，振れ幅，おもりの重さとの関係 【ふりこの長さ】　【ふれはば】　【おもりの重さ】 　・振り子の長さを変えた場合のみ，振り子が1往復する時間が変わった。 　結論 　ふりこが1往復する時間は，ふりこの長さによってのみ変わる。	①記	①記 ①記 ②記	①記
活用	8 ・ 9	■身近な振り子と生活の関係を考え，単元の学習をまとめる。 　学習問題　ふりこのきまりを使って，生活を便利にしたり，楽しくしたりするものを作ろう。 　○学習したことを生かしてものづくりをする。	②記		①記
探究	1 ・ 2	■1往復する時間を自分で設定し，どうすればその時間にできるか調べる。 　学習問題　1往復する時間を2秒にするためにはふりこの長さを何cmにすればいいだろうか。	②記		①行 ②記

7　本時（6・7/9時）の授業を構想する際の手順

手順1　問題を見いだす場面において

　本時の結論は，「量的・関係的な見方」が反映された「振り子が1往復する時間は，おもりの重さなどによっては変わらないが，振り子の長さによって変わること」である。この結論に正対する問題は「振り子が1往復する時間は何によって変わるだろうか」である。そのため，振り子の長さを変えた2つの振り子をブラックボックスで見せ，差違点に着目させることから，2つの振り子が1往復する時間は何の要因によって変わるのかという問題を見いだすことができるようにする。

手順2　問題解決場面を通して

　第5学年で主に育成する問題解決の力は，「自然の事物・現象から見いだした問題についての予想や仮説を基に，解決の方法を発想する力」である。この力の育成には「条件を制御する」という考え方を働かせることが重要である。本時では，振り子が1往復する時間を変える要因は振り子の長さ，おもりの重さ，振れ幅のいずれかであることを捉えるために，既習事項を生かした「予想や仮説を基に，解決の方法を発想する力」の育成を中心に授業展開を構想した。そのため，前時までの実験から明らかになった基本実験の振り子が1往復する時間は1秒であることを生かして予想や仮説を立てることができるように，前時までの実験の様子が分かる流れ図を掲示し，それぞれの要因について全員の仮説の立場を明確にした表を提示することで子供の追究意欲を高めるようにする。

手順3　学びを振り返る場面を想定して

　本時では，振り子が1往復する時間は，おもりの重さなどによっては変わらないが，振り子の長さによってのみ変わることを捉えることができるようにする。その過程において，振り子の長さ，おもりの重さ，振れ幅を変えたそれぞれの実験結果を比較しながら関係付けて考える姿を想定する。そのため，学習の振り返りにおいて，条件をさらに変えた場合では結果がどうなるかについて説明する場を設定する。

8　本時の授業（6・7/9時）

（1）本時のねらい

　振り子が1往復する時間は，おもりの重さなどによっては変わらないが，振り子の長さによって変わることを捉えることができる。

　基本実験の振り子が1往復する時間が1秒であったことを基に予想を立てたり，実験結果を基に振り子が1往復する時間を変える要因について考えたりすることができる。

（2）展　開

学習活動と内容	構想手順　※指導上の留意点
1　問題を見いだし，振り子が1往復する時間を変える要因は何か，既習事項と比較して仮説を立てる。	【手順1】 ※既習事項の振り返りを促すために，前時までの学習の流れ図を提示する。

1　問題を見いだし，振り子が1往復する時間を変える要因は何か，既習事項と比較して仮説を立てる。

> 学習問題　ふりこが1往復する時間は，何によって変わるのだろうか。

【手順1】
※既習事項の振り返りを促すために，前時までの学習の流れ図を提示する。

【手順1】
※根拠のある予想や仮説を発想することができるように，考えを交流する場を設定する。

> サーカスの空中ブランコはひもが長くて動きもゆっくりだったから，1往復する時間も長いと思うからふりこの長さが関係していると思います。

> 1往復する時間はふれはばによって変わると思います。わけは，ふれはばが大きいと動く距離が長くなるし，ふれはばが小さいと動く距離が短いから時間が変わると思うからです。

2　自分の仮説に沿って条件を変えながら実験を行い，問題を追究し解決する。

　(1)　実験を行う。

条件	実験①	実験②	実験③
長さ	50cm	25cm	25cm
振れ幅	10°	20°	10°
重さ	5g	5g	50g

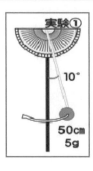

【手順2】
※基本実験の結果と比較した実験①，②，③をそれぞれのグループでまず行い，時間があればもう一つ条件を変えた3つ目の実験結果を求めさせる。
【評価：知①：記録分析】
【手順2】
※変える要因とその結果を量的に見ながら関係性を捉えることができるように，一つ一つ実験方法を確認し，班で役割分担を行い，協力しながら実験の様子を書き込み話し合うことができるようにする。

(2) 実験結果を各班で出し合い，振り子が1往復する時間
と振り子の長さ，振れ幅，おもりの重さの関係について
考察する。

【評価：思①：記述分析】

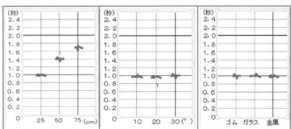

| ふりこの長さ | ふれはば | おもりの重さ |

長さ　→基本実験と①の実験の比較より，1往復する時
間に変化あり。

振れ幅→基本実験と②の比較より，1往復する時間に変
化なし。

重さ　→基本実験と③の比較より，1往復する時間に変
化なし。

　各班の結果を比べて,ふりこの1往復する
時間にはどのようなきまりがあるといえますか。

　仮説では,ふりこが1往復する時間はふれ
はばによって変わると考えていました。だけど,
結果はふれはばが20°になっても10°のとき
と同じように1往復する時間は1.0秒でした。
このことから1往復する時間はふれはばによ
って変わらないことがわかりました。

　ふりこの重さを調べてみると,結果は5gの
ときも50gのときと同じように1往復する時
間は1.0秒でした。このことから1往復する時
間はおもりの重さによって変わらず,みんな
の結果から振り子の長さによって変わること
がわかりました。

3　練習問題について考え，本時学習をまとめる。

(1)　100cmの振り子が1往復する時間を考え，確かめると
ともに，学習のまとめを行う。

─ 結論 ─
　ふりこが1往復する時間は，重さでもふれはばでもな
くふりこの長さによって変わる。ふりこが長くなると，
1往復する時間が長くなり，ふりこが短くなると1往復
する時間も短くなる。

(2)　感想を交流し，本時の学習を振り返る。

　○自分と友達の仮説を比較し，本時の学習内容を振り返
ること。

【手順3】

※振り子が1往復する時間を変える要
因は振り子の長さのみであったことか
ら，振り子の長さを100cmにすると，1
往復する時間も長くなることを考えさ
せる。

（塩塚　徹仁）

●第5学年
単元「電流がつくる磁力」（A 物質・エネルギー）

1　単元の目標

　電流がつくる磁力について，電流の大きさや向き，コイルの巻数などに着目して，これらの条件を制御しながら調べる活動を通して，それらについての理解を図り，観察，実験などに関する技能を身に付けるとともに，主に予想や仮説を基に，解決の方法を発想する力や主体的に問題解決しようとする態度を育成する。

2　単元の評価規準

知識・技能	思考・判断・表現	主体的に学習に取り組む態度
①電流の流れているコイルは，鉄心を磁化する働きがあり，電流の向きが変わると，電磁石の極も変わることを理解している。 ②電磁石の強さは，電流の大きさや導線の巻数によって変わることを理解している。 ③電流がつくる磁力について観察，実験などの目的に応じて，器具や機器などを選択して，正しく扱いながら調べ，それらの過程や得られた結果を適切に記録している。	①電流がつくる磁力について見いだした問題について，予想や仮説を基に，解決の方法を発想し，表現するなどして問題解決している。 ②電流がつくる磁力について，観察，実験などを行い，得られた結果を基に考察し，表現するなどして問題解決している。	①電流がつくる磁力についての事物・現象に進んで関わり，粘り強く，他者と関わりながら問題解決しようとしている。 ②電流がつくる磁力について学んだことを学習や生活に生かそうとしている。

3　本単元で，子供が主として働かせる「見方・考え方」

　本単元は，「エネルギー」を柱とする領域に位置付けられ，主として働かせる見方として，量的・関係的な視点で捉えることが考えられる。この見方を働かせることで，電流の流れているコイルは鉄心を磁化する働きがあり，電流の向きが変わると電磁石の極も変わること（関係的）や電磁石の強さは電流の大きさや導線の巻数によって変わること（量的）などを捉えることができる。

　また，電磁石の性質を調べる活動や電磁石の強さを変化させる要因を調べる活動を通して，電流がつくる磁力や電磁石の性質についての「予想や仮説を基に，解決の方法を発想し，表現する力」などの問題解決の力を育成したいと考える。

4　本単元で捉えさせる内容と配列の順序

　本単元で捉えさせる内容は「電流の流れているコイルは，鉄心を磁化する働きがあり，電流の向きが変わると，電磁石の極も変わること」「電磁石の強さは，電流の大きさや導線の巻数によって変わること」である。子供たちの既習内容として「乾電池の数やつなぎ方を変えると，電流の大きさや向きが変わり，豆電球の明るさやモーターの回り方が変わること」を捉えてきている。ただ，電磁石については聞いたことはあるものの日常生活等で出合っている児童は少ない。これらを踏まえて，導入場面で電磁石を使って物を持ち上げる体験を通して，「重い物は，どうすれば持ち上げられるのか」という問題意識をもたせ，「調べたい！　持ち上げたい！」という児童の追究意欲を基に，単元を構成することにした。

5　見方・考え方を働かせる教材研究

教材1　電流の大きさに着目させるための教具（量的・関係的）

　電磁石の釣り竿を用いて「軽い魚は釣れるが重い魚は釣れない」という経験から「重い魚を釣りたい」という追究意欲をもつことができるようにする。「電流の大きさを変えたらいいのではないか」「巻き数や電池の数に関係しているのではないか」と，釣るためにどうするのかを考え，単元を通して量的・関係的な見方を働かせ課題を追究する意欲を引き出す。

教材2　磁石と電流について振り返り，関係をつなぐ教材（時間的・関係的）

　第3学年の磁石の学習，第4学年の電流の学習は，第5学年の電磁石につながる学びとなる。極性や電池の向きを変えると電流の向きも変わることなど関係的な見方

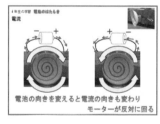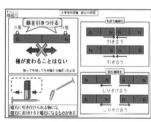

を働かせて課題を追究することにつなげることができる。

教材3　学んだ磁石と電流についての見方・考え方を活用できる教材（量的・関係的）

　このリニアモーターカーキットは，電流の流れているコイルは鉄心を磁化する働きがあり，電流の向きが変わると電磁石の極も変わること（関係的）や電磁石の強さは電流の大きさや導線の巻数によって変わること（量的）などを振り返り，どのような仕組みで動いているか考えることができる教材である。

6　単元計画（全11時間＋探究2時間）

評価欄…知：知識・技能，思：思考・判断・表現，態：主体的に学習に取り組む態度　【行】行動観察　【記】記録・記述分析

段階	配時	主な学習活動と主な学習問題	知	思	態
習得	1・2	■磁石の振り返りと電磁石の操作から自らの問いをつくる。 ■課題の共通項を見いだすために，自分たちの調べたいことを全て書き出し，全体で整理する。 学習問題　電磁石の力を強くするにはどのようにすればよいのだろうか。 学習問題　電磁石にも極があるのだろうか。		①記	①行
本時	3・4	■「電磁石の力を強くするにはどうすればよいか調べる」「極があるのか調べる」ための実験方法について話し合う。		①記	②行
	5・6	学習問題　電池の数を増やすと電磁石の力を強くすることができるのだろうか。 ■問いを解決する実験方法を全体で共有し，実験する。 ■結果を基に考察し，まとめる。	②記		①行
	7・8	学習問題　コイルの巻数を増やすと，電磁石の力を強くすることができるのだろうか。 ■問いを解決する実験方法を全体で共有し，実験する。 ■結果を基に考察し，まとめる。	②記		①行
	9・10	学習問題　磁石と同じように電磁石にも極があるのだろうか。 ■問いを解決する実験方法を全体で共有し，実験する。 ■結果を基に考察し，まとめる。	①記		
活用	11	■単元導入で解決できなかった課題「電磁石で重い魚を釣る方法」の解決方法を整理し，実験し，説明する。		①記	②記
探究	1・2	■学んだ内容を生かしたものづくりに取り組む。 （例） ・強力電磁石 ・鉄心がなくても回るモーター ・回る人形			

7　本時（3・4／11時）の授業を構想する際の手順

手順1　問題を見いだす場面において

　本時の結論は，「量的・関係的な見方」が反映された「電磁石の強さは，①電流の大きさ，②導線の巻数によって変わるかどうか」の実験方法と「③電磁石には磁石と同じように極があるのか」を調べる3つの実験方法を確かめることである。この結論に正対する問題は，「電磁石の強さは，①電流の大きさによって変わるのだろうか，②導線の巻数によって変わるのだろうか，③電磁石には磁石と同じように極があるのだろうか」の3つである。そのため，第1・2時に「電磁石の強さを大きくしたい」「磁石と電磁石ってどこが異なるかもっと調べたい」という問題を見いだすことができるようにする。

186

手順2 問題解決場面を通して

第5学年で主に育成する問題解決の力は，「自然の事物・現象から見いだした問題についての予想や仮説を基に，解決の方法を発想する力」である。この力の育成には「条件を制御する」という考え方を働かせることが重要である。本時は，児童が電流の大きさや向き，コイルの巻数などに着目し，これらの条件を制御したり，関係付けたりする考え方を用いて，電流がつくる磁力や電磁石の性質について，解決の方法を発想しやすいように，各グループに大きめのホワイトボードを準備し，互いの考えが視覚的に記録として残る環境を準備する。また，「どのような回路をつくればよいのか」「どのように実験器具を操作すれば実験が可能なのか」をイメージしやすいように実験器具が目の前にあり，自由に触ることができる環境を準備する。

手順3 学びを振り返る場面を想定して

イメージマップは毎時間学んだ内容等を記述していくことで，これまでの学びと関連付けることができ，自分の学びの理解を振り返ることができる。本時は，解決の方法を発想する時間であり，文章記述が振り返りに適している。そこで，科学的な視点である実証性・再現性の視点で，電流がつくる磁力について自分たちが立てた問いの解決方法を発想できたかどうかを記述し，振り返らせる。

主体的に取り組むことができるように，単元導入時の「電磁石で重い魚が釣れなかったため，釣ってみたい」「磁石では，離れなかった魚が電磁石では離れた。電磁石と磁石の違いを調べたい」という調べる動機や話し合う必然性を明確にし，4人1組で机の向きを工夫し，中心にホワイトボードと実験器具を置き，話し合いを行いやすい環境を準備する。

8 本時の授業（3・4／11時）

（1）本時のねらい

量的・関係的な見方を働かせながら「電磁石の強さは，①電流の大きさや②導線の巻数によって変わるかどうかという解決方法，③電磁石には磁石と同じように極があるのかを調べるという解決方法」を発想し，表現することができる。

電流がつくる磁力について，実験の目的に応じて，器具や機器などを選択して，正しく扱いながら調べる方法を発想することができる。

（2）展　開

学習活動と内容	構想手順　※指導上の留意点
1　学習問題を振り返り，仮説を検証するための実験方法を考える。	【手順1】 ※前時の活動を振り返る画像や動画をICT機器等を用いて提示する。 ※目の前に話し合うために必要な実験器具を置いておく。

1　学習問題を振り返り，仮説を検証するための実験方法を考える。

> **学習問題　電磁石の力を強くするにはどのようにすればよいのだろうか。**

①電池の数を増やす実験方法の立案

電池を増やすっていっても，どんな回路をつくればいいのかな。

直列つなぎと並列つなぎがあったね。電池とスイッチも入れないといけないね。

②コイルの巻数を増やす実験方法の立案

導線の巻数を変えても比べないと分からないよね？　何回巻と何回巻にする？

 電流の大きさが変わったかどうかはどうやって調べる？　釘を近づける？？　釘が引き寄せられた数で考えればいいね。

> **学習問題　電磁石にも極があるのだろうか。**

③電磁石にS極やN極はあるか調べる実験方法の立案

 磁石を使ってS極やN極があるか確かめられるよ！！

方位磁針で調べる方法もあるね！！

【手順2】

※実験方法を発想できるように，前学年の学習を振り返られる掲示物や教材教具を準備し，対話しやすいようにホワイトボードやノートPC，タブレットを活用する。

【評価：態②：行動分析】

※磁石を使って確かめるという実験方法が発想されることが多い。児童の既習の経験や学習を用いた発想であるため，否定せずに行える環境を整える。

2 発想した実験方法に，実証性・再現性があるかどうか，グループ同士で考えを伝え合い，改善点があれば指摘し合う。

本当に磁石で分かるの？
私たちは方位磁針にしてみたんだけど……。

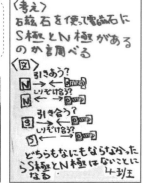

電池を増やしても，電磁石の力が大きくなったかどうかは分かるの？　どうやって確認するの？

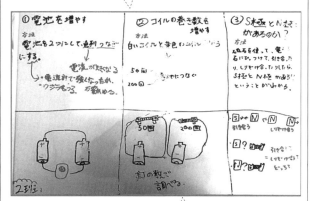

回路図ってこんな風に書くの？　4年生の教科書を見たほうがきっと分かるよ。

3 次回からの実験の見通しを立て，自分たちの学びが計画どおりにいきそうか自分の学びの振り返りを記述する。

※グループ交流は次のように行う。

①1つのグループをＡＢに分ける。

②Ａは，自分たちのグループの考えを説明するため移動はしない。

③Ｂグループは，異なるグループの考えを聞きに移動する。

④時間でＡとＢを入れ替える。

（グループ交流時に質問や意見を自由に行う。）

⑤大きめホワイトボードに考えをまとめさせ，説明時に使用させる。

（ノートPCやタブレット共有機能を用いて，提示することも考えられる。）

【手順3】

※発想した実験方法が実証性・再現性を満たすものか振り返る時間を設定し，自分の考えを見直すことができるようにする。

【評価：思①：記述分析】

（内藤　愼治）

単元「燃焼の仕組み」（A物質・エネルギー）

1　単元の目標

　燃焼の仕組みについて，空気の変化に着目して，植物体が燃える前と燃えた後での空気の性質や植物体の変化を多面的に調べる活動を通して，植物体が燃えるときには，空気中の酸素が使われて二酸化炭素ができることについての理解を図る。また，観察や実験の技能を身に付け，燃焼の仕組みについてより妥当な考えをつくりだし，表現する力や主体的に問題解決しようとする態度を育成する。

2　単元の評価規準

知識・技能	思考・判断・表現	主体的に学習に取り組む態度
①植物体が燃えるときには，空気中の酸素が使われて二酸化炭素ができることを理解している。 ②燃焼の仕組みについて，観察，実験などの目的に応じて器具や機器などを選択して，正しく扱いながら調べ，それらの過程や得られた結果を適切に記録している。	①燃焼の仕組みについて，問題を見いだし，見通しをもって観察，実験などを行い，得られた結果を基に考察し，それらを表現するなどして問題解決している。 ②燃焼の仕組みについて，観察，実験などを行い，主にそれらの仕組みや性質，規則性，働き，関わり，変化及び関係について，より妥当な考えをつくりだし，表現するなどして問題解決している。	①燃焼の仕組みについて進んで関わり，粘り強く他者と関わりながら問題解決しようとしている。 ②燃焼の仕組みについて，学んだことを学習に生かそうとしたり，生活に関係付けて生かそうとしたりしている。

3　本単元で，子供が主として働かせる「見方・考え方」

　本単元は，「粒子」を柱とする領域に位置付けられ，主として働かせる見方として質的・実体的な視点で捉えることが考えられる。この見方を働かせることで，ふたをした集気瓶の中では，空気はなくならずに存在すること（実体的）や植物体が燃える前と燃えた後での空気の性質や植物体が変化すること（質的）などを捉えることができる。また，空気の変化に着目して，物の燃え方を多面的に調べる活動を通して，「問題解決を行う際に，解決したい問題について互いの予想や仮説を尊重しながら追究する力」や「観察，実験などの結果を基に，予想や仮説，観察，実験などの方法を振り返り，再検討する力」「複数の観察，実験などから得た結果を基に考察をする力」を身に付け，「より妥当な考えをつくりだし，表現する力」などの問題解決の力を育成したいと考える。

4　本単元で捉えさせる内容と配列の順序

　本単元で捉えさせる内容は「植物体が燃えるときには，空気中の酸素が使われて二酸化炭素ができること」である。子供たちは，日常生活の中で火を扱う体験が少ないと考えられる。これを踏まえて，物が燃える現象を十分に観察できるような場を設定する。ふたをした集気瓶の中でゆっくり火が消える様子から，「びんの中に新しい空気が入れば，火は燃え続けるのだろうか」「空気はどんな気体でできているのだろうか」「物が燃える前と後の空気には違いがあるのだろうか」という問題意識をもつことができるようにする。「火と空気の動き」から「物を燃やす性質をもつ気体」「燃焼前後の空気の質的変化」の順で単元を構成する。

5　見方・考え方を働かせる教材研究

教材1　ふたのついた集気瓶（質的・実体的）

　燃焼前後の空気がどのように変化しているのかを調べるために，ろうそくの炎を閉じ込めるふた付きの集気瓶を使用する。また，第一次第3・4時では，底なしの集気瓶と粘土を用いることで，子供がどのような空気の通り道を作ったら火は燃え続けるのだろうかという問いをもち，試行錯誤して主体的に学習に取り組むことができるようにする。これらの教材から，燃焼前後でも空気は瓶の中に実体として存在することや，すき間を作ると外の空気が入り，中の空気が出るという交換が継続することで燃え続けることを，質的・実体的な見方を働かせることで明らかにすることができると考える。

教材2　石灰水と気体検知管（定性と定量，質的・実体的）

　燃焼前後の空気の質的変化を捉える際に，まずは石灰水で二酸化炭素が増えたことを確認し，次に気体検知管で量を確認するという，定性と定量の見方を働かせて調べることで，質的・実体的な見方もより豊かに働くようにする。

教材3　ろうそくや他の植物体（質的・実体的，多面的な考え方）

　本単元では，8時目まで一貫してろうそくを用いて燃焼の仕組みを調べる単元構成を計画した。しかし，ろうそくだけで植物体の燃焼の仕組みとして一般化を図るのは早計だという考えを子供がもつことが大事だと考える。そこで，ろうそく以外の植物体として線香や割り箸，紙などを用意する。多面的に考えることで，質的・実体的な見方もより豊かになり，子供は，ろうそくではなく植物体の燃焼の仕組みとして捉えることができるようになると考える。

6　単元計画（全10時間＋探究１時間）

評価欄…知：知識・技能，思：思考・判断・表現，態：主体的に学習に取り組む態度　【行】行動観察　【記】記録・記述分析

段階	配時	主な学習活動と主な学習問題	知	思	態
一次　ろうそくの火が燃えるときの空気の様子を捉える。					
習得	1・2	■ふたのついた集気瓶の中で，ろうそくの燃え方を調べ，単元を通して解決すべき問題について話し合う。		①行①記	
	3・4	■集気瓶の中でのろうそくの燃え方と空気の動きを関係付けて調べる。 学習問題　瓶の中に新しい空気が入れば，火は燃え続けるのだろうか。 ■びんの底に隙間を作って，火は燃え続けることができるのか，調べる。	②記	①記	
二次　ろうそくの燃焼前後の空気の質的変化を捉える。					
習得	5・6	■酸素，二酸化炭素，窒素の中でろうそくの燃え方を調べる。 学習問題　「空気」はどんな気体でできているのだろうか。 ■3つの気体の割合を変えて，ろうそくの燃え方を調べることで，空気を質的・実体的に捉えることができるようにする。	②記	①記	
	7・8	■ろうそくの燃焼前後の空気の質的変化を調べる。 学習問題　物が燃える前と後の空気には違いがあるのだろうか。 ■石灰水で定性的に調べた後，気体検知管を使って定量的に調べる。	②記	②記	①行①記
活用本時	9・10	■ろうそく以外の植物体でも燃焼の仕組みは同じなのか調べる。 学習問題　ろうそく以外のものでも，燃える仕組みは同じなのだろうか。 ■他の植物体を扱うことで，植物体であれば燃焼の仕組みは同じだという妥当な考えをつくりだすことができるようにする。	①記	②記	②記
探究	1	■酸素50％，二酸化炭素50％の混合気体にろうそくの火を入れて調べる。 学習問題　二酸化炭素には，火を消してしまうはたらきがあるのだろうか。			①行②記

7　本時（9・10/10時）の授業を構想する際の手順

手順1　問題を見いだす場面において

　本時の結論は，「質的・実体的な見方」が反映された「植物体が燃えるときには，空気中の酸素が使われて二酸化炭素ができる」である。この結論に正対する問題は「ろうそく以外の物でも，燃える仕組みは同じなのだろうか」である。そのため，前時までに見いだしたろうそくが燃えるときには酸素が使われて二酸化炭素ができるということと，線香や割り箸を燃やす事象提示から，他の物も同じ仕組みなのだろうかという問題を見いだすことができるようにする。

手順2　問題解決場面を通して

　第6学年で主に育成する問題解決の力は，「より妥当な考えをつくりだし，表現する力」

である。この力の育成には「多面的に考える」という考え方を働かせることが重要である。本時では，植物体としての燃焼の仕組みとして捉えるために，複数の観察，実験などから得た結果を基に考察をする「より妥当な考えをつくりだし，表現する力」の育成を中心に授業展開を構想した。そのため，ろうそく以外の植物体として，線香や割り箸等の燃焼前後の空気の質的変化を，気体検知管を用いて定量的に調べるようにする。

手順3　学びを振り返る場面を想定して

　本時では，ろうそく以外の植物体でも，燃えるときには空気中の酸素が使われて二酸化炭素ができることを捉えることができるようにする。その過程において，複数の観察，実験などから得た結果を基に考察をして多面的に考える姿を想定する。そのため，実験結果をドット図で示し，傾向を読み取ることができるような場を設定する。本時の学習を通して，子供はろうそくだけでなく植物体であるならば燃焼の仕組みは同じなのだと事象を捉え直す。また，この経験から，一つの事象だけで自然のきまりを結論付けするのは早計であり，複数の事象を基にして一般化を図ることで，自然のきまりとして捉えるものだという多面的な考え方や妥当な考えをつくりだすよさに気付くことができるようにしたい。また，金属などの他の物質の燃焼の仕組みについても調べたいという子供の思いも大切にしたい。

8　本時の授業（9・10/10時）

（1）本時のねらい

　○　ろうそく以外の物でも，植物体であれば燃えるときには酸素が使われて二酸化炭素ができるということを捉えることができる。

　○　ろうそく以外に複数の観察，実験などから得た結果を基に考察をすることで，植物体としての燃焼の仕組みとして捉え，より妥当な考えとしてつくりだし，表現することができる。

（2）展　開

学習活動と内容	構想手順　※指導上の留意点
1　ろうそくについての燃焼前後の空気の質的変化を基に，他の物でも同じ燃焼の仕組みなのかを話し合う。  ろうそくの火が燃えるときと同じ仕組みなのかな。 ろうそくでなければ，物によって，燃える仕組みは違うかもしれない。 ろうそくと燃える仕組みは同じだと思う。でも，ろうそくのときと比べて，酸素を使う量や，二酸化炭素を出す量が違うのかもしれない。 **学習問題　ろうそく以外の物でも，燃える仕組みは同じなのだろうか。**	【手順１】 ※「質的・実体的な見方」が反映された学習問題を見いだすことができるように，前時までの実験結果を提示する。 【手順２】 ※ろうそく以外の物を提示することで，子供がろうそくの燃焼の仕組みを基にして予想や実験方法を考えることができるよう促す。
2　ろうそく以外の物の燃え方を調べるために，燃焼後の空気の質的変化について気体検知管を使って調べる。 （実験方法） ・ろうそく以外の物として，割り箸，紙，線香等から，各班で調べたい物を決める。 ・集気瓶に閉じ込めた燃焼後の空気の質的変化を，気体検知管を使って調べる。 割り箸の火は，すぐに消えてしまったよ。  線香の火は，なかなか消えないなぁ。 	【手順１・２】 ※酸素の気体検知管は反応中に発熱するので，すぐに触らないように注意喚起をする。 ※火を扱う実験を行うため，各班，ぬれ雑巾を準備するとともに，換気扇をつけたり，窓を開けたりするなど換気を行うようにする。 【評価：知①：記述分析】

3　実験結果から，他の物でもろうそくのときと結果があまり変わらない要因を考えた後，グループで交流し，きまりについて話し合う。	**【手順2・3】** ※それぞれの実験結果を基に話し合うことができるように，各班の結果をドット図で示すようにする。 ※空気中に含まれている酸素や二酸化炭素の割合と実験後の結果を比較させやすくするために，図の21％のところと，0.03％のところに線を引いておくようにする。 ※各班がろうそく以外に何を使用して実験を行ったか，視覚的に捉えやすくするように板書しておくようにする。

（結果）

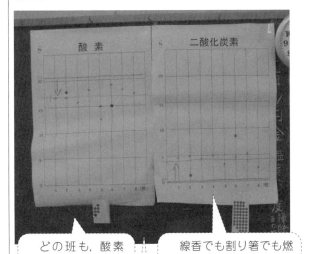

> どの班も，酸素が減って二酸化炭素が増えている。

> 線香でも割り箸でも燃える仕組みは同じということではないかな。

> 燃える仕組みは同じだと思うけど，燃えるときの酸素の使い方がちがうのではないかな。

【手順2・3】
【評価：思②：記述分析】

― 結論 ―
> ろうそく以外の物でも，燃える仕組みは同じである。

4　本時の学習を振り返り，発表し合う。	**【手順3】** **【評価：態②：記述分析】** ※本時で見いだしたきまりを使って，自分の生活を見直したり，経験と関係付けている記述を積極的に取り上げ，称賛する。

> 植物でできた物は，燃えるときには酸素を必ず使うということを初めて知った。

> 割り箸は，酸素を取り込む威力が強いから，すぐ消えると思う。

> 金属なども同じ仕組みで燃えるのかな。興味がわいてきた。

（尾上　大悟）

●第6学年
単元「人の体のつくりと働き」（B 生命・地球）

1　単元の目標

　人や他の動物について，体のつくりと呼吸，消化，排出及び循環の働きに着目して，生命を維持する働きを多面的に調べる活動を通して，人や他の動物の体のつくりと働きについての理解を図り，観察，実験などに関する技能を身に付けるとともに，主により妥当な考えをつくりだす力や生命を尊重する態度，主体的に問題解決しようとする態度を育成する。

2　単元の評価規準

知識・技能	思考・判断・表現	主体的に学習に取り組む態度
①体内に酸素が取り入れられ，体外に二酸化炭素などが出されていることを理解している。 ②血液は心臓の働きで体内を巡り，養分，酸素及び二酸化炭素などを運んでいることを理解している。 ③体内には，生命活動を維持するための様々な臓器があることを理解している。 ④食べ物は，口，胃，腸などを通る間に消化，吸収され，吸収されなかった物は排出されることを理解している。	①人や他の動物の体のつくりと働きについて，差異点や共通点を基に，問題を見いだし，表現するなどして問題解決している。 ②人や他の動物の体のつくりや働きについて，観察，実験などを行い，得られた結果を基に考察する中で，体のつくりと呼吸の働き，循環の働き，消化，排出の働きについて，より妥当な考えをつくりだし，表現するなどして問題解決している。	①人や他の動物の体のつくりや働きについての事物・現象に進んで関わり，粘り強く，他者と関わりながら問題解決しようとしている。 ②人や他の動物の体のつくりと働きについて学んだことを学習や生活に生かそうとしている。

3　本単元で，子供が主として働かせる「見方・考え方」

　本単元は，「生命」を柱とする領域に位置付けられ，主として働かせる見方として多様性と共通性の視点や，部分と全体で捉えることが考えられる。この見方を働かせることで，人や他の動物は，生きるために呼吸や消化や吸収を行いながら不要物を排出したり，血液の循環によって体全体に養分や酸素を行き渡らせるなど共通の活動をしていることや（共通性），動物の種類や生活様式の違いにより，臓器の形が違ったり，機能が違ったりする（多様性）などを捉えることができる。また，それぞれ違う働きをしている臓器がつながって機能している（部分と全体）ことも捉えられる。また，人や他の動物の体のつくりと働きについて追究する活動を通して，「より妥当な考えをつくりだし，表現する力」などの問題解決の力を育成したいと考える。

4　本単元で捉えさせる内容と配列の順序

　本単元で捉えさせる内容は，「呼吸，消化，排出及び循環の働きに着目して，生命を維持する働きについて理解すること」である。児童は，既習の内容や生活経験を基にしながら，問題の解決を図るための根拠のある予想や仮説，さらには，それを確かめるための観察，実験の方法を発想するために，最初に「人や他の動物が生きていくためには，最低限何が必要であるか」について話し合う。その中で「呼吸」「血液循環」「消化・吸収・排泄」を整理し，これらのテーマを視点として問題解決を展開していくことにより，観察，実験は児童自らの主体的な問題解決の活動となる。またそれらは，血液の循環によってつながっており，体全体に養分や酸素を行き渡らせるなど，動物は共通の活動をしている。その際，部分である臓器の働きについて調べ，それが血液循環によってつながっている全体につなげる。さらに，動物の種類や生活様式の違いにより，それぞれの臓器の形が違ったり，機能が違ったりするなどの多様性も見られる。本単元では，生命維持の活動を多面的に調べることで，さまざまな動物の生命維持における部分と全体のつながりを基にしながら，共通性と多様性について理解する。

5　見方・考え方を働かせる教材研究

教材1　心臓の心音体験（部分）（共通性と多様性）

　自分の心臓の心音を聴診器で聞き，生命の維持活動について理解を促す。その際，音波心音計などを使い，共有を図る。また，ウサギやメダカなど他の動物でも聴診器や動画で確かめることにより，生きるための共通性と音や速さなどが違う多様性について理解を促す。

教材2　血液循環の疑似体験（全体）

　心臓や肺，全身が酸素や二酸化炭素の授受を行う過程を，自らが臓器や血液になって体験することで，血液循環についての理解を図る。また，自らが血液になって考えることで，血液の流れを全体の見方を働かせて考えることができる。心音が全身の脈などで感じられることから，部分をつないだ全体として理解を促す。

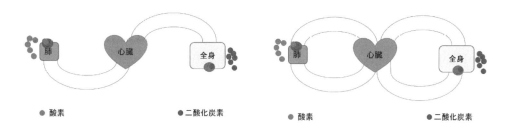

血液行ったり来たり説　　　　　　　　　血液ぐるぐる説

6 単元計画（全8時間＋探究4時間）

評価欄…知: 知識・技能, 思: 思考・判断・表現, 態: 主体的に学習に取り組む態度 【行】行動観察 【記】記録・記述分析

段階	配時	主な学習活動と主な学習問題	知	思	態
一次　生命を維持するために必要な呼吸や血液循環について捉える。					
習得	1	■人や他の動物が生きるために必要なことを共通点や差異点に着目しながら話し合う。 学習問題　人や他の動物が「生きる」ために必要なことはなんだろうか。		① 行	
	2 ・ 3	■呼吸について調べる。 学習問題　吸う前と吐いた後の空気の気体の成分の違いから,何が体内で使われているだろうか。 ■気体検知管や石灰水を用いて,吸った空気と吐いた空気の成分の違いを調べる。 ■肺の運動によって体内に酸素が取り入れられ，二酸化炭素が排出されていることを推論しながらまとめる。 学習問題　肺は,どんなことを行っているのだろうか。 ■肺の運動によって体内に酸素が取り入れられ，二酸化炭素が排出されていることを推論しながらまとめる。	① 記 ① 記	② 記 ② 記	 ① 行
本時	4 ・ 5	■心臓の鼓動や心拍数など，心臓を中心とした体の全身の血液循環の仕組みについて，映像資料や疑似体験を通して調べる。 学習問題　心臓はどのようなはたらきをしているのだろうか。 ■心臓を中心とした血液循環について調べる。 学習問題　心臓によって送られた血液はどのようなはたらきをしているのだろうか。 ■血液による酸素や二酸化炭素の運搬に着目し，身体表現を用いて肺循環について考える。	 ② 記	② 行	
二次　血液の循環と消化・吸収の関係を捉える。					
活用	6 ・ 7 ・ 8	■だ液の働きや腸などの他の臓器についてまとめ，食べた物を消化し，吸収する仕組みについて調べる。 学習問題　得られた養分は,体の中でどうなるのか。 ■血液循環での学習を基に，消化・吸収される過程について考える。	③ 記	② 記	
探究	1 ・ 2 ・ 3 ・ 4	■動物が生命を維持するために行っている活動について調べ，まとめる。 学習問題　生命を維持するために人や動物はどんな活動をしているのだろう。 ■本やインターネットを使って，自分の調べたい課題を個別追究する。	④ 記	② 記	② 記

7 本時（4・5/8時）の授業を構想する際の手順

本時を構想する際，本時で働かせる理科の見方・考え方を明らかにする必要がある。そこで，以下のような手順を考えた。

手順1 問題を見いだす場面において

本時の結論は，「部分と全体」が反映された「血液が肺から取り入れた酸素を全身に運び，二酸化炭素を回収して戻ってくる」である。この結論に正対する問題は「心臓によって送られた血液はどのような働きをしているのだろうか」である。そこで，本時のはじめに人やウサギの心臓の動きを感じさせ，どのように血液が全身に運ばれているか，血液がどのように酸素と二酸化炭素を授受しているのかという問題を見いだすことができるようにする。

手順2 問題解決場面を通して

第6学年で主に育成する問題解決の力は，「より妥当な考えをつくりだす力」である。この力の育成には「自然の事物・現象を複数の側面から考えること」という考え方を働かせることが重要である。本時では，心臓の動きと全身に酸素や二酸化炭素が運ばれることなどについて，模擬体験活動を通して確かめる。その際，血管が「ドックン」という鼓動をするたびに行って帰ってくる場合と輪のようになってぐるぐる循環している場合を想定し，そのよさや問題点を考える活動を通して，複数の側面からより効率的な血液の流れを考察し，より妥当な考えをつくりだす場面を設定する。

手順3 学びを振り返る場面を想定して

本時では，学習の終末に全身の血液の流れと酸素や二酸化炭素の授受について，図に示す活動を設ける。これまでの学習における呼吸と血液循環の学びを活かし，どのように関係しているかを子供たちがまとめるとともに，生物の種類によってその仕組みが異なることに触れ，共通性や多様性について話し合わせる。

8 本時の授業

（1）本時のねらい

○ 血液の循環と呼吸の関係について，血液が肺から取り入れた酸素を全身に運び，二酸化炭素が肺に運ばれることを捉えることができる。

○ 血液の模擬体験活動を通して，多面的に血液の循環が一方通行になっていることを考察し，そのよさについて考えることができる。

（2）展　開

学習活動と内容	構想手順　※指導上の留意点
1　人とウサギの心臓の動きを観察し，どのような役割を果たしているのか話し合う。  ウサギも人もドクドク同じリズムで心臓が動いている音が聞こえるよ。でも，速さはちがうなあ。	【手順1】 ※「部分」な見方が反映された学習問題を見いだすことができるように，ウサギと人の心臓の拍動を聴診器で聞く。 ※動物を扱う際は，アレルギーなどに配慮する。
学習問題　心臓はどのようなはたらきをしているのだろうか。 2　心臓の動きの動画を見て，どのように心臓が動いているのか，確かめる。	【手順2】 【評価：思②：記述分析】 ※心臓の動きや脈拍などを根拠にしながら，心臓から血液が全身に送られていることを様々な視点から考える。
3　血液の循環について，予想する。 学習問題　心臓によって送られた血液はどのようなはたらきをしているのだろうか。 ・血液が行ったり来たりする ・血液がぐるぐる回っている	【手順1】 ※心臓からどのように酸素が全身に送られるのかを，様々な視点から根拠をもって考える。
4　血液の模擬体験を通して，それぞれの予想に対してよさと課題を見いだす。 血液同士でぶつかって，まざってしまうし，シールの偏りがあるね。 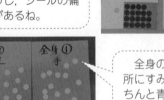 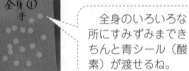 全身のいろいろな所にすみずみまできちんと青シール（酸素）が渡せるね。	【手順2】 ※血液や酸素について自らが身体表現でモデルの一部として動くことで，感覚的に心臓と全身とのつながりについて捉えるようにする。

（血液循環体験）

①2つの説を基にした肺，心臓，全身を結ぶ血管をビニールテープで作成する。

②以下の役割になる児童を選ぶ。

・肺で酸素シール（青）を渡し，二酸化炭素シール（赤）を受け取る人（4人程度）

・心臓で全身に血液を押す人（2人程度）

・全身から肺に戻ってきた血液を肺に送る人（2人程度）

・全身（6人程度）

③他の児童は，血液になって青シールをもらい，心臓に押し出され，全身に酸素シールを届け，二酸化炭素シールを受け取り，肺に戻る（これを繰り返す）。

5　それぞれの仮説のよさと問題点をまとめる。

（結果）

行ったり来たり説	ぐるぐる説
・近いところには，すぐシールをあげられた ・シールをたくさんもらえる人と，もらえない人ができた ・血液同士でぶつかった	・一方通行で通りやすかった ・全身，いろんなところへ，シールが渡せた ・全部の血液がたくさん距離を動かなければいけなかった

― 結論 ―
　人の血液は，血液が肺で受け取った酸素を全身に運び，二酸化炭素を受け取って回っている。

6　全身の血液の流れと酸素や二酸化炭素の授受について図に示し発表し合う。

全身に血液がぐるぐる回って，酸素や二酸化炭素を運んでいるんだね！

~準備物~

・体の器官のカード「肺」「心臓」「全身」それぞれ必要数

・丸シール（赤）（青）　それぞれ必要数

・ビニールテープ

※走らない，ぶつからないなど，安全面に配慮する。

【手順2】

【評価：思②：記述分析】

※モデルの一部で体験したことやシールの数，均一さなど，様々な視点から，血液の循環について考察する。

【手順3】

※それぞれの説の利点や欠点を多面的に考え，結論を導く。

※映像資料などを用いて，視覚的な理解を図る。

【評価：知②：記述分析】

※これまでの学習における呼吸と血液循環の学びを活かし，どのように関係しているかを子供たちがまとめる。

※生物の種類によってその仕組みが異なることに触れ，共通性や多様性について理解する。

（今林　義勝）

おわりに

　本書が完成したことで，全国小学校理科教育研究協議会（全小理）福岡大会を開催する大きな一歩を踏み出すことができた。校務多忙の中に事例提供していただいた福岡県内各地の執筆者の先生方に心より感謝する次第である。

　当時，福岡教育大学教職大学院特任教授の谷友雄氏に「福岡で全小理大会が開催できれば，理科好きの先生が福岡県全体に増えるよね」と言われた。話し合いを重ねた結果，福岡県の理科関係の諸先輩方から賛同を取り付ける活動から開始した。そのころ，私は福岡県小学校理科教育研究会会長として全小理への参加や全小理大会開催を迷っていたが，各地区の先輩の賛同の意志が固まったので参加することとした。文部科学省教科調査官　村山哲哉氏や帝京大学教授　星野昌治氏の熱心なお誘いにより全小理参加，及び全小理大会福岡大会開催が決定した。振り返れば，全小理大会を開こうと呼びかけて10年以上の月日が流れていた。福岡大会3年前に，全体会場や研究校が決定し，ハード面は整った。

　課題となったのは県内全域の授業力向上，研究内容・運営組織等のソフト面であった。

　これまで，私たちは，大会を成功させたいという想いから3つの戦略で福岡県の理科授業のレベルアップを図った。最初に行ったのは，「新理科セミナー」の毎年度開催である。その中で，福岡県の理科学習指導力向上のために，文部科学省教科調査官並びに各大学等から講師を招聘し，理科教育の方向性や授業改善のポイントの共通理解を図ることとした。次に，組織力を高めるために，小中学生・教師の自由研究作品を募集し審査・展示する「未来志向サイエンスコンテスト」を理科好きの教師の情報交換の場として活用した。その審査・展示を通して，福岡県内の理科好きの教師の絆が深まり，年数を重ねるごとにその輪が少しずつ大きくなった。毎年の新理科セミナー・未来サイエンスコンテストの開催等を通して，全小理福岡大会本番の運営を想定した組織的運営も徐々に組み立てることができた。

　最後は集大成としての著書の出版である。本書が，2020年からスタートする新学習指導要領での理科授業づくりに生かされ，未来を見据えた新しい理科学習指導の改善に役立つことを願っている。本書の指導事例が，理科で「見方・考え方を働かせる」とは，具体的にどうするのか，を考えるきっかけになれば幸いである。

　おわりに当たり，本書作成において特別寄稿並びに監修の労をお取りいただいた文部科学省教科調査官　鳴川哲也氏，特別寄稿をいただいた東京大学大学院特任教授　日置光久氏，国立教育政策研究所教育課程研究センター基礎研究部部長　猿田祐嗣氏，帝京平成大学教授　船尾聖氏，福岡教育大学教授　坂本憲明氏，本書全体を構想・企画・執筆された谷友雄氏に，深甚の意を込めて感謝する次第である。

　令和2年3月

元福岡教育大学教職大学院
特任教授　　矢野俊一

編者・執筆者一覧

●特別寄稿者（監修）

鳴川　哲也　　文部科学省初等中等教育局教育課程課教科調査官

●特別寄稿者（編著）

日置　光久　　東京大学大学院特任教授

猿田　祐嗣　　国立教育政策研究所教育課程研究センター基礎研究部部長

●特別寄稿者

船尾　　聖　　帝京平成大学教授

坂本　憲明　　福岡教育大学教授（附属福岡小学校・中学校校長）

●実践者への提言・編集委員会代表（編著）

谷　　友雄　　元福岡教育大学教職大学院特任教授

●編集委員会副代表

矢野　俊一　　元福岡教育大学教職大学院特任教授

●編集委員会事務局長

真子　英孝　　福岡市立野多目小学校校長

●編集委員・執筆者

園田　一浩　　福岡市立西高宮小学校教頭

今村　光宏　　福岡市立西長住小学校教頭

大橋翔一朗　　福岡市立香椎小学校教諭

橋口　碧郎　　福岡市立三苫小学校教諭

●プログラミング教育の実践と学年別カリュラムの提案

古賀　　誠　　福岡教育大学附属福岡小学校教諭

●執筆者

木村　光輝	大牟田市立手鎌小学校指導教諭
須藤　大介	福岡市立香椎東小学校教諭
松尾　憲雄	福岡県教育センター指導主事
岸　昌幸	飯塚市立頴田小学校教諭
古賀　隆志	福岡市立香椎東小学校教諭
永田　裕二	福岡教育大学附属福岡小学校教諭
谷口孝一郎	糸島市立南風小学校教諭
田中　智明	福岡市立和白東小学校主幹教諭
中富太一朗	北九州市立あやめが丘小学校教諭
井手　義隆	久留米市立鳥飼小学校教頭
今泉伸一郎	福岡市立堤小学校教諭
手島　孝之	朝倉市立立石小学校主幹教諭
椎窓　敏広	筑後市教育委員会主任教育指導主事
吉村　真司	久留米市立篠山小学校教諭
松田　治彦	宗像市立河東小学校主幹教諭
塩塚　徹仁	糟屋郡志免町立志免中央小学校教諭
内藤　愼治	福岡市教育センター指導主事
鐘江　貴子	福岡県教育庁北筑後教育事務所指導主事
鈴木　寛人	北九州市立萩ヶ丘小学校指導教諭
戸上　英明	筑紫野市立筑紫小学校教諭
尾上　大悟	北九州市立田原小学校教諭
辰己　朋美	大野城市立大野小学校教諭
木川　航太	大野城市立大野東小学校教諭
今林　義勝	福岡市立照葉小学校主幹教諭
内藤　美之	糸島市立雷山小学校指導教諭
甲斐　文子	福岡市立東箱崎小学校教諭
平松　幸貴	福岡市立美和台小学校教諭
藤下　和聡	飯塚市立髙田小学校教諭

（※職名は令和2年3月時点）

福岡発！

資質・能力が育つ理科学習指導の展開と評価
若さあふれる理科教師のチャレンジ授業

令和 2 年 5 月15日　第 1 刷発行

監　修　鳴川 哲也

編　著　日置 光久・猿田 祐嗣・谷 友雄

発　行　株式会社 ぎょうせい

〒136-8575　東京都江東区新木場 1-18-11
電 話 編集　　03-6892-6508
　　　営業　　03-6892-6666
フリーコール　0120-953-431
URL：https://gyosei.jp

（検印省略）

印刷　ぎょうせいデジタル株式会社
乱丁・落丁本は，送料小社負担にてお取り替えいたします。
©2020　Printed in Japan　禁無断転載・複製
ISBN978-4-324-10795-9　（5108598-00-000）　［略号：福岡理科］

これからの評価を知る・深める・創る・すぐ活かせる

シリーズ 2019年改訂指導要録対応

学びを変える新しい学習評価

—— B5判・各巻約200頁 **【全5巻】**

● **シリーズ編集代表** **田中耕治**（佛教大学教授／京都大学名誉教授）

文例編〈小学校〉編著：**岸田蘭子**（京都市立高倉小学校校長）

文例編〈中学校〉編著：**盛永俊弘**（京都大学大学院教育学研究科特任教授）

田中容子（京都大学大学院教育学研究科特任教授）

理論・実践編1	**資質・能力の育成と新しい学習評価**
理論・実践編2	**各教科等の学びと新しい学習評価**
理論・実践編3	**評価と授業をつなぐ手法と実践**
文　例　編	**新しい学びに向けた新指導要録・通知表〈小学校〉**
文　例　編	**新しい学びに向けた新指導要録・通知表〈中学校〉**

●**セット定価**
　全　巻セット（5冊）：定価12,760円
　小学校セット（4冊）：定価10,340円
　中学校セット（4冊）：定価10,340円

●**各巻定価**
　理論・実践編1〜3　：各巻定価2,640円
　文例編〈小学校〉〈中学校〉：各巻定価2,420円
　　　　　　　　　　　　　（定価は10%税込）

※本書は電子版もあります。ご注文は ぎょうせいオンラインショップ 検索 からお願いいたします。

☑ これからの学習評価のあり方、取り組みを深く読み取り、授業づくりや評価活動につなげる「**解説・実践**」シリーズ。

☑ 教育評価・教科教育の専門家、学校管理職、教育センター長、指導主事、気鋭の授業実践者ら**充実の執筆陣**！

☑ 文例編（小学校）・（中学校）の第3章記入文例では、**観点別、A-C 評価別、学年別の文例**を収録。学びを変えるための**アセスメント**の視点も盛り込みました。

株式会社 ぎょうせい

〒136-8575 東京都江東区新木場1-18-11

フリーコール
TEL：0120-953-431［平日9〜17時］ FAX：0120-953-495
https://shop.gyosei.jp ぎょうせいオンラインショップ 検索